San Francisco Preiswert

Ralph Oelschläger, Georg Beckmann

D1728436

interconnections

San Francisco Preiswert

Ralph Oelschläger, Georg Beckmann

interconnections

Georg Beckmann

4

Für Fotos (s/w, Farbe, Dias) und Hinweise,
die wir in späteren Auflagen verwerten,
bedanken wir uns mit einem Buch aus unserem Programm

Alle mit 1-800 anfangenden Telefonnummern
sind für den Anrufer kostenlos.

Der Verlag sucht weitere zum Programm passende Manuskripte

Bildnachweis:
A = Autor, B = Bernt von Glasenapp, C = Cindy Charles,
V= Volker von Glasenapp, N = Chuck Nacke

My thanks go to (in order of appearence): Bernt & Volker von Glasenapp,
Dennis Mayer, Joe Maggiore, , Dede Peters, B'dow, Brian Parkin , Cindy
Charles, Erik T. Salk, Karen Gameiro, Julie Brown , Sarah, Chuck Nacke,
Quinn Thompson, Kalle Troubleshooter Wasiak and Stefan Wilpsbäumer.

Impressum
Reihe Preiswert, Band 7
Ralph Oelschläger, Georg Beckmann, **San Francisco Preiswert, dritte Auflage**
Umschlag, Layout & Satz: Anja Semling, Oberrotweil
copyright: *Verlag interconnections,* Schillerstr. 44,
79102 Freiburg, T. 0761-700.650, F. 700.688

internet: http://www.interconnections.de
E-Mail: interconnections@t-online.de
Copyright: interconnections, 79102 Freiburg i. Br. 1999, 1998
es gilt letztgenannte Jahreszahl

ISBN 3-86040-020-7

Inhalt

Neu!

Als Schüler
in den Vereinigten Staaten

Ein neues Leben, eine neue Welt voller Ungewißheiten, zwischen Heimweh, Neugier und Abenteuer. Besinnliches und Amüsantes weiß der Autor anschaulich von seinem Aufenthalt als Gastschüler im Land der unbegrenzten (?) Möglichkeiten zu berichten. Eingehend beschreibt er seinen Schulalltag, wie er seinen Führerschein erhielt und worauf es ankommt, um sein Schuljahr hierzulande anerkennen zu lassen. Landeskundliches wie Mentalität und Werthaltungen, aber auch reisepraktische Tips, vom eigenen Konto bis zum Telefonieren, kommen nicht zu kurz.

Als Schüler in den Vereinigten Staaten, 224 S;
DM 26,80, SF 24,80, ÖS 196, ISBN 3-86040-064-9

Au-Pair-Box

http://www.au-pair-box.de

---

interconnections Homepage

Jobs u. Praktika, Reise, Interrail, Studium u. Stipendien

http://www.interconnections.de

Gute Tips und Hinweise? Interessante Erlebnisse?

Veröffentlichen Sie Ihre Reiseberichte **kostenlos** unter
unserer Homepage!

Fortbildung-Online

http://www.fortbildung-online.de

Vorwort

»San Francisco hat nur einen Nachteil: es fällt schwer, die Stadt wieder zu verlassen«
Rudyard Kipling, 1835-1936, engl. Schriftsteller.

»San Francisco inszenierte ein Schauspiel für mich ... Die Nachmittagssonne malte die Stadt weiß und golden an, die hügelwärts emporkletterte wie eine erhabene Stadt in einem Traum. Eine auf Hügeln errichtete Stadt ist solchen in Niederungen überlegen. New York baut seine eigenen Berge mit hochaufstrebenden Gebäuden, aber diese goldene und weiße Akropolis, die Welle um Welle an das Blau des Himmels über den Stillen Ozean brandet, besaß etwas Betäubendes, etwas von dem Bild einer mittelalterlichen italienischen Stadt, die nie existiert haben konnte.
John Steinbeck, 1902-1968.

San Francisco – eine Stadt, deren Name in den Köpfen vieler eine Flut von Bildern und Assoziationen hervorzaubert. Eine Stadt, die jeder einmal gesehen haben möchte.

Sie scheint alles in sich zu vereinigen, wovon so viele träumen: amerikanische Schnellebigkeit, kalifornische Frohnatur, europäische Eleganz, multinationale Dynamik, aufsässigen Esprit, atemberau-bend schöne Landschaftskulissen und ein mildes Klima. Eine Stadt mit magnetischer Anziehungskraft für Leute mit großen Träumen. Mit dem Traum, reich zu werden, fing alles im Jahr des Goldrauschs 1848 an, und dieser verheißungsvollen Spur sollten noch etliche folgen: Blumenkinder, Schwule, Ökos, Schwarze, Künstler, New-Age-Jünger, High-Tech-Wissenschaftler, Feministinnen etc.

Sie haben sich entschlossen, der kalifornischen Diva einen Besuch abzustatten, diesem Mythos nachzuspüren? Sie werden auf der Suche nach Informationen entdecken, daß sich schon eine Menge Leute die Mühe gemacht haben, über San Francisco zu schreiben. Die Behauptung, man könne die Golden Gate Brücke mit Bildbänden pflastern oder mit Literatur über Geschichte, Kultur und andere wichtige Aspekte der Stadt, wie z.B. romantische Plätze zum Küssen, ist, denke ich, nur sanft übertrieben. Dennoch kommt auch dieser Aspekt nicht zu kurz.

Unser Buch soll jedem den fehlenden guten Bekannten in San Francisco ersetzen, den Kenner, der mit praktischen Hinweisen Zeit und Geld sparen hilft und der auf Geschäfte, Restaurants und Nachtlokale aufmerksam macht, die bei den Einheimischen aus guten Gründen beliebt sind. Es wird den Reisenden dorthin führen, wo gute Qualität zu akzeptablen Preisen zu finden ist. Die Adressen werden uns ab und zu in Stadtteile (districts) der »second class« geleiten, in denen meist weit und breit kein weiterer Fremder zu sehen ist, was es uns ermöglicht, die Stadt am Goldenen Tor persönlicher und gründlicher kennenzulernen. Nicht nur finanzkräftige Silicon-Valley-Manager, Künstler, Intellektuelle und Freizeitfreaks bevölkern die Straßen sondern auch die Verlierer des amerikanischen Traums: hunderte Obdachloser, Alkoholiker und Drogenabhängiger.

Und doch hebt sich die Stadt, das »Paris des Westens«, in mancher Hinsicht von anderen amerikanischen Großstädten ab. Man wählt hier überwiegend demokratisch, toleriert hunderttausend Homosexuelle; den Bürgermeister San Franciscos stellte bereits einmal das »schwache Geschlecht«, und man demonstriert in den Straßen dieser Stadt mit Sicherheit häufiger pro Jahr als im Rest der amerikanischen Großstädte zusammen. Leben und leben lassen ist das Motto. Gerade die launisch anmutenden Manieren eines ständig aus der Reihe tanzenden Enfant terrible, seine Jugendlichkeit und Toleranz, machen neben der traumhaften Lage am Pazifik, dem milden Klima und dem vielfältigen Kulturangebot die Anziehungskraft der Stadt aus.

Die »City by the Bay«, die Stadt an der Bucht, bedeckt 125 Quadratkilometer einer Halbinsel und beherbergt rund eine Dreiviertelmillion Einwohner. Diese Kompaktheit läßt uns San Francisco zu Fuß entdecken, was nun wirklich ganz und gar nicht dem »American Way of Life« entspricht. Das Schmuckstück des amerikanischen Westens war im letzten Jahr Reiseziel von über drei Millionen Besuchern. Laut Statistik bleibt der Durchschnittsreisende viereinhalb Tage und gibt täglich 150 Dollar aus. Dieser Ratgeber soll helfen, das Budget eines Durchschnittsamerikaners zu unterbieten oder ‑ wie die Amerikaner sagen ‑ to make a dollar go a long way ‑ und den Besucher zudem bei einer individuelleren Reiseplanung unterstützen

Für Hinweise, die wir in der nächsten Auflage verwerten, bedanken wir uns mit einem Buch aus unserem Programm.

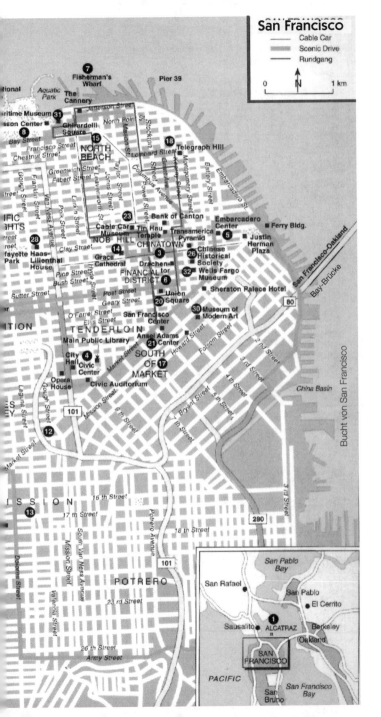

San Francisco
— Cable Car
▨▨▨ Scenic Drive
— Rundgang

0   N   1 km

❼ Fisherman's Wharf

Pier 39

Aquatic Park

The Cannery

tional

❽

aritime Museum ❸❶

ison Center ■

Ghirardelli Square

Bay Street

Francisco Street

Chestnut Street

Gough Street

❶❺

NORTH BEACH

Jefferson Street

North Point St.

North Point Street

Leavenworth Street

Columbus Avenue

Stockton Street

Greenwich Street

Filbert Street

Powell Street

Taylor Street

Jones Street

Leonard Street

❶❽ Telegraph Hill

Grant Ave.

Montgomery Street

Battery Street

Embarcadero St.

IFIC
GHTS

Franklin Street

Van Ness Avenue

Larkin Street

Polk Street

❷❸

Cable Car Museum

NOB HILL

❶❹

Grace Cathedral

Clay Street

Pine Street

Bush Street

Bank of Canton

Tin Hau Temple

❸

CHINATOWN

Drachen Tor

Sutter Street

street
reet
reet

❷❽

fayette
Park

Haas-Lilienthal House

Sutter Street

Transamerica Pyramid

❺

Embarcadero Center

■ Ferry Bldg.

San Francisco-Oakland

Justin Herman Plaza

❷❻ Chinese Historical Society

❸❷ Wells Fargo Museum

FINANCIAL DISTRICT ❻

Post Street

❷❶

Geary Street

Union Square

❷❶

Sheraton Palace Hotel

Bay-Brücke

80

O'Farrel Street

Ellis Street

TENDERLOIN

Main Public Library

City Hall

❹

Civic Center

San Francisco Center

❸❶ Museum of Modern Art

Ansel Adams Center

SOUTH OF MARKET ❶❼

Howard Street

Folcom Street

2nd Street

3rd Street

Bucht von San Francisco

TION

Opera House

Civic Auditorium

Mission Street

9th Street

101

Bryant Street

5th Street

4th Street

th Street

China Basin

SY

❶❷

Laguna Street

Market Street

3rd Street

MISSION

❶❸

16 th Street

17 th Street

Potrero Avenue

18 th Street

280

South Van Ness Avenue

Mission Street

Valencia Street

Dolores Street

POTRERO

23 rd Street

101

26 th Street
Army Street

San Pablo Bay

San Rafael ●

San Pablo

● El Cerrito

Sausalito ● ALCATRAZ ❶

Berkeley

SAN FRANCISCO

Oakland

PACIFIC

San Bruno

San Francisco Bay

One Way – nahe Brainwash Café   (A)

Vorwort zur Dritten Auflage

Seit Erscheinen der zweiten Auflage hat sich in dieser schnellebigen Stadt einiges getan. Doch die unvergleichliche Atmosphäre San Franciscos ist weitgehend die alte geblieben, wenn auch das 89er Erdbeben – das u. a. die Stadtautobahn teilweise zum Einsturz brachte und das Hauptpostamt lahmlegte – manche Schatten das sonst farbenfrohe und vielseitige Gesicht der Stadt verdüstern. Die zweite Hippie-Generation schlendert durch die Haight Street, die Schwulen kämpfen weiterhin um ihre Rechte und gegen ihren Aderlaß durch AIDS, die Yuppies übertreffen sich immer noch gegenseitig und die Touristen ziehen nimmermüde durch Fisherman's Wharf. Also los, die Augen offenhalten und eine unvergeßliche Stadt erleben! Für alle, die sich vom Großstadtlärm erholen möchten, finden sich nun auch Hinweise zu Ausflugszielen in der Umgebung.

Georg Beckmann und Ralph Oelschläger

Benutzerhinweise

Vor Ort haben wir hunderte von Geschäften ausfindig gemacht, die sich durch ein ausgewogenes Verhältnis von Qualität und Preis auszeichnen und in den einzelnen Kapiteln alphabetisch geordnet und detailliert behandelt wurden, oft selbst mit Querstraße, Telefonnummer und Öffnungszeiten.

Angaben zu Anschriften und – mehr noch Preisen – unterliegen bekanntlich raschem Wandel. »Das Wesen Kaliforniens ist Bewegung«, erkannte schon der französische Schriftsteller und Journalist *Raymond Cartier*.

Wir raten allen Besuchern dringend, sich telefonisch zu vergewissern, ob eine bestimmte Adresse noch existiert, bevor sie vielleicht zu einem weiten aber nutzlosen Weg aufbrechen, ihre Zeit vergeuden uns verfluchen. Wichtig: zu allen in diesem Buch angegebenen Preisen ist noch die Mehrwertsteuer aufzuschlagen. Für Hotels bedeutet das 13%, für Restaurants, Lebensmittel, Kleidung und Sonstiges 8,5 %.

Das Kapitel »San Francisco von A-Z« vermittelt einen groben Überblick über wichtiges Know How, die Stadt betreffend, sowie eine Reihe nützlicher Adressen, Tips und Tricks. Kritik und Anregungen sind stets willkommen und finden bei einer Neuauflage Berücksichtigung.

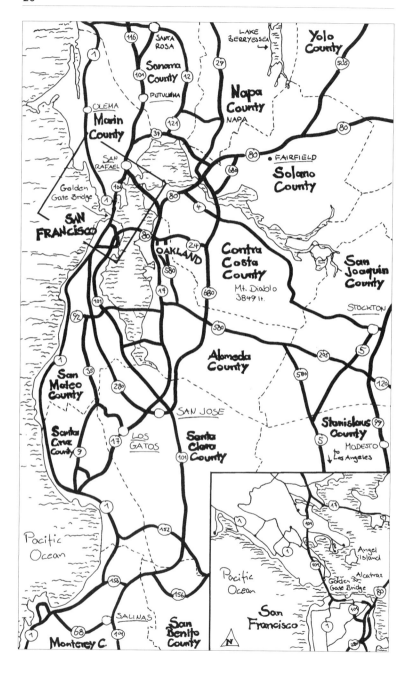

An- und Abreise

Einreisedokumente

Bürger der Bundesrepublik, Österreich und der Schweiz benötigen einen mindestens sechs Monate über die Aufenthaltsdauer hinaus gültigen Reisepaß. Ein Besuchervisum nicht mehr erforderlich, doch wird allen, die ohne Rückflugschein in die Staaten einreisen wollen, wird ein solches empfohlen. Auskunft beim nächsten Konsulat. Das dazu benötigte Formblatt ist in jedem Reisebüro erhältlich oder beim Konsulat schriftlich anzufordern. Bearbeitungszeit rund zwei Wochen.

Ob mit oder ohne Touristenvisum: niemand darf sich länger als sechs Monate in den USA aufhalten. Bei der Einreise ist mit hartnäckigen Fragen nach finanziellen Mitteln, Rückflugschein u.ä. zu rechnen. Aber man lasse sich dadurch nicht irritieren. Es handelt sich um eine bloße Formsache, und der Nachweis eines Bürgen (Eltern, Bekannte), das Vorzeigen von Reiseschecks oder das Erwähnen einer Kreditkarte – ein Zauberwort in den USA! – reichen im Normalfall zur Zerstreuung der Zweifel amerikanischer Behörden aus.

Auskunft erteilen im Zweifelsfalle folgende diplomatische Vertretungen der USA:

Botschaften

In Deutschland:

Botschaft der USA, Deichmanns Aue 29, D-53179 Bonn, ✆ 02 28-3 39 24 54 (beantwortet v. 9-16 h Fragen zum visafreien Reisen), ✆ 02 28-3 39 2567 od. 0228-3 39 2560 (für allgemeine Fragen zw. 14 und 16 h). Zuständig für Nordrhein-Westfalen.

Generalkonsulate und Konsulate:

D-60323 Frankfurt/M., Siesmayerstr. 21, ✆ 069-7535-0, 75 35 22 04 oder 22 06 (Telefonauskunft tägl. 8-13 h, 13.30-15.30 h). Zuständig für Rheinland-Pfalz, Hessen, Saarland sowie Unterfranken.

● 70182 Stuttgart, Urbanstr. 7, ✆ 0711-21008-0, Visaabteilung 45-239, 271 oder 276 (von 13.30-16.30 h).

● 14159 Berlin (Zweigniederlassung), Clayallee 170, ℂ 030-238 5174 (Telefonauskunft 030-832 4087 von 14.30-16 h). Zuständig für Berlin und die neuen Bundesländer.

● D-20354 Hamburg 36, Alsterufer 27-28, ℂ 04041 171-0, 41 171-364 (1416 h). Zuständig für Bremen, Hamburg, Schleswig-Holstein und Niedersachsen.

● D-80539 München Königinstr. 5, ℂ 089-2888-0, 2 88 87 25 (13.30-15.30 h). Zuständig für Bayern (außer Unterfranken).

In Österreich

● A-1010 Wien, Gartenbaupromenade 2, Hotel Marriot, ℂ 01-31339 (Telefonauskunft 15-16.30 01-3100 od. 3102)

● A-5020 Salzburg, Alter Markt 1, ℂ 0662-848 776 (keine Visavergabe)

In der Schweiz

● Botschaft der USA, Jubiläumsstr. 93, 3005 Bern, ℂ 031-437011

● Generalkonsulat der USA, Zollikerstr. 141, 8008 Zürich ℂ 01-552566

Fahrerlaubnis in den USA

Der nationale Führerschein ist auch in den USA gültig. Besser und sicherer natürlich ist der *Internationale Führerschein*, erhältlich unter Vorlage der Fahrerlaubnis, eines Personalausweises und zweier Paß-

fotos beim zuständigen Meldeamt zu Hause. Den internationalen Ausweis können die amerikanischen Cops leichter lesen; folglich gibt's weniger Schwierigkeiten. Seinen nationalen Führerschein sollte man trotzdem in petto haben: einige Autovermieter verlangen nämlich dessen Vorlage.

San Francisco Online

Auswahl an Internetadressen San Francisco und der Bay Area.

Bay Area Backcountry
www.sj-coop.net/–mlh/bab.html
Wanderwege in der Bay Area

Bay Area Transit Information,
www.sever.berkeley.edu/transit/index.html
Verkehrsinformation

Bay Guardian,
www.sfbayguardian.com
Unendliche Quelle für Veranstaltungen aller Art

City Culture,
www.cityculture.com
Eine Art Kunstmagazin

Cinema Guide,
www.movietimes.com
Kinomagazin mit Fotos und Previews

Concerts in the San Francisco,
www.usfca.edu/usf/neufeld/concerts.html
Konzerthinweise

de Young Museum,
www.island.com/famsf/famsf_dey
oung.html
Kunstmuseum im Golden Gate Park

Escape Artist Tours Inc.,
www.best.com /–travel/sf-escapes/

Hostel handbook,
www.hostels.com/handbook Verzeichnis der Jugendherbergen in
den USA

Houseofhelms,
www.houseofhelms.com
Fotos von San Franciscos Sehenswürdigkeiten

Hotwired,
www.hotwired.com
Essentielle Multimediaquelle

Museum of the city of san Francisco,
www.slipnet/–dfowler/1906/
museum.html
Stadtgeschichtliches Notizbuch

Q San Francisco,
www.qsanfrancisco.com/
Lesben- und Schwulen Magazin

Rock & Roll Digital Gallery,
www.hooked.net/julianne/
index.html
San Francisco Rockkonzertplakate
der 60er

SF Gate,
www.sfgate.com
Kombination der großen Tageszeitungen (San Francisco Chronicle
und Examiner)

San Francisco Exploratorium,

www.exploratorium.edu/
Interessante Seite des tollen Wis-
senschaftsmuseums

San Francisco Hotel Reservations,
www.hotelres.com
Hotelreservierung on-line.

San Francisco 49ers,
www.yahoo.com/recreation/sports
/Football_American_/NFL/Teams
/San_Francisco_49ers/Nur für
Fans

Verlagsprogramm
http://interconnections.de

Tips für die Anreise

Die Anreise in das ehemalige Mekka der Flower-Power-Bewegung ist kein Pappenstiel, denn immerhin sind knapp zehntausend Kilometer zurückzulegen. Die Flugzeit von Frankfurt nach San Francisco beträgt ohne Transferzeit durchschnittlich zwölfeinhalb Stunden. Nicht die Wirkung von neun Stunden Zeitunterschied unterschätzen!

Lufthansa und LTU sind die einzigen Fluggesellschaften, die Nonstopflüge von Frankfurt bzw. Düsseldorf nach San Francisco anbieten. Swiss Air und die Austrian Airlines fliegen nur bis New York bzw. Chicago, wo dann umzusteigen ist. Nun, wir alle kennen den guten Ruf der deutschen Gesellschaften, was Zuverlässigkeit und Sicherheit angeht. Weniger attraktiv sind die Tarife. Wer nicht mit der Luft-

hansa fliegt, hat also mit einer Zwischenlandung und/oder einem Transfer zu rechnen. Fluggesellschaften werben oft mit Direktflügen. Sich nicht in die Irre führen lassen, denn man wird trotzdem zwischenlanden und / oder eine andere Maschine besteigen! Der Begriff Direktflug bezieht sich darauf, daß Fluggäste entweder in derselben Maschine nach einem Zwischenaufenthalt weiterfliegen oder daß das zweite Flugzeug derselben Fluggesellschaft angehört und die Flugnummer gleich bleibt. Anschlußflüge bergen die Gefahr, daß Reisende durch eine Verspätung des ersten Flugabschnittes länger als geplant in New York oder Chicago verweilen müssen, weil der ursprünglich vorgesehene Flieger schon längst entschwunden ist. Wir haben das bereits mehrfach erlebt, ließen uns die Laune dadurch aber nie verderben. Take it easy, remember!

Unerläßlich ist es allerdings, sich bei dem jeweiligen Reiseveranstalter zu versichern, daß der Flugschein im Falle eines Falles die Kosten für Hotelübernachtung und Verköstigung abdeckt.

Sich frühzeitig nach Billigflügen umhören; es zahlt sich aus. Besonders in der Grund- und Zwischensaison gibt's oft preiswerte Angebote. Die deutschen Billigflugpreise schwanken derzeit zwischen rund DM 980-1.300 für Flüge außerhalb der Hochsaison; in Österreich sind Flüge in der Basissaison ab 7.600 ÖS zu haben. Möglichst die Hochsaison meiden, da in dieser Zeit nicht nur die Preise kräftig steigen, sondern auch die Flüge wochenlang ausgebucht sind.

Hochsaison: 15.6.-14.8.
und 15.12.-15.1.
Zwischensaison: 15.8-15.10.
und 1.4-14.6;
Basissaison: 16.10-14.12.
und 16.1.-31.3.

Diese Daten geben nur einen groben Überblick. Saisonangaben können bei verschiedenen Fluggesellschaften bis zu vierzehn Tagen schwanken. Man erkundige sich bei seinem Reisebüro gegebenenfalls auch immer nach Studenten- und Jugendtarifen.

Vom Flughafen in die Stadt und zurück

SF International Airport

Hier enden die meisten europäischen Flüge, 23 km südlich der City unmittelbar an der Bucht. Mit jährlich rund 30 Millionen Fluggästen der siebtgrößte Flughafen der Welt. Diese hufeisenförmig aufgereihte Gebäudekette unterteilt sich grob in Abflug- (upper level) und Ankunftsebene (lower level).

Nachdem Verlassen des Flugzeugs marschiert man mit der im Flugzeug ausgefüllten Immigration Card und Pass zum Immigration Officer. Taxen und Flughafenbusse sorgen für die Weiterfahrt in die Stadt. Man kann natürlich auch eine Limousine mieten oder ein Taxi. Fahrtzeit durchschnittlich eine halbe Stunde. Wir raten dringend, für den Bus passendes Kleingeld mitzuführen.

Telefon

Wer nach der Ankunft zu Hause Bescheid sagen möchte, daß er gut angekommen ist, findet hier eine preiswerte Gelegenheit:

AT&T Global Communications Center,
Upper Level, International Terminal, ✆ *952-1544. Mo.-So. 9-18 h*
Man wird dort direkt verbunden und zahlt nur die tatsächlich gesprochene Zeit. (s. auch Tips von A-Z Telefon).

Taxen

Marschiert man von der Gepäckausgabe (Baggage Claim) gleich nach draußen, so überquert man zwei Fahrbahnen und wartet auf einer Taxis vorbehaltenen Verkehrsinsel. Eine Taxifahrt beläuft sich auf etwa 25-32 $ und 2-30 $ für das Trinkgeld, in der Regel zehn Prozent, und unterbietet nur dann die Preise der Minibusse, wenn man es zu mehr als drei Personen mietet.

Kleinbusse (Shuttles)

Eine Anzahl von Kleinbusunternehmen fungiert als Sammeltaxis und bringt ihre Fahrgäste zu ihren jeweiligen Zielen in der Stadt. Als härteste Konkurrenz der Taxifahrer sind sie dementsprechend unbeliebt. Sie alle verlangen $ 10 pro Erwachsenen und $ 6 pro Kind (2-12 Jahre). Die Busse sind rund um die Uhr im Einsatz. Es gilt jedoch zu beachten, daß jedes Busunternehmen seinen ihm zugewiesenen Stadtteil anfährt. Das Bay Area Super Shuttle übernimmt z.B. Fahrten vom und zum *downtown-district*. Alle Unternehmen erteilen aber gerne Auskunft und verweisen auf die richtige Nummer. Die Busse halten auf der nächsthöheren Etage der Gepäckausgabe. Kleinbusse haben keine offiziellen Haltestellen. Von einer der im mittleren Fahrbahnbereich liegenden Verkehrsinseln macht man den Busfahrer per Handzeichen auf sich aufmerksam. Es sei angemerkt, daß diese Shuttles nach so einem langen Flug wärmstens zu empfelen sind, bringen sie uns doch direkt zu unserem Hotel, Hostel. Die Gepäckschlepperei bleibt uns erspart.

California Minibus,
✆ 775-5121

Bay Area Super Shuttle,
✆ 558-8500

The Lorrie Shuttle Service,
✆ 334-9000

Yellow Shuttle Service,
✆ 282-7433
Die Fahrt zum Flughafen einen Tag vor dem Rückflug buchen.

Reguläre Flughafenbusse

SFO Airporter, *✆ 495-8404.*
Diese *Busse* klappern halbstündig sämtliche Flughafenterminals ab, und bringen Passagiere auf zwei verschiedenen Touren in ihre Hotels. Die Fahrt beläuft sich auf $ 9,50 (Hin und Rückfahrt ca. $ 16) für Erwachsene, $ 6 für Kinder von fünf bis elf Jahren, und dauert eine halbe Stunde. Der *Fisherman's Wharf Express* fährt zum Taylor & Ellis Busbahnhof, hinter dem Hilton Hotel, und zu Hotels am Fisherman's Wharf. Dazu zählen das Ramada, Marriot, das Holiday Inn und Howard Johnson's. Der Financial District Express fährt Chinatown und Hotels im Financial District an: Meridian, Sheraton, Hyatt Regency und Holiday Inn. Die Gepäckmenge ist unbegrenzt.

Sam Trans, *✆ 761-7000 od. 1-800-660-4287*
Die Bushaltestellen der 7B und 7F

Expreßbusse von Sam Trans liegen vor den Terminals von Eastern Airlines und TWA auf dem *upper level*. Der 7F kostet ca. $ 3 pro Person. Man darf aber in diesem Bus nur soviel Gepäck befördern, wie auf den Schoß paßt, also keine Gepäckstücke im Mittelgang abstellen. Fahrtdauer 35 Minuten. Unbedingt abgezähltes Kleingeld bereithalten! Um sicher zu gehen, die Fahrt nicht doppelt berappen zu müssen, verlange man bei der Bezahlung einen Fahrschein und bewahre ihn bis zum Zielort auf, denn manchmal kontrolliert der Busfahrer in einer neuen Zone wiederholt sämtliche Reisende auf eine gültige Fahrkarte. Der 7B Express kostet nur $ 1 pro Person. Keine Gepäckbeschränkungen, Fahrtdauer knapp eine Stunde. Der letzte 7B Bus verläßt den Flughafen um 1.19 h und der letzte 7F Express um 0.11 h. Die Sam-Trans-Busse halten *downtown* an der 3rd-, 5th- 7th und 9th & Mission Street. Nachts ist diese Gegend Neuankömmlingen nicht zu empfehlen.

Vom Flughafen Oakland in die Stadt

AC Transit, ✆ (510)839-2882.
Man fährt mit der Buslinie 57 des AC Transit bis zur Haltestelle Fruitvale & Mc Arthur Blvd. und steigt dort in den N Bus um, der

einen zur 1st & Mission St. in San Francisco befördert. Fahrtzeit ungefähr eine Stunde, Billet einschließlich Umsteigens ca. $ 2 pro Person. Der Bus verkehrt zwischen 6.09 h morgens und 23 Uhr nachts.

BART (U-Bahn), ✆ *992-2278*.
Der Air-Bart-Shuttle verkehrt von 6 h morgens bis Mitternacht alle zehn Minuten vom Oakland Airport zur BART-Haltestelle Coliseum. Dort geht's in die U-Bahn nach San Francisco downtown. Preis ca. $ 1,50 U-Bahn $ 2,50. Gesamtfahrtzeit rund vierzig Minuten. Der letzte Bus verläßt den Flughafen zur Coliseum-U-Bahn-Haltestelle um 23.50 h.

Yellow Shuttle Service,
✆ *282-7433*.
Zur Vermeidung langer Wartezeiten ruft man am besten noch vor Ankunft bei der Gepäckausgabe an. Gegen $ 14 pro Person befördert der die Reisenden zur gewünschten Adresse in der Stadt. Wartezeit von 15-20 Minuten und, je nach Tageszeit, eine Fahrtzeit von anderthalb bis zwei Stunden.

Lorrie Shuttle Service, *(nur von der City zum Oakland Airport)*,
✆ *334-9000*.
Der Minibus holt den Anrufer an

seinem jeweiligen Standort ab und chauffiert ihn (ein bis fünf Personen) für $ 35 zum Oakland Flughafen. Anrufen sollte man mindestens sechs Stunden vor Abflug.

Verbindungen SF International Airport zum Oakland Airport

Bay Area Bus Service
✆ 632-5506.
Der Bay Bus pendelt für $ 10 pro Person stündlich in einer Dreiviertelstunde zwischen den Flughäfen hin und her. Abfahrtszeiten von Oakland Airport zwischen 6 und 22 h und vom SFO zwischen 7 und 23 h.

Rückreise

Sundance/ Travel Time,
660 Market Street 5th Floor, Mon-Fr. 9-17.30, ✆ *677-0799*
Reisebüro, das bei der Suche nach einem Rückflug behilflich sein kann. Günstige Tarife zudem noch kompetente und aufmerksame Beratung.

Student Travel Network,
51 Grant Ave. Ecke Market Street.
✆ *391-8407. www.sta-travel.com*
Einige junge Leute schmeißen den Laden und beraten jedermann freundlich. Preise um rund 10-15 % über den erstgenannten Büros.

Travel Center
im Student Union Bldg., Erdgeschoß, bei Telegraph Ave. u. Bancroft St. (Campus Haupteingang), Berkeley, ✆ *(510) 642-3000.*
Mo.-Fr. 9-16 h
Reisebüro mit manchmal erstaunlich günstigen Preisen. Vorwiegend für Studenten. Am besten anrufen, da sich die Angebote fortwährend ändern; das gilt übrigens für alle drei genannten Adressen.

European Travel Inc.
442 Post/Union Square,
✆ *981-5517, www.european.com*
Deutschsprachiges Personal,
Mirage Travel.
225 Bush St. # 160,
✆ *288-9474.*
www.pcweb.com/mirage

Für Hinweise, die wir in der nächsten Auflage verwerten, bedanken wir uns mit einem Buch aus unserem Programm.

Chronologie

1848: der Goldrausch. Zu Tausenden strömen die Pioniere in das gelobte Land im Westen. Ein paar Jahre später überqueren die Chinesen den Pazifik, um Eisenbahnschienen zu verlegen. Dann ist die Reihe an den Schwarzen, die den rassistischen Südstaaten den Rücken kehren. Die jüngste Einwanderungswelle: Mexikaner *(Latinos),* die illegal auf der Suche nach Arbeit und einem Zipfel vom Glück die Grenze überschreiten.

Kalifornien, das gelobte Land der Neuzeit? Innerhalb weniger Jahre verlor die amerikanische Ostküste ihre wirtschaftliche Vormachtstellung. Auch hier liegt eine der Ursachen für die Rassenunruhen im Frühjahr 1993, zog der wirtschaftliche Niedergang doch einen sozialen nach sich. Wäre Kalifornien ein unabhängiger Staat, zählte er

trotz seiner geringen Bevölkerungsdichte zu den wohlhabendsten Ländern der Erde. Doch beginnen sich bedrohliche Wolken am ökologischen Horizont aufzutürmen: das der Wüste abgerungene Ackerland führte infolge eines völlig mangelhaften Bewässerungssystems, in Verbindung mit horrenden Subventionen, zu einer unglaublichen Wasserverschwendung – Swimmingpools und »großzügiger« Lebensstil bewirken ein Übriges. Und der Smog über den kalifornischen Städten ist bereits sprichwörtlich.

Johannes Sutter

Es begab sich im Jahre 1848 – zu einer Zeit, da San Francisco nichts weiter darstellte als ein kleines Fischerdorf, bestehend aus drei Dutzend Häusern – daß *James W. Marshall* seinem Chef, dem Schweizer Johann (John) August Suter (eigentlich ein »t«), rund 220 km vom späteren Eldorado der Blumenkinder entfernt, die ersten Goldklümpchen brachte. Der Anfang des San Francisco-Mythos' war gemacht. Da jeder Besucher der Stadt mit Suters Namen konfrontiert wird – man denke nur an die Sutter Street – weiter jedoch wenig über ihn bekannt ist, sei er und seine Bedeutung für die Stadt hier ein wenig näher beschrieben.

Im Alter von 31 Jahren bricht er 1834 nach Amerika auf, nach einer

Goldwäscher

Karriere als Bankrotteur, Dieb, Wechselfälscher und einem weiteren Intermezzo in Paris, wo er sich durch Betrug Geld für die Überfahrt beschaffte. Zu Hause, in Rynenberg bei Basel, bleiben Suters Frau mit drei Kindern zurück. Es folgt ein unstetes Leben in New York als Packer, Drogist, Zahnarzt, Arzneiverkäufer, Kaschemmenpächter, schließlich als Farmer in Missouri. Hier hätte er sein Leben fristen können, wenn ihn nicht Unrast und Abenteuerlust nach Westen getrieben hätten. Im Jahre 1838 erreicht er nach einem qualvollen Treck, bei dem einige seiner Begleiter starben, andere das Unterfangen aufgaben, Van Couver am Pazifik. Wenig später, nach einer Reise mit einem morschen Segler, setzt er seinen Fuß in San Francisco, einem verlotterten Dörfchen, auf damals mexikanischen Boden. Er entdeckt das fruchtbare Sacramentotal für seine hochtrabenden Pläne. Nicht nur eine Farm, nein ein ganzes Reich, Neu-Helvetien, will er gründen und sieht hier den nötigen Raum dafür. In Monte Rey stellt er sich dem Gouverneur *Alverado* vor und erklärt, mit seinen, während der Segelreise von den Sandwichinseln mitgebrachten Kanaken, das Land urbar machen und Siedlungen gründen zu wollen. Er erhält eine Konzession auf zehn Jahre.

Suters fantastisches Vorhaben gelingt auf Anhieb. Der Erfolg ist ungeahnt. Nach Abbrennen und Rodung des Waldes werden Brunnen und Kanäle gegraben, Faktoreien angelegt; Mühlen und Gebäude entstehen. Neue Siedler und Arbeiter strömen herbei. Der Boden bringt enorme Erträge; die Herden zählen bald tausende von Köpfen. Suter läßt das erste Obst, die ersten Reben pflanzen, wofür Kalifornien bis heute bekannt ist. Farmen und repräsentative Wohngebäude werden errichtet, ein Pleyel-Klavier über hundertachtzig Tagesreisen aus Paris herangeschafft, eine Dampfmaschine aus New York mittels sechzig Büffeln von Ost nach West geschleppt. Suter genießt Kredit bei den angesehensten Bankhäusern in Europa und ist einer der reichsten Männer der Welt. Die USA reißen Kalifornien an sich, und somit scheint der Erfolg gesichert. Auf der Höhe seiner Macht schreibt Suter seiner Familie in der Schweiz und bittet sie, zu kommen.

Im Januar 1848 findet James Marshall das erste Gold bei Arbeiten für ein neues Sägewerk am American River bei Coloma. Suter vergattert die wenigen anwesenden Arbeiter zur Verschwiegenheit. Vergebens – acht Tage später verplappert eine Frau das Geheimnis und etwas Unerhörtes, nie Gekanntes geschieht: wer immer von dem Fund erfährt, läßt gerade alles stehen und liegen und bricht nach Coloma auf. Suters eigene Leute lassen alles im Stich, das nicht mehr gemolkene Vieh krepiert, Felder werden weder abgeerntet

noch bestellt, die Städter eilen herbei, Beamte, Matrosen, jedermann, Gelumpe jeden Kalibers, zu jeder Schandtat bereit. Ein gewalttätiger Haufe, der immer stärker anschwillt, bald genährt von Zulauf aus allen Winkeln des Kontinents, Europas und fernen Erdteilen. Von Suters Reich, San Francisco samt der ganzen Umgebung, dessen Eigentum ihm durch Regierungsakt noch einmal besiegelt worden war, bleibt nichts. Sein Land wird widerrechtlich durchwühlt, aufgeteilt, verkauft und wieder verkauft, seine Gebäude besetzt, seine beweglich Habe geplündert und zerstreut. Ohnmächtig zieht er sich zurück auf eine abgelegenere Farm Eremitage, wo bald seine Familie eintrifft. Kaum angelangt, stirbt seine Frau an Erschöpfung von der Reise. Mit seinen Söhnen betreibt er nun erneut Landwirtschaft und rappelt sich allmählich wieder auf. Ein neuer Anfang, verbunden mit dem Kampf um sein Recht. Zu diesem Zweck läßt er seinen Sohn Emil in Washington Jura studieren.

1850 führt Sutter einen Prozeß um 25 Millionen Dollar gegen den Staat Kalifornien, der sich seine Gebäude, Kanäle, Wege usw. angeeignet hatte, gegen 17. 221 Farmer, die seinen Boden bewirtschaften. Er verlangt seinen Anteil an allem auf seinem Grund und Boden geförderten Gold, ferner 25 Millionen Dollar von der Union wegen der Verwüstungen an seinem Eigentum. Nach vier Jahren Dauer fällt *Richter Thompson*, höchster Beamter des Staates und unbestechlich, sein Urteil. Suter bekommt in vollem Umfang Recht! Triumph und Friede? Mitnichten, sein Untergang!

Ein wahrer Sturm bricht los. Alle, die sich nur irgendwie von dem Urteil bedroht sehen, rotten sich zu Zehntausenden zusammen, stürmen den Justizpalast, brennen ihn nieder und suchen Richter Thompson, um ihn aufzuknüpfen. Das Gesindel bricht auf, um Suters Besitz zu plündern. Ein Sohn erschießt sich in seiner Bedrängnis, der zweite wird ermordet, der dritte flieht, um bei der Heimkehr zu ertrinken. Suter entrinnt nur knapp dem Tode. Von seinem Besitz bleibt nur eine Einöde, Geld, Möbel, Sammlungen werden geraubt, alle Gebäude gehen in Flammen auf, aller Reichtum ist dahin. 1880 stirbt er in Washington durch Herzschlag als verarmter, bespöttelter Habenichts, und doch dem Rechtstitel nach als reichster Mann der Welt.

Auch Marshall hatte kein Glück. Andere Goldgräber verspotteten seinen Glauben an übersinnliche Kräfte und drohten ihm Lynchjustiz an, falls er sie nicht zu neuen Goldvorkommen führe. Nach vier Jahren strich ihm der Staat eine Rente von zweihundert Dollar, die er ihm zunächst als Entdecker gewährt hatte. In seinen letzten Lebensjahren arbeitete er als Schmied und verteilte für einige Cents seine Autogramme unter die Neugierigen. Er starb als verbitterter, mit seinem Leben hadernder Mann.

Coloma liegt übrigens an der sogenannten *Mother Lodge*, jener goldhaltigen, reichen Quarzader, deren Lauf heute der Highway S 49 folgt, benannt natürlich nach den »Forty-Niners«. Der später gefundene Silberhauptgang bei *Virginia City* war übrigens der *Comstock Lodge*.

Vieles hat sich seit jener Zeit in Kalifornien geändert, und heute ist es nicht mehr der Reiz des Goldes, der die Besucherscharen nach San Francisco lockt. Hier ist alles anders. Die Farbigen sind farbig und stolz darauf, genauso wie die Schwulen stolz auf ihre Homosexualität sind, auch wenn Aids ihnen zu schaffen macht. Die Menschen achten einander und tun doch stets, wozu sie Lust haben. Und trotzig verteidigen sie ihr Recht auf ihren eigenen Lebensstil. Paradoxerweise finden sich in der Innenstadt wenige Wolkenkratzer, verglichen mit anderen amerikanischen Metropolen, denn die

Goldsucher

Bauherren bekommen strenge Vorgaben, wie ein Gebäude in San Francisco auszusehen habe. Das erschwert nicht nur die Planung eines Projekts, sondern erhöht zudem die Kosten.

Die Stadtväter wissen außerdem, daß eine Stadt von der Mischung verschiedener sozialer Klassen sowie von der Konfrontation verschiedener Gruppen lebt. Sie sorgen dafür, daß die Mieten nicht allzu sehr in die Höhe getrieben werden, damit das soziale Gleichgewicht in der Stadt gewahrt bleibt. Die jüngsten Rassenunruhen dürften Mahnung genug sein, sich sozialer Mißstände in Zukunft gründlicher anzunehmen.

Levi Strauß, ein Kaiser und ein Phrenologie-Fachmann

Anno 1847 landete ein armer jüdischer Einwanderer aus Bayern mit hundert Dollar und einem Posten Segelplane, die er zu Zelten für die Goldgräber verarbeiten wollte, in San Francisco. *Levi Strauß*, wie er damals schon hieß, verarbeitete den Stoff, da er ihn anderweitig nicht los wurde, zu Hosen, die wegen ihrer Haltbarkeit großen Anklang bei den Goldgräbern fanden. Der Stoff wurde aus Frankreich, genauer gesagt aus der Stadt Nîmes, eingeführt; daher auch sein englischer Name *denim* (de Nîmes). Das Wort *jeans* seinerseits erinnert an den italienischen Hafen

Genua (frz. Gênes; Jannes), von wo aus der Stoff in die USA verfrachtet wurde.

Im Unterschied zu herkömmlichen Hosen verstärkte man bei den Jeans die Nähte mit Nieten, wodurch sie strapazierfähig wurden. Ein Elternverband äußerte 1937 den Wunsch, doch die Nieten an den Gesäßtaschen wegzulassen, da sie Schulbänke und Stühle ruinierten. So geschah's dann auch. Während des Zweiten Weltkriegs war die Nachfrage so gewaltig, daß Levis-Jeans nur noch an Militärangehörige abgegeben wurden. Längst haben die haltbaren Beinkleider aus San Francico den halben Erdball erobert, und kaum jemand erinnert sich noch an Levi Strauß, den armen bayrischen Auswanderer.

Andere Einwanderer machten nicht den großen Reibach, führten aber dennoch ein lustiges und auskömmliches Leben. So z.B. ein gewisser *Joshua Norton*, 1853 gekommen, um mit dem Handel von Reis Fortune zu machen. Nachdem er 1859 unerwartet eine Riesenpleite hingelegt hatte, stolzierte er in einer etwas verlotterten, aber goldbetreßter Uniform, mit einem Federhut auf dem Kopf und einem Säbel an der Seite als Kaiser der Vereinigten Staaten und Beschützer Mexikos von Gottes Gnaden durch die Straßen. Er überprüfte die Polizisten auf ihren Strei-

fengängen, las dem Stadtrat die Leviten, wenn er seiner Pflicht nur ungenügend nachkam und korrespondierte mit Königin Viktoria und Zar Alexander. Bis auf die Sache mit dem Kaiser hatte er keinen Dachschaden, sondern hielt sich in der Bibliothek und per eifriger Zeitungslektüre über alles in der Welt auf dem Laufenden und diskutierte die Geschehnisse mit allen, die mit ihm Umgang pflegten. Die Einwohner spielten mit, die Presse veröffentlichte brav seine Aufrufe, in Restaurants wurde er umsonst verköstigt und die Stadt spendierte ihrem Kaiser nicht nur alljährlich eine neue Uniform, sondern ließ ihn auch Schecks bis zu fünfzig Cents ausstellen, ja er hatte sogar eine Ehrenloge im Theater und durfte kostenlos Straßenbahn fahren. Zwanzig Jahre gehörte der liebenswürdige Kauz zum Stadtbild, stets in Begleitung von Bummer und Lazarus, seinen Hunden. »Bummer« deshalb, weil dieser den Weg um Kap Hoorn »bumming«, also als Nassauer geschafft hatte.

1880 nahm eine Trauergemeinde von 25. 000 Leuten an seinem Begräbnis teil. Ein wenig später hielten die Bürger wieder Totenwache, als Lazarus unter die Räder eines Feuerwehrwagens gekommen war. Andere Originale zu der Zeit waren z.B. *Frederick Coombs*, selbsternannter Professor der Phrenologie, der als George Washington II mit gepuderter Perücke und im Aufzug früher Kolonisten durch die Straßen paradierte oder *Oofty Goofty*, auch der »Wilde Mann von Borneo« genannt, weil er wilde Tierschreie von sich gab. Mit Federn und Fellen behängt zählte er zum alltäglichen Bild der »Barbarenküste«. Seinen Unterhalt bestritt er dadurch, daß man ihm für zehn Cent einen Tritt in den Hintern versetzen, ihn für 25 Cents mit einem Billiardstock verhauen und für 50 Cents mit einem Baseballschläger einen Hieb erteilen durfte.

Historischer Überblick

9000 v.Chr.-500 n.Chr.: Spätsteinzeitliche Jägervölker siedeln in Kalifornien. Um 500 n. Chr. diverse Indianerkulturen, die in Dörfern von 200 Köpfen zusammenleben, von der Jagd, vom Fischfang oder dem Sammeln von Früchten und Pflanzen leben: Miwok und utische Stämme in der Bucht von San Francisco, Yokuts und Bergamiwok in der Sierra Nevada und im Großen Längstal.

1534: der Spanier *Fortune Ximez* segelt die kalifornische Küste hinauf.

1542: Erste Erkundung der kalifornischen Küste durch den portugiesischen Seemann *Juan Rodriguez Cabrillo*, der die Einfahrt zur Bucht von San Francisco wahrscheinlich wegen der häufigen Sommernebel aber verfehlt, ebeso wie sein Landsmann *Bartolomé Ferrelo* ein Jahr darauf.

1579: der englische Seefahrer *Francis Drake* geht nördlich des Golden Gate bei Point Reyes, in einer schmalen Bucht, der später nach ihm benannten Drake's Bay, vor Anker, um seine »Goldene Hirschkuh« (Golden Hind auszubessern. Er tauft das Land New Albion (Neubritannien) und nimmt es im Namen von *Elisabeth I.* von England, in Besitz. Umstritten ist, ob eine 1933 am Straßenrand aufgefundene und arg zerkratzte Messingplakette, die er an einem Holzpfahl angeschlagen haben soll, von ihm stammt. Sie trägt die Inschrift: »Allen Menschen sei hiermit kundgetan ... , daß ich von diesem Königreich Besitz ergreife«. Anzuschauen heute in der Bancroft Bibliothek der University of California.

1595: Der schiffbrüchige Kapitän *Sebastian Cermeño* annektiert denselben zerklüfteten Küstenstrich für Spanien, verleiht ihm den Namen Puerto de San Francisco zu Ehren des Heiligen Franz von Assi, und segelt mit seinem unbeschädigten Rettungboot nach Mexico zurück.

1769: Engländer Russen (v. Alaska aus) bekunden Interesse an »forno caliente«, dem heißen Ofen, so daß die Spanier zur Sicherung ihrer Ansprüche eine »Heilige Expedition« ausrüsten. Zum erstenmal erblickt ein Europäer die Bucht von San Francisco – *Sergeant José Ortega*, der als Kundschafter an einer spanischen Expedition mit dem Franziskanerpater *Junipero Serra* unter der Führung des Armeeoffiziers *Don Gaspar de Portolà* teilnimmt. Von den dreihundert Mann, darunter ursprünglich achtzig missionierte Indianer, erreichen 126 ihr Ziel. Von den Indianer überlebt kaum einer, weil die christlichen Anführer ihnen wegen Proviantschwierigkeiten die Rationen vorenthielten. Gründung der Missionsstation in San Diego. Ein Jahr später gründet der Missionar *Serra Monterey* die nach ihm benannte Stadt.

1775: Hauptstadt Kaliforniens. Portolà selbst sah die Bucht nicht. Der einzige Bericht stammt aus zweiter Hand von *Juan Crespi*, der beim Haupttrupp geblieben war.

1772: zurückgekehrt wecken die Berichte von diesem »Meeresarm oder Flußmündung ungeheuren Ausmaßes« das Interesse des Franziskanerpriors *Junipero Serra.*, dessen Orden von Süden her eine Kette von Missionsstationen zur Rettung der armen Indianerseelen anlegte. Angeführt von Pater *Juan Crespi* und von Leutnant *Pedro Fages* durchstreift eine spanische Expedition auf der Suche nach einem geeigneten Platz für eine neue Missionsstation die Ostküste

der Bucht. Im Frühjahr

1772: brechen sie von Carmel auf und erblicken von den Hügeln des heutigen Berkeleys aus einen Blick durch das Goldene Tor auf den Stillen Ozean. Sie lagern auf dem Gebiet, das heute die University of California einnimmt.

1775: nachdem die Expedition bestätigt hatte, daß das Binnenmeer vom Pazifik aus erreichbar war, sendet der Vizekönig in Mexico City den Leutnant *Juan Manuel de Ayala* mit der San Carlos auf Erkundungsfahrt. Am 5. August segelt er in die Bucht ein, erforscht sie über eine Woche und kehrt mit der Botschaft heim, daß es sich hier gut siedeln lasse, nicht zuletzt wegen der vielen Anlegemöglichkeiten.

1776: Kapitän *Juan Bautista de Anza* erreicht mit dreißig Soldaten die Nordspitze der Halbinsel, errichtet auf dem windigen, nebligen Hügel eine militärische Befestigung, den Vorläufer des Presidios, damals eine bloße, palisadenzaugeschützte Hütte, und wählt den Standort für die Mission von San Francisco aus. Unter Führung von Leutnant *José Maraga* trifft aus Mexiko ein erster Trupp von 244 Siedlern an der Bucht ein. Nach einer dort dort vorkommenden Pflanze, wahrscheinlich wilder Bergminze oder einer aromatischen Kletterpflanze (Micromeria chamissonis), wird die Siedlung »El

Parage de Yerba Buena« (Das kleine Tal des guten Krauts) genannt. Einige Meilen landeinwärts, südlich des Presidio, weiht Serra die sechste Missionsstation Kaliforniens am Camino Real, der Königlichen Straße, ein, genannt San Francisco de Asis (Assisi), später Dolores nach einem naheliegenden Teich, der »Lagune unserer Schmerzensreichen Jungfrau« genannt.

1821: Mexiko erlangt von Spanien die Unabhängigkeit.

1824: Kalifornien wird offiziell Provinz der neuen Republik Mexiko.

1835: der englische Walfangkapitän *William Richardson* baut ein erstes Privathaus, Keimzelle des Dorfes Yerba Buena. Die Calle de Fundacion, heute Foundation Street, wird als erste Straße gelegt.

1836: amerikanische Kaufleute und vor allem die Hudson Bay Company wollen Kalifornien den USA einverleiben. Die amerikanische Regierung bietet eine halbe Million als Kaufsumme. *James Knox Polk*, elfter Präsident gewinnt die Wahl 1844 nicht zuletzt wegen seines Versprechens, Kalifornien den USA anzugliedern.

1839: *Suter* beginnt mit der Urbarmachung seiner riesigen, geschenkten Ländereien in »Neuhelvetien« im kalifornischen Längstal.

1841: Die *Hudson's Bay Company*, eine englische Fellhandelsgesell-schaft, gründet in Yerba Buena eine Niederlassung. Rußland verkauft Fort Ross an Suter. Die ersten Siedler über den Landweg, die Bidwell-Barleson-Wagenkolonne, erreicht das San Joaquin Tal.

1844: *William Hinckley*, erster amerikanischer Siedler von Yerba Buena, wird zum Bürgermeister gewählt.

1846: Die USA brechen mit Mexiko einen Krieg vom Zaun, wovon die Kalifornier aber nichts wissen. Der Armeekartograph *John C. Frémont* zettelt einen Aufstand, die »Bear Flag Rebellion«, gegen die mexikanische Herrschaft an und läßt am 14. Juni die Flagge in Sonoma, am Nordrand der Bucht hissen. Amerikanische Seesoldaten besetzen den »Königlichen Berg«, Monte Rey, und erklären Kalifornien zu amerikanischem Besitz. Kapitän *John Montgomery* läuft mit der »USS Portsmouth« in die Bucht von San Francisco ein und verkündet auf der Plaza der Stadt die Angliederung Kaliforniens durch die Vereinigten Staaten, ohne auf Widerstand zu stoßen. Die Einfahrt zur Bucht wird von dem Armeekapitän *John C. Frémont* Golden Gate (»Chrysopylae«) getauft. Die Siedlung zählt rund tausend Einwohner, wovon 1847 aber nur noch 459 bleiben, da die Mexikaner nach Süden flohen.

1847: Yerba Buena, eine Stadt von tausend Einwohnern, wird offiziell in San Francisco umbenannt. Die erste Zeitung, »The California Star«, erscheint.

1848: Gold wird entdeckt. Der Tischler *James Marshall* findet den ersten Goldklumpen (nugget) auf dem Grundstück des Sägewerks, das von *Johannes Suter* am American River in den Ausläufern der Sierra Nevada betrieben wird. Beendigung des mexikanisch-amerikanischen Krieges durch den Friedensvertrag von Guadalupe Hidalgo. Abtretung Kaliforniens an die Vereinigten Staaten.

1849: Das erste Schiff mit Goldsuchern, die aus New York kommende »California«, läuft ein. Damit beginnt, ausgelöst durch den Goldrausch, ein regelmäßiger Dampferverkehr zwischen Osten und Westen. Tausende von Goldsuchern, die »Neunundvierziger«, strömen nach San Francisco. Die Holzhäuser der Stadt werden am Weihnachtsabend von dem ersten von sechs großen Bränden verzehrt, die innerhalb von achtzehn Monaten, bis zum Sommer 1851, ausbrechen. In den folgenden Jahren drängen 300. 000 Glücksritter nach Kalifornien. Als die Goldfunde sich nach zehn Jahren erschöpfen, entdeckt man Riesensilbervorkommen in den blauen Lehmen an den Ostflanken der Berge, was die Zukunft der Stadt sichert.

1850: *Levi Strauß*, ein bayerisch-jüdischer Einwanderer, beginnt die Goldsucher mit Hosen aus verstärktem Segeltuch zu beliefern, Die Bevölkerung von San Francisco ist auf 25.000 Einwohner angewachsen.

1851: Zur Bekämpfung von Gangsterbanden wird der erste Sicherheitsausschuß gebildet. Bau des ersten Trockendocks.

1852: Gründung von *Wells Fargo & Company*; mit Schiffen und Postkutschen befördert die Firma Postgut von San Francisco nach New York und zurück. In der Stadt wohnen bereits 18. 000 Chinesen.

1853: Einführung des Telegraphendienstes.

1856: Bildung des zweiten Sicherheitsausschusses.

1859: Entdeckung legendärer Silbervorkommen in der Sierra Nevada, ganz nahe an der Ostgrenze Kaliforniens. Neuer Reichtum fließt nach San Francisco, das sich zum Finanzknotenpunkt des Westens mausert.

1860: der erste »Ponyexpreß« trifft ein.

YᵉDYGH SEAS — SHOWYNGE Yᵉ VESSELES BOVND FOR CALYFORNYA.

GOLD COMPANYE CAPITAL $10·000·000

PROVISIONALLY REGISTERED.

Goldrausch

1861: Ausbruch des amerikanischen Bürgerkriegs. Die Mehrheit der Bevölkerung der Stadt befürwortet die Haltung der Nordstaaten, welche die Sklaverei abschaffen wollen. Herstellung einer direkten telegraphischen Verbindung zwischen San Francisco und dem Osten. Fertigstellung von Fort Point zur Verstärkung der Verteidigungsanlagen der Stadt für den Fall eines Angriffs durch die Südstaaten.

1864: *Mark Twain* läßt sich in San Francisco nieder, arbeitet als Zeitungsreporter für den »Morning Call« und verfaßt seine ersten Erzählungen und Vignetten über das Leben in der Stadt.

1868: Gründung der Universität von Kalifornien.

1869: Vollendung der ersten Eisenbahnstrecke quer über den Kontinent. In Promontory, Utah, treffen die Central-Pacific- und die Union-Pacific-Bahnen schließlich doch noch auf Anordnung der Regierung zusammen, nachdem die Strecken schon rund 300 Meilen aneinander vorbeigebaut worden waren. Für den Bau sind etwa 15.000 Chinesen eingesetzt. Chinatown ist entstanden.

1870: der Golden Gate Park wird angelegt. Die Einwohnerzahl ist auf 150.000 gewachsen.

1873: *Andrew S. Hallidie* eröffnet in San Francisco in der Cay Street die erste Cable-Cars-Strecke auf rund 100 Metern.

1876: *Jack London*, künftiger Autor von »Wolfsblut« und »Der Ruf der Wildnis«, kommt in San Francisco zur Welt. Einführung elektrischer Beleuchtung.

1877: in der Stadt, besonders in Chinatown, kommt es zu Krawallen von chinesenfeindlichem Pöbel. Eröffnung des öffentlichen Telefondienstes.

1885: Fertigstellung des ersten Stahlschiffes an der Pazifikküste durch die Union Iron Works.

1882-1900: mit einer Reihe von Einwanderungsgesetzen, den »Exclusion Acts« drosselt die Regierung den Zustrom von Chinesen.

1887: *William Randolph Hearst* erwirbt den »San Francisco Examiner« und steigert die Auflage binnen kurzem von 5.000 auf 55.000 Exemplare.

1891: Eröffnung der Standforduniversität.

1898: Fertigstellung des Fährengebäudes, das zur Endhalte eines wachsenden Pendlerverkehrs wird.

1899: Aufnahme des Hochschulbetriebs in San Francisco an der California State University.

1904: Gründung der Bank of America (zunächst Bank of Italy) durch den italienischen Kaufmann *A. P. Giannini*.

1903: Die Stadt zählt 425.000 Einwohner. Das bisher öde und steppenartige kalifornische Längstal wird landwirtschaftlich erschlossen.

1906: um 5.12 h erschüttert ein schweres Erdbeben die Stadt. Etwa 700 Tote und Vermißte sowie Sachschäden in Höhe von 500 Millionen Dollar sind zu beklagen. Drei Jahre später sind die Trümmer beseitigt und 20.000 Häuser neu errichtet.

1915: zur Feier des Wiederaufbaus und der Einweihung des Panamakanals richtet die Stadt im Lincoln Park die Internationale Panama-Pazifik-Ausstellung aus. Fertigstellung des Rathauses, des ersten Gebäudes für das neue Gemeindezentrum. Bau des Palace of Fine Arts für die Panama-Pazifik-Ausstellung. Eröffnung der Telefonleitung nach New York durch den Erfinder *Alexander Graham Bell*.

1927: Eröffnung des internationalen Flughafens.

1929: die Folgen des Börsenkrachs treffen Kalifornien und die Stadt schwer. Streiks, Schlangen vor den Armenküchen und heimatlose landsuchende »Okies« und »Arkies« aus Oklahoma und Arkansas, deren Elend *John Steinbeck* in »Früchte des Zorns« beschrieb, bestimmen das Bild. Als Teil der Arbeitsbeschaffungsmaßnahmen der Rooseveltregierung werden der Bau der Oakland- und der der Golden-Gate-Brücke in Angriff genommen.

1932: Vollendung des Baus der Oper. Arbeiterunruhen. Am 5. Juli, dem »Blutigen Donnerstag«, werden zwei streikende Hafenarbeiter ermordet, was zu einem viertägigen Generalstreik führt.

1933-1937: Bau der Golden Gate Bridge.

1933: Bau eines Feuerwehr-Gedenkturms auf dem Telegraph Hill; das Geld stammte von der feuerwehrbegeisterten *Lillie Hitchcock Coit*

1934: Das amerikanische Armeefort auf der Insel Alcatraz wird zu einem Bundesgefängnis umgewandelt.

1936: Die 7,2 Kilometer lange San Francisco-Oakland Bay Bridge wird ihrer Bestimmung übergeben.

1937: Einweihung der Golden Gate Brücke, bis zur Eröffnung der New Yorker Verrazanobrücke 1964, längste Hängebrücke der Welt.

1941: Nach dem japanischen Angriff auf Pearl Harbour erkärt Amerika Japan den Krieg. San Francisco wird viertgrößter Hafen der Vereinigten Staaten.

1942: Erlaß der berüchtigten »Durchführungsverordnung 9066«: alle in Kalifornien lebenden Amerikaner japanischer Abstammung werden aus Furcht vor Sabotage in »Umsiedlerlagern« interniert. Oft mußten die Betroffenen ihr Haus innerhalb von 48 Stunden verlassen. Ihre Immobilien, Unternehmen und andere Habe wurden zu Schleuderpreisen losgeschlagen und nie wieder zurückgegeben.

1943: Aufbebung der »Exclusion Acts«; Chinesen dürfen wieder in die Vereinigten Staaten einwandern.

1945: zu Ende des Zweiten Weltkrieges tagt in der Oper von San Francisco eine internationale Konferenz; Abfassung der Charta der Vereinten Nationen.

1953: im Stadtteil North Beach wird auf Anregung des Dichters *Lawrence Ferlinghetti* der City Lights Bookshop eröffnet. Die Gegend wird zum magnetischen Anziehungpunkt für bohemienhafte Schriftsteller und deren Anhänger aus der Beat Generation.

1955: Der Beat-Dichter *Allen Ginsberg*, 1997 an Leberkrebs gestorben, trägt in der Six Gallery aus seinem Gedicht »Howl« (Geheul) vor und verhilft den nonkonformistischen Werten der Beat Generation zu Bekanntheit. Schutz der noch vorhandenen Cable Cars durch eine Satzung in der Gemeindeverfassung.

1957: der wohl bedeutendste Roman der Beat Generation, *Jack Kerouacs* »On the Road« (Unterwegs), wird veröffentlicht.

1958: die berühmte New Yorker Baseballmannschaft »The Giants« wird nach San Francisco verlegt

Market Street/Grant Street (A)

und gewinnt 1962 die Meisterschaft.

1960: Eröffnung des Baseball-Stadions im 3COM Park.

1963: Schließung des Gefängnisses von Alcatraz. Auf dem Ghirardelli Square wird ein Einkaufszentrum mit Restaurants eröffnet. Bei den umgestalteten Gebäuden handelt es sich um eine ehemalige Wollfabrik und die Gewürz- und Schokoladenfabriken von *Domingo Ghirardelli* aus dem späten 19. Jahrhundert.

1964: Die Cable Cars werden unter Denkmalschutz gestellt. Der Ghirardelli-Komplex wird eingeweiht. Studentenunruhen in Berkeley, Ausbau der Golden Gate Gateway Center Hafenanlagen.

1966: die Radikalen *Bobby Seale* und *Huey Newton* gründen in Oakland die Black Panther Party.

1967/68: Aufkommen der Hippie-Bewegung, deren Mittelpunkt der Stadtteil Haight-Ashbury ist. San Francisco wird Drehscheibe der Rock-Musik-Renaissance an der Westküste. Protestkundgebungen auf der Market Street und Besetzung von Alcatraz durch indianische Aktivisten, die das ungenutzte Land von den Weißen zurückfordern. Restaurierung des Kunstpalastes. Das Japanische Handelszentrum wird eingeweiht, Ghirardelli Square erweitert.

1974: Eröffnung der Untergrundbahn (BART).

1978: Bürgermeister *Moscone* und Stadtrat *Harvey Milk*, Vertreter der Homosexuellen, werden von einem ehemaligen Stadtrat erschossen. Das milde Urteil von sieben Jahren führt zu schweren Unruhen.

1983: AIDS greift in Windeseile um sich. Sexclubs und Saunen schließen.

1987: Jubiläum der Golden-Gate-Brücke.

1989, 17. Oktober: Ein Erdbeben verursacht mittlere Schäden und läßt Teile einer Stadtautobahn zusammenkrachen. Mehrere Tote.

Neunziger Jahre. Die Stadt leidet unter dem allgemeinen wirtschaftlichen Niedergang in Kalifornien. Die Finanzierung der medizinischen Betreuung für die zahlreichen AIDS-Kranken stapaziert die finanziellen Möglichkeiten der Stadt.

1995, 9. August: *Jerry Garçia*, Kopf der Hippieband Grateful Dead, stirbt an Krebs. Tausende von Anhängern halten eine Trauerfeier im Golden Gate Park ab.

Metropole auf schwankendem Grund

San Francisco, wie übrigens ganz Kalifornien, liegt auf dem Sankt Andreasgraben und damit in einer tektonisch labilen Weltregion, wo sich die pazifische und die amerikanische Kontinentalplatten immer wieder verhaken und Spannungen

Frühstück v. d. zerstörten Stadt

aufbaut, die sich in periodischen Beben entladen. 1906 verschoben sich die Platten um sechs Meter in einem schrecklichen, vierzig Sekunden währenden Erdbeben, das 28.000 Häuser, d. h. vier Fünftel der Stadt, zerstörte. Allerdings war weniger das Beben selbst dafür verantwortlich – die Holzhäuser lehnten sich halt meist nur ein wenig aneinander – als das nachfolgende Feuer, das durch umgekippte Öfen oder zerrissene Gasleitungen entstand, reiche Nahrung an den Holzhäusern fand und so drei Tage lang wütete. Wasserleitungen waren zerborsten, so daß Löschen kaum möglich war.

Der Bebenherd lag 320 km nörd-

lich der Stadt und raste mit 11.500 Stundenkilometern auf sie zu. Ein 240 km vor der Küste segelndes Schiff wurde vom Rückstoß erfaßt und tat einen für die Besatzung unerklärlichen Satz. Ein Polizist auf Streife im Lagerhausviertel vernahm erst ein tiefen Grollen, dann sah er das Beben über die Washington Street auf sich zulaufen: »Die ganze Straße hob und senkte sich. Es war, als rolle das Meer in immer größeren Wellen auf mich zu.«

Der Dirigent *Alfred Hertz* fand den Sänger *Caruso* im Palace Hotel von einem hysterischen Weinkrampf geschüttelt vor. Vor Furcht er könnte die Stimme verloren haben, hieß er ihn seine Stimme zu erproben. So schmetterte Caruso eine Stelle aus Umberto Giordanos »Fedora« aus dem Fenster, die Oper, die ihm acht Jahre zuvor zu Weltberühmtheit verholfen hatte. Da auch das Telefonnetz ausgefallen war, erfuhr die Welt nur per Morsezeichen durch einen einsamen Telegraphisten auf dem Union Square von dem Unglück.

Eines der wenigen unversehrten Gebäude war das *Hotaling Building*, eine ehemalige Brennerei, was den Dichter *Charles Field* zu folgender kluger Frage beflügelte:

»If, as they say, God spanked the town
For being over-friskey,
Why did he burn the churches down,
And spare Hotaling's Whiskey?«

(Wenn Gott die Stadt angeblich wegen ihres Übermuts strafte, warum brannte er dann die Kirchen nieder und ließ Hotalings Whiskeybrennerei stehen?)

Im Jahre 1865 hatte es ein noch heftigeres Beben gegeben - Verwerfungen von elf (!) Metern wurden gemessen – das aber wegen der geringen Besiedlung keinen bedeutenden Schaden anrichtete. Der Schriftsteller *Bret Harte* witzelte sarkastisch über die benachbarten Oakländer, die verschont blieben, daß es Dinge gebe, die wohl auch die Erde nicht schlucken wolle.

Zum Beben erzählt man sich eine kleine Anekdote: die Stadt erholte sich ungewöhnlich rasch von diesem Schicksalsschlag. Schon im darauffolgenden Jahr waren sechstausend Gebäude instandgesetzt und mehrere tausend im Bau. All dies dank eines ansonsten unbedeutenden Richters, der entschieden hatte, daß die Ursache der Zerstörung nicht das Erdbeben, sondern das Feuer gewesen sei. So war der Schaden durch die Feuerversicherungen abgedeckt, und die Versicherungsunternehmen wurden zur Kasse gebeten. Geistliche und Puritaner sahen in dem Unglück allerdings eine Strafe Gottes, dessen Zorn sich die Stadt durch ihr dekadentes Leben zugezogen hätte. Schließlich gab es hier einen großen Hafen, in dem Prostitution und Glücksspiel florierten.

Wie soll man also das Drama von 1989 interpretieren, bei dem die Teile der Bay Bridge herunterplumpsten und die obere Fahrbahn einer Stadtautobahn einstürzte? Bestrafung des Sodom und Gomorrha in Amerikas Westen oder Bestrafung jener Autofahrer, die zu Dutzenden unter den Betontrümmern begraben wurden? Tatsächlich fielen in den übrigen Teilen der Stadt nur wenige Menschen dem Erdbeben zum Opfer. Die strengen Bauvorschriften, die zum Schutz vor Erdbebenschäden eingeführt worden waren, haben sich bestens bewährt. Nur einige Holzhäuser im Marina-Viertel brachen infolge des Erdrutsches zusammen. Abgesehen von besagter Unglücksbrücke war dies die einzige Stelle, an der das Erdbeben Menschenopfer forderte.

Hier noch eine kleine Geschichte. Während des 89er Erdbebens berichtet ein New Yorker Sportjournalist, der in San Francisco war um vom weltgrößten Baseballereignis, den »World Series zu berichten: Wäre ein Erdbeben im Yankee Stadium in New York passiert, hätten sich die Besucher wohl zu Tode getreten«. Nicht hier. Mutige Bürger verließen ihre Autos und regelten den Verkehr. Lkw-Fahrer und Baseballspieler zusammen mit Hilfskräften versuchten Menschen zu retten, die auf dem kollabierten Freeway in Not geraten waren. Die Polizei verzeichnete keinen Anstieg der Gewalttaten. Als die World Series drei Wochen später fortgesetzt wurden, sangen 64.000 Zuschauer – einige zur Sicher mit Helmen ausgestattet «We built this city on rock'n roll«. Unsere Leser können sich aber ganz beruhigt auf die Socken machen. Wahrscheinlichkeitsrechnungen zufolge dürfte sich das nächste bedeutende Erdbeben erst in zweiundachtzig Jahren ereignen.

> **Au-Pair Box**
> http://www.au-pair-box.com

Protestbewegungen

Die *Beat Generation* Ende der fünfziger, Anfang der sechziger Jahre mit Schriftstellern wie *Jack Kerouac* (»On the Road«) und *Allen Ginsberg* (Lieblingsspruch: »Let's get naked«) an der Spitze suchte nach einer alternativen Lebensweise. Die Jugend lehnte die Überflußgesellschaft der Erwachsenen mit ihren ungerechten Begleiterscheinungen ab. Während die ersten Beatniks von einer gerechteren Welt träumten und den Liedern von Joan Baez und Bob Dylan, den Nachfolgern Woody Guthries, lauschten, hatte der Rock'n Roll schon seine ersten Spuren hinterlassen. Ab 1956 trat er dann mit Elvis Presley seinen Siegeszug an. Auch er war ein Symbol der Revolte, aber einer ganz anderen Revolte, als jene der Beatniks. Auch der Rock'n Roll lehnte die herkömmlichen Wertvorstellungen ab, aber er bot keine Alternativen an, sondern beschränkte sich aufs Schockieren der Erwachsenenwelt. Der mit bescheidenem Aufwand gedrehte Schwarzweißfilm »... denn sie wissen nicht, was sie tun« (Rebel without a Cause) mit *James Dean* bringt diese Unzufriedenheit der Jugend wohl am besten zum Ausdruck. Jimmy Dean verkörperte später aufgrund seines frühen, gewaltsamen Todes das Ideal vieler Jugendlicher, die es für erstrebenswerter halten, eine schöne Leiche abzugeben als alt und korrupt zu werden und sich den unmoralischen Kompromissen der Gesellschaft zu fügen.

In den Sechzigern wird dann endlich auch in den »weißen« Hitparaden die Musik der Schwarzen von den Schwarzen selbst gesungen. Vorher hatte es eine strikte Trennung zwischen »weißen« und »schwarzen« Radiosendern gegeben und die schwarzen Hits konnten diese kulturelle Grenze nur überwinden, wenn sie von weißen Sängern interpretiert wurden. Eine Anekdote unterstreicht treffend, zu welch widersinnigen Situationen es dadurch kam. *Chuck Berry* wurde der Zutritt zu einem Saal verweigert, in dem er ein Konzert geben sollte.

Der Veranstalter war keinen Augenblick auf die den Gedanken gekommen, daß der Autor und Interpret dieser Lieder, welche die Jugend Amerikas so authentisch beschrieben, etwa ein Schwarzer sein könnte. Das Konzert fand ohne ihn statt, eine unbekannte, aber dafür weiße Gruppe spielte seine Lieder an seiner Stelle. Es ist bezeichnend, daß Presley einen Teil seines Erfolges der Tatsache verdankt, daß er als Weißer mit einer »schwarzen« Stimme sang, und daß es Chuck Berry wohl nur deshalb gelang, die Barriere zwischen schwarzer und weißer Musikszene zu durchbrechen, weil er Anleihen bei der »weißen« Country &

Western Tradition machte.

Übrigens hat die *Country & Western Music* – auch heute noch mit Abstand die populärste Musikrichtung – ihre Wurzeln in der traditionellen Musik Europas, insbesondere Irlands. Die Lieder, mit Gitarrenbegleitung gesungen, handeln nostalgisch von der Pionierzeit, und eine gewisse Lagerfeuerromantik ist ihnen eigen. Übrigens waren die irischen Cowboys im Wilden Westen besonders begehrt, weil sie nachts beim Wacheschieben sangen und auf diese Weise die Viehherden beruhigten.

Airportshuttle (A)

Taxi (A)

Fortbewegung

Öffentliche Verkehrsmittel

Municipal Railway (Muni)

Die Municipal Railway, kurz Muni genannt, sorgt für die Beförderung zu allen Punkten in der Stadt. Zum Schienennetz der Muni zählen Busse, Straßenbahnen (Muni-Metro) und die legendären Cable Cars. Mit einem Muni-Fahrschein kann man auch die Untergrundbahn (BART) zwischen den Stationen *Embarcadero* und *Balboa Park* benutzen.

Der Grundtarif für Fahrten mit Muni-Verkehrsmitteln beträgt ca. $ 1,20 für Erwachsene, 45 Cents für Senioren ab 65 Jahren und für Jugendliche zwischen fünf und 17 Jahren. Freie Fahrt für Kinder unter fünf Jahren. Mit einem Fahrschein läßt es sich innerhalb zweier Stunden zweimal umsteigen. Die Muni bedient sämtliche Strecken von 6 h morgens bis 1 h nachts. Mit einer an den Endhaltestellen der Cable Cars erhältlichen Tageskarte *(Adult All-Day-Pass)* zu $ 6 lassen sich alle Muni-Verkehrsmittel benutzen. Desweiteren gibt es *3-Day-Passes zu ca. $ 11* und *7-Day-Passes* zum Preis von ca. $ 16. Diese Fahrscheine erlauben die Benutzung der Cable Cars.

Außerdem existiert eine Monatsfahrkarte, *Fast Pass* genannt, die für alle Muni-Verkehrsmittel, einschließlich der Cable Car gilt. Der Fast Pass für Erwachsene beläuft sich auf etwa $ 45, für Senioren ab 65 Jahren und für Jugendliche zwischen 5 und 17 Jahren *(Youth Pass)* ca. $ 9

Wer sich einen Monat in San Francisco aufhält, sollte die Ausgaben für einen Fast Pass nicht scheuen. Erhältlich in manchen Lebensmittellläden. Andere Verkaufsstellen verteilen sich über die gesamte Stadt; die folgenden befinden sich in der Innenstadt. Ein Foto ist nicht erforderlich:

Visitor Information Center
Hallidie Plaza, Powell and Market, im Untergeschoß, © 391-2000
Mo.-Fr. 9-17.30 h, Sa. 9-15 h, So. 10-14 h. Der Besuch hier ist wirklich jedem anzuraten: neben

deutschsprachigen Broschüren und Karten kann man einige Flyer mit Gutscheinen für Sehenswürdigkeiten mitnehmen.

Civic Center Pharmacie,
1198 Market St., bei Hyde St.
Mo.-Fr. 7.30-18 h, Sa. 9-15 h, So. geschlossen

City Hall (Rathaus),
Van Ness Avenue, zw. Grove St. u. McAllister St.

Downtown Seniors Center,
481 O'Farrell St., bei Jones St.,
✆ *771-7950.*
Mo.-Fr. 9-16 h, Sa. u. So. 10-14 h

Wichtig: sämtliche Verkaufsstellen geben Monatsfahrkarten ausschließlich eine Woche vor Beginn des neuen Monats und während der ersten Woche des neuen Monats aus. Lediglich das *Muni-Office* an der *Geary St.* bei Presidio St. und die Verkaufsstelle im Erdgeschoß der *City Hall* halten die Fast Passes während des ganzen Monats vorrätig.

Muni-Busse

Die neunzig orangegestreiften Muni-Buslinien sind stets mit einer Nummer (1-90) und einem Straßennamen beschriftet z.B. 5 Fulton, 24 Castro etc. Man besteigt den Bus mit oder ohne Fahrschein stets vorne beim Fahrer.

Schaffner oder Kontrolleure existieren nicht. Abgezähltes Geld bereithalten, das in die Kasse beim Busfahrer geworfen wird, woraufhin dieser einen Fahrschein aushändigt. Dieser, jeden Tag mit einer bestimmten Farbe, Nummer oder Buchstaben markiert, trägt auch die Uhrzeit, bis zu der er benutzt werden kann. Wer aussteigt, bekundet das durch Ziehen an der, an eine Wäscheleine erinnernde Schnur, die entlang der Fensterfront verläuft und beim Fahrer einen Gongton auslöst. In den Bussen in San Francisco geht es im allgemeinen nicht so ruhig und nüchtern zu, wie von daheim gewöhnt. Da lassen sich so manche Studien betreiben! Den hinteren Teil des Busses beschlagnahmen des öfteren Teenager, was den Lärmpegel meist um einiges hebt.

Beim ersten Umsteigen reißt der Busfahrer den oberen Teil des Fahrscheins ab und nimmt den Rest beim zweiten Umsteigen. An den Bushaltestellen wird man vergeblich nach Fahrplänen Ausschau halten. Fahrpläne *(Time Tables)* liegen meist kostenlos in den Bussen aus.

Eine Bushaltestelle ist an der gelben Markierung eines Pfostens und durch weiße Markierungen auf der Straße erkennbar. Wird eine Haltestelle von mehreren Buslinien angefahren, so kennzeichnet das ein Schild der Muni mit den entsprechenden Linien-Nummern. Die Randsteine der Bushaltestellen sind rot markiert. Bedingt durch viele Einbahnstraßen sind Hin- und Rückwege der Buslinien oft sehr verschieden.

Muni-Straßenbahnen

Es gibt fünf Straßenbahnlinien *(streetcars)*, mit den Buchstaben J, K, L, M und N und neue historische Linie F. Sie verlaufen im Bereich der Stadtmitte unterhalb der Market Street. Der Preis für eine Fahrt ist der selbe; auch die angebotenen Tages-Wochen- und Monatskarten haben Gültigkeit

Cable Cars

1964 wurden die weltberühmten San Francisco Cable Cars zur historischen »landmark« erklärt, die wiederum das einzige sich bewegende nationale Wahrzeichen der USA sind. Die Legende um *Andrew Smith Hallidie* besagt, daß er die Cable Car erdacht habe, nachdem er Zeuge eines Unfall wurde, als eines von vier Zugpferden vor einem schwerbeladenen Wagen strauchelte, die Bremsen versagten, weil eine Kette zersprang und schließlich alle verängstigten Tiere talwärts riß. Nun, dieses Unglück trug sich 1869 wirklich zu, doch, obgleich Andrew ein netter Kerl

Cable Car, San Francisco, 1947

Cable Car (A)

gewesen sein mag, erfand er die Cable Car nicht aus Gründen des Tierschutzes. Er war Inhaber einer Fabrik für Drähte, Seile und Kabel, von seinem Vater 1835 gegründet, und hatte seine Erfahrungen bei der Anlage von Erzdrahtseilbahnen für die Bergwerke in Nevada gesammelt. Sein Gedanke war es, eine Bahn an ein durch eine Dampfmaschine angetriebenes, umlaufenden Drahtseil zu hängen, die sofort bei Lösung der Verbindung stehenblieb. Die Ausführung seiner Pläne überließ er seinem Ingenieur *Benjamin C. Brook*.

Am 1. August 1873 chauffierte er mit seinem Assistenten die erste Cable Car an der Clay Street zwischen Kearny und Jones, und zwar todesmutig von oben nach unten mit 14, 5 km/h, der bis heute vorgeschriebenen Höchstgeschwindigkeit. Seine Erfindung mauserte sich in den nächsten Jahrzehnten zum Hauptverkehrsmittel in San Francisco, und sämtliche Gäule ließen erleichtert ein paar Äpfel fallen. Acht Privatunternehmen lebten von den Cable Cars. Dutzende von Cable-Car-Linien durchzogen die Stadt. Heute werden nur noch drei Strecken befahren: die Powell/Hyde, die Powell/Taylor und die California-Street-Linie. Nach einer sechzig Millonen Dollar teuren Restaurierung, größtenteils von den Bürgern der Stadt finanziert, hörte man nach zwanzigmonatiger

Pause am 1. Juni 1984 wieder das Bimmeln der Cable Cars.

Wegen der großen Popularität werden alle die unseren tollen Reiseführer nicht besitzen stets um einen Platz käpfen müssen. Richtig so! Die langen Warteschlangen an den Endhaltestellen der Cable-Car-Linien sind heutzutage mindestens genauso berühmt wie das legendäre Verkehrsmittel selbst. Der Touristenrummel ist an den Endhaltestellen Market und Powell Street und Fisherman's Wharf am größten. Die California-Linie ist selten überfüllt, und ihre Endhaltestelle an der Van Ness Avenue/California belagern nur selten Dutzende wartender Fahrgäste wie andernorts. Frühaufsteher haben mit Sicherheit den größten Spaß und dazu ausgezeichnete Gelegenheiten zum Fotografieren. Aber wie gehen nun unsere Leser vor? Nun sie folgen unserem kleinen Trick beim Zusteigen: die Wagenführer lassen an den Endhaltestellen trotz des hohen Andrangs immer ein paar Plätze, meist auf den Trittflächen, für unterwegs zusteigende Fahrgäste frei. Was also tun? Eine Haltestelle nach der Endhalte zusteigen, ganz einfach! Und dabei noch das richtige San-Francisco-Gefühl erleben. Die Cable Cars verkehren ab sechs Uhr morgens bis 0.30 h.

Fahrscheine löst man entweder am Automaten an der Endhaltestelle oder bei einem Schaffner in der Bahn. Die Tarife betragen $ 2 für Erwachsene, $ 1 für Senioren ab 65 Jahren und für Jugendliche zwischen 5 und 17 Jahren. Kinder unter fünf Jahren fahren kostenlos. *Telefon. Auskunftsdienst der Muni:* ✆ *673-6864 od. 673-Muni.*

Dem Auskunftsdienst *(Muni-Operator)* genaue Angaben zu augenblicklichem Standort und Fahrziel machen. Er wird dann den kürzesten Weg ausarbeiten.

Nachtfahrplan (Owl Service)
Für die Beförderung der »Nachteulen« zwischen Mitternacht und sechs Uhr morgens sorgen: 31 Balboa, 22 Fillmore, 38 Geary, 14 Mission, 90 Owl (vom Marina Distrikt: Haltestelle Chestnut & Lombard über Van Ness Avenue etc. nach San Bruno), 15 Third, 41 Union Busse. Busse ersetzen nachts die gleichnamigen Muni-Straßenbahnlinien J, K, L, M und N. Nachtschwärmer haben mit Wartezeiten von einer halben Stunde und darüber zu rechnen. Wir haben die Erfahrung gemacht, daß nachts ein Taxi meist die bessere Transportmöglichkeit ist. Gerade für Gruppen ist es attraktiv, weil das Taxometer nur selten $ 12 erreicht.

Verlagsprogramm
http://interconnections.de

Bay Area Rapid Transport (BART)

BART-Untergrundbahn,
telef. BART-Auskunftsdienst:
✆ *464-7133.*
BART ist die gängige Abkürzung für den Bay Area Rapid Transit, eines U-Bahn-Systems, das die Stadt auf einer Strecke von 113 km mit fünfzehn Vororten verbindet. BART-Züge erreichen eine Geschwindigkeit von bis zu 129 km/h. Die Bauarbeiten erstreckten sich zwischen 1967 und der Einweihung 1974. Die Werbung lief damals unter dem Wahlspruch »Pamper the Passenger«, Verwöhne den Fahrgast. Von einer Verhät-

schelung spürten diese allerdings in den ersten Jahren wegen unzähliger Pannen, Verspätungen usw. wenig. BART-Züge verkehren zwischen Oakland und San Francisco unter der Bucht in der Transbay Tube. Mit einer Länge von 5, 5 km, etwa 3, 5 Meilen, zählt die Transbay Tube zu den längsten Unterwassertunneln der Welt. In der Stadt sausen die BART-Züge unter der Market Street hindurch. Die Züge selbst, sowie die U-Bahn-Haltestellen dieses futuristischen Fortbewegungsmittels sind blitzblank.

BART verkehrt montags bis samstags von 6 h morgens bis 1 h und sonntags von 9 h bis 1 h. Bei Betriebsschluß schließen sämtliche Tore und Fahrkartenschalter. Wer kann, meide an Wochentagen Fahrten während der »rush hour« zwischen 7 bis 9 h morgens und 16-18 h abends, da die Züge dann vollgepackt sind. Das BART U-Bahn-System funktioniert vollautomatisch.

Zwar haben die Bahnen einen Wagenführer, aber die Züge werden alle von einem Computer gelenkt, der vierzig Millonen Dollar kostete. Man löst die Fahrscheine an den unterirdischen Fahrkartenschaltern der BART. Zunächst liest man den Fahrpreis zur Zielstation von einer Schautafel ab und füttert den Automaten mit der geforderten Geldmenge. Man erhält eine Karte mit Magnetstreifen, die man in den Schlitz der Barriere steckt, Daraufhin wird der Weg zu den Bahnsteigen freigegeben und die Karte an der Oberseite der Barriere wieder ausgeworfen. Am Zielort angekommen, wird beim Durchziehen der Karte der Betrag automatisch abgebucht. Man kann jederzeit auf diese Karte einzahlen. Die unterirdischen Haltestellen sind blitzsauber. Essen, Trinken oder Rauchen ist in diesen Bereichen untersagt. Auf den Bahnsteigen gibt es elektronische Anzeigetafeln, die einfahrende Züge ankündigen; es gibt nur zwei Richtungen. Entweder fährt man in Richtung Innenstadt *(downtown)* oder mit einer der eben aufgeführten Linien in ein von der Innenstadt entlegenes Stadtgebiet. Welche Bahn nun welchen Distrikt ansteuert, gibt die Schautafel jeder Haltestelle an. Die Bahn hält an jeder Haltestelle. Die Türen öffnen sich, sobald man die seitlich an der davon angebrachten Haltegriffe eindrückt. In sämtlichen BART-Haltestellen finden sich Fahrkartenautomaten und Wechselgeldmaschinen. Kinder unter vier Jahren fahren kostenlos; Senioren über 64 Jahren und Kinder zwischen fünf und zwölf Jahren lösen verbilligte Fahrkarten. Die Fahrtkosten rangieren je nach Zielort von 95 Cents bis 3.45 Dollar. Sämtliche Stationen sind mit Fahrstühlen für Rollstuhlfahrer ausgerüstet.

Die Mitnahme von Fahrrädern ist mit Einschränkung auf die *rush hour* gestattet. Seit dem Oktober 1996 ist kein zusätzliches Ticket erforderlich. Aufsichtspersonen in den BART-Stationen sind gern behilflich, denn Fahrräder passen wirklich schwer durch die schmalen Pforten. Die BART bietet sich als Transportmittel nach Oakland oder Berkeley an; innerhalb San Franciscos hat sie jedoch nur 5 Haltestellen.

Taxen

Für kürzere Streckenabschnitte kann die Fahrt mit einem der 761 Taxis *(Cabs)* eine bequeme und finanziell verkraftbare Alternative zu den öffentlichen Verkehrsmitteln sein. Das gilt im allgemeinen für die Zeit nach Mitternacht, wenn nicht mehr alle Buslinien befahren werden, und insbesondere für bestimmte Stadtteile, wie die Tenderloin oder SoMa (South of Market), in denen niemand, weder Männlein noch Weiblein nachtwandeln sollten. Der Tarif ist in den USA per gesetzlicher Verordnung bei jedem Taxiunternehmen gleich und beträgt momentan $ 1, 90 beim Einsteigen und $ 1, 70 für jede weitere Meile. Für jede Warteminute sind 20 Cents fällig. Wer sich bei einem der viertausend

Taxifahrer in San Francisco nicht unbeliebt machen will, sollte ihm das erwartete Trinkgeld, fünfzehn Prozent des Fahrtpreises, nicht vorenthalten.

Yellow Cab ist das größte Taxiunternehmen in der Stadt und erinnert mit seinen gelben Wagen an die *Cabs* in New York. In der Nähe von Restaurants, Hotels und Nachtklubs hält sich meist immer ein Taxi in Sichtweite, das man einfach heranwinkt.

City, ✆ *468-7200*

De Soto, ✆ *673-1414*

Luxor, ✆ *282-4141*

Pacific, ✆ *986-7220*

Veteran's, ✆ *552-1300*

Yellow Cab, ✆ *626-2345*

Fähren

Man kann mit einer Fähre ins verträumte und überteuerte Sausalito übersetzen, auf die legendäre Gefängnisinsel *Alcatraz* schippern oder unter der Golden-Gate-Brücke durchgondeln. Möglichst immer wochentags in See stechen, da die Fähren am Wochenende, insbesondere während der Sommermonate, oft hoffnungslos überfüllt sind. Fotoamateure wählen, wenn es die Zeit zuläßt, einen besonders klaren Tag aus und werden so voll auf ihre Kosten kommen!

Golden Gate Ferry,
℡ 332-6600.
Die Fähren verkehren täglich nach Sausalito und Larkspur. Einstieg hinter dem Fährgebäude, zu Beginn der Market Street, wo auch der Fahrkartenschalter liegt. Im Unterschied zu den anderen Unternehmen werden die Golden Gate Ferries weniger von Touristen frequentiert, sondern von Leuten, die per Fähre von und zur Arbeit fahren. Eine Überfahrt nach Sausalito kostet $ 4. 50 und dauert eine halbe Stunde. Die Getränke an der Bar sind erstaunlich günstig. Herrliche Aussicht auf die Stadt, die Insel Alcatraz und die Golden-Gate-Brücke während der Überfahrt.

Blue & Gold Fleet,
℡ 705-5444
Rundfahrten in der Bucht ab Pier 39 bei Fisherman's Wharf. Eineinviertelstündige Tour zu $ 15 für Erwachsene, $ 8 für Jugendliche und Senioren. Erwachsene legen für eine zweistündige Fahrt $ 21, Jugendliche und Senioren $ 12 hin. Alles ungefähre Preise. Auch überfahrten nach Alcatraz. Ca. 12 $ inkl. Audiotour in diversen Sprachen.

Red & White Fleet,
℡ 546-2700 oder 546-2826
Einstieg am Pier 41 bei Fisher-

man's Wharf. Rundfahrt durch die Bucht von einer Dreiviertelstunde ca. $ 16 für Erwachsene, $ 12 für Jugendliche (12-18) und Senioren, $ 9 für Kinder zwischen fünf und elf Jahren. Überfahrt nach Tiburon und Sausalito $ 5, Fahrt nach Alcatraz mit/ohne Audioführung (Walkman) und zurück $ 9 bzw. $ 6 für Erwachsene, Senioren / Jugendliche $ 8 bzw. $ 5, Kinder $ 4,50/$ 4. Auch Fahrten nach *Angel Island*.

Private Verkehrsmittel

Autovermietungen

Wie erwähnt, sind Touristen mit der Benutzung der öffentlichen Verkehrsmittel in San Francisco bestens beraten. Ein gemieteter Wagen lohnt sich nur dann, wenn man das Landesinnere Kaliforniens auf eigene Faust erkunden will, was sich auf jeden Fall lohnen wird. Man muß, um ein Auto mieten zu können, mindestens 21 Jahre alt (manchmal 25) und im Besitz einer Kreditkarte sein. Ein Internationaler Führerschein ist nicht unbedingt nötig, aber zu empfehlen.

Preisbewußte fragen bei der jeweiligen Autovermietung immer nach subcompacts (Kleinwagenklasse) oder compacts (Mittelklassewagen) und der Höhe der Versicherung pro Tag. Sich auch immer nach

Eintrittskarten

Wochentarifen, Special Rates, Weekend Rates und anderen Nachlässen (Discounts) erkundigen. Ausgesprochene Billig-Tarife sind mit Vorsicht zu genießen. Oft bieten Firmen Lockvogelpreise für einen bestimmten Wagen, der dann – oh Wunder! – bereits vermietet wurde, wenn man endlich angekommen ist. Seriöse Vermieter würden ihren Kunden in dem Falle zumindest die nächsthöhere Klasse zum gleichen Tarif überlasssen. Man nehme sich also Zeit und stelle Preisvergleiche an, womit dem ganzen »business« am schnellsten auf die Schliche zu kommen ist. Wer zu einer größeren Tour aufbricht, sollte sich nur an Unter-

nehmen wenden, die unbegrenzte Meilen anbieten, ansonsten wird man völlig ausgeplündert. Die meisten Unternehmen praktizieren ein Meilenlimit.

Überregionale Firmen wie Avis, Budget, Dollar, Hertz, National und Thrifty bieten die Möglichkeit, das Mietauto in einer Stadt zu übernehmen und in einer anderen wieder abzugeben. Ein weiterer Vorteil liegt darin, daß viele dieser Firmen Vertretungen in Deutschland, Österreich und der Schweiz unterhalten, so daß sich das ganze Geschäft vor der Abreise daheim abwickeln läßt. Die Tarife unterscheiden sich allerdings oft und liegen im Vergleich zu einem regionalen Unternehmen erheblich höher. Empfehlenswert ist es, sich bereits zu Hause nach günstigen Angeboten umzuhören. Nicht selten macht man dort die besseren »Schnäppchen« und hat keine Scherereien wegen der Kreditkarte. Die meisten Mietwagen besitzen eine Klimaanlage und Automatikgetriebe. Man erkundige sich vor der Abreise bei der heimischen Versicherungsgesellschaft, ob sie für einen Mietwagen in den USA haftet. Die Versicherung für einen Mietwagen beträgt hier zwischen $ 4 und $ 10 pro Tag. Man nehme sich genügend Zeit und höre sich um, denn die Preisunterschiede sind beachtlich! Hier einige Geschäftsadressen in San Francisco, die jahraus, jahrein für günstige Preise und zuverlässigen Service bekannt sind, und deren Tarife der allgemeinen Orientierung dienen sollen. Die hier aufgeführten Angaben gelten nur zur Orientierung, da die Tarife bei diesen Unternehmen zu häufig wechseln.

Die Preise hängen sehr stark von der Nachfrage ab. Die ganzen Adressen zumindest telefonisch abklappern. Bevor man in den Wagen steigt, sollte man mit einem Angestellten der Vermietung etwaige Fahrzeugmängel (Kratzer, Beulen) auf einer Check Liste festhalten. Danach fährt man am besten eine Runde um den Block, um zu sehen, ob der Wagen vollgetankt ist.

Alamo Rent-A Car,
687 Folsom Street, bei Third St.,
℡ *882-9440; 750 Bush Street*
Union Square, ℡ *693-0191;*
℡ *800-3279633. Internet: goalamo.com*
Bekanntes überregionales Unternehmen, das unbegrenzte Meilen und faire Preise bietet. Man kann den Wagen in San Francisco anmieten und in einer anderen Stadt abgeben. Kostenpunkt $ 100 (sogenannte *One-Way-Rentals).* Man erkundige sich über die gebührenfreie Nummer nach den aktuellen Preisen. Alamo betreibt Shuttle Busse, die Kunden kostenlos vom Flughafen zur Geschäftsstelle bringen.

Bob Leech's Auto Rental,
435 So. Airport Blvd., Nähe Utah Street, San Bruno. ℡ *583-3844.*
Mo.-Fr. 8-21 h, Sa. u. So. 8-18 h
MC, VISA, AE
Nur Mittelklassewagen. Keine Preisdifferenz zwischen Automatik- und Schaltgetriebe ca. $ 28 pro Tag (150 Meilen).

Executive Rent-A-Car *734 San Bruno Ave. E,* ℡ *589-9777 in San Francisco,* ℡ *800-241-2121 (Hauptgeschäftsstelle in LA).*
Tägl. 24 Stunden
MC, VISA, AE,
Günstige Angebote: Nissan Sentras, Toyota Corollas und Toyota

Tercels. Subcompact- Schaltwagen. Versicherung je nach Wagentyp $ 8-12 pro Tag. Executive bietet Shuttle Busse, die Kunden kostenlos und direkt vom Flughafen zur Geschäftsstelle chauffieren.

Flat Rate Rent-A-Car *830 Huntington Ave., San Bruno, CA 94066, © 583-9232 od. 1-800-433-3058.*
Mo.-Sa 8-17 h, So. 9-16 h
Mindestalter 25 Jahre. Man muß im Besitz einer der nachstehenden Kreditkarten sein: American Express, Diners Club, Mastercard (Eurocard), VISA. Die Wagen dürfen nur in einem Radius von hundert Meilen gefahren werden. Pro Tag hat man fünfzig freie Meilen, und der Preis beträgt nur $ 12. Für $ 16 bekommt man einen Wagen für einen Tag und hat hundert freie Meilen. Die Wochenmiete liegt bei $ 100 mit insgesamt 700 freien Meilen. Für die Versicherung legt man in einigen Fällen $ 5 pro Tag hin. Das Büro befindet sich in der Nähe des Flughafens, von wo man nach Anruf kostenlos abgeholt wird.

Reliable Rent-A-Car,
349 Mason Street. © 928-4414.
Vermietet Wagen nur tageweise, jedoch sehr preiswert. Der Nachteil dieses günstigen Angebots: man kann nur in einem Radius von 200 Meilen umherzuckeln.

Rent-A-Wreck,
2955 3rd. Street © 282-6293 oder 851-2627
Ein »Wrack« kriegt man zum Glück nicht, aber guterhaltene Gebrauchtwagen (Toyota) durchweg mit Automatikgetriebe. $ 22 pro Tag (100 Meilen), $ 102 pro Woche (700 Meilen). Keine Kreditkarte erforderlich.

Thrifty Car Rental *Downtown: 520 Mason St bei Post St., © 673-6675. Flughafen: 309 East Millbrae Avenue, Millbrae. © 259-1313, F. 692-8820, www.thrifty.com MC, VISA, AE, Mo.-So. 7-19 h*
Autovermietung von vorzüglichem Ruf in SF. Unbegrenzte Kilometer für Kleinwagen *(subcompacts)*. Die Fahrzeuge sind nicht älter als 12 Monate. Der Mieter des Fahrzeuges sollte 25 Jahre oder älter sein, da sonst eine Zusatzgebühr von $ 22 erhoben wird. Zu jedem Auto wird ein Mobiltelefon angeboten; bei dem man nur die vertelefonierten Einheiten bezahlt.

ACE Rent A Car,
415 Taylor Street, © 771-7711, F. 324-0689 MC, VISA, AE, Mo.-Sa 8-19 h, So. 8-17.30 h
Bei diesem Unternehmen wird bei Fahrern, die das 25. Lebensjahr noch nicht überschritten haben,

eine Gebühr von $ 6 verlangt. Kine Kilometerbeschränkung, jedoch dürfen nur Kalifornien und Nevada bereist werden.

Enterprise Rent A Car,
1133 Van Ness Avenue, ℂ 441-3369, F. 885-0275, MC, VISA, AE, Mo.-Sa 7.30-18 h, So. 9-13 h
Autos aller Kategorien ohne Kilometerbegrenzung, solange man in Kalifornien bleibt.
Wer bereits vor seinem Abflug entschlossen ist, einen Wagen zu mieten, hat die Möglichkeit, sich mit ein wenig Vorarbeit daheim, eine Menge Mühe in den USA zu ersparen. Wenden Sie sich an D.I. (Dollar Rent-A-Car), einen Zusammenschluß nationaler Autovermietungen, der neuere Modelle in gepflegtem Zustand und zu günstigen Tarifen vermietet. Sie brauchen das Fahrzeug dann am Ankunftsort nur noch in Empfang zu nehmen. Am Flughafen unterhält das Unternehmen Pendelbusse, die ihre Kunden kostenlos vom Terminal zum A.I.-Wagenpark bringen. Man wende sich an:

Alamo-Rent-a-Car,
BRD, ℂ 0130- 82 44 22,
Österreich, ℂ 0660-81 74,
Schweiz, ℂ 155 21 74

Fortbildung
http://www.fortbildung-online.de

Avis,
BRD, ℂ 0130-77 33, F. 06171-68 10 01
Österreich, ℂ 0660-87 57
Schweiz, ℂ 01-241 70 70, F. 01-242 88 31

Budget Rent-a-Car,
Deutschland, c/o Sixt Autovermietung, Dr. -Carl-v.-Linde-Str. 2, D-8023 München-Pullach, ℂ 089-74444-0, Intern. Reservierung ℂ 0381-67040, F. 0381-381-6704222 auch für Österreich und die Schweiz

Hertz,
Deutschland, ℂ 0180-5333535, F. 06196-937116,
Österreich, Simmeringer Hauptstr. 2-4, ℂ 01-79532, F. 795 42696, Schweiz, ℂ 01-732 1213, F. 7308050

Autoüberführungen

Wer eine Menge Zeit hat, flexibel ist und möglichst unabhängig und billig reisen möchte, wende sich an eine Drive-Away Agentur. Wir durchquerten den amerikanischen Kontinent per Drive-Away bereits zweimal: einmal, im Norden, von Philadelphia nach San Francisco und einmal, im Süden, von Los Angeles nach New York. Diese »coast-to-coast«-Reisen zählen zu unseren erlebnisreichsten und schönsten Erinnerungen in den USA. In jeder größeren Stadt vermitteln sogenannte Drive-Away-Agenturen Autos, deren Besitzer aus verschiedenen Gründen nicht in der Lage sind, ihr Fahrzeug selbst zu überführen. Man vergesse nicht, daß wir uns im Land des »Time is Money« befinden. Einfach in der Agentur anrufen und sich erkundigen, ob gerade ein Fahrer zur Überführung eines Wagens nach Houston, Los Angeles, New Orleans oder New York z.B. oder irgend einem anderen beliebigen Ziel gesucht wird.

Die Agenturen verlangen ein Mindestalter von 21 Jahren, einen gültigen Führerschein, manche auch einen Internationalen Führerschein, einen Reisepaß und eine oder mehrere Adressen bzw. Telefonnummern in den USA, an die sie sich im Notfall wenden können. Die Telefonnummer eines Bekannten reicht aus, keine Sorge: das wird nicht immer so streng gehandhabt. Die Kehrseite der Medaille: die Agentur setzt natürlich ein Meilen- und Zeitlimit. Man läßt aber teilweise mit sich reden, und mit etwas Verhandlungsgeschick lassen sich ein bis zwei Tage dazugewinnen. Die Zeitbegrenzungen sind meist nicht zu niedrig angesetzt. Man bekommt meist acht bis zehn Tage Zeit für eine Überführung von Küste zu Küste.

Wir legten die Strecke von Los Angeles nach New York in fünfeinhalb Tagen zurück: zugegebenermaßen eine Strapaze, aber es gab guten Grund zur Eile. Die Agentur überprüft den Wagen und händigt eine Check-Up-Liste aus. Überprüfen, soweit wie möglich, ob die Angaben mit dem Zustand des Wagens übereinstimmen. Bei der Agentur ist dann eine Kaution zu hinterlegen, die am Ziel von der jeweiligen Kontaktperson bar erstattet wird, wenn der Wagen in einwandfreiem Zustand abgeliefert wird. Die Autos sind vollkaskoversichert. Bei Selbstverschulden eines Unfalls wird schlimmstenfalls die Kaution einbehalten. Die Reisenden tragen lediglich die Benzin- und Ölkosten.

Drive-Away Agenturen findet man in allen Tageszeitungen größerer Städte unter der Rubrik »Transportation« oder im Branchenverzeichnis, den »Yellow Pages« unter »Drive-Away«.

American Auto Shippers,
1300 Bayshore Highway, Suite 199, Burlingame, Nähe Flughafen.
© 342-9611.
Verlangte Kaution: $ 300 in bar oder mit Traveller Checks. Ferner sind drei Referenzpersonen erforderlich, die telefonisch erreichbar sein müssen. Man sollte zwei Wochen im voraus anrufen. Mindestalter 18 Jahre.

»Diebstahlsicher«   (A)

Auto Drive-Away Company,
350 Townsend, bei 4th Street,
gegenüber v. Cal Train Bahnhof,
SoMa Distrikt, Suite 208.
℡ 777-3740.
Diese Agentur unterhält 48 Büros
in den Vereinigten Staaten. Kaution: $ 300. Mindestalter: 21 Jahre.
Keine Referenzen erforderlich.

Gebrauchtwagenkauf

Längere Zeit- und Streckenabschnitte legt man noch immer am
preisgünstigsten und bequemsten
mit einem eigenen Auto zurück.
Wer sich einen halbwegs intakten
Ami-Schlitten zulegt, muß den-

noch mit Reparaturen rechnen.
Mitglieder eines Automobilclubs
daheim (ADAC, AvD, TCS,
ÖAMTC etc.) finden in den USA
entsprechenden Service bei amerikanischen Automobilclub, kurz
»Triple A« genannt. Bei der American Automobile Association (AAA)
erhält man kostenloses Kartenmaterial und Verzeichnisse von
Zeltplätzen sowie exzellente Rou-
tenbeschreibungen. Desweiteren
hält «Triple A» eine Liste mit den
Anschriften zuverlässiger Werkstätten bereit. Ein solches Verzeichnis kann auch vom National
Institute for Automotive Service
Excellence, 1825 K St., NW, Was-

hington DC 2006, USA, ✆ 202-833-9646 angefordert werden. AAA-Büro in San Francisco:

AAA,
150 Van Ness Avenue,
bei Hayes St., ✆ 565-2012.
Mo.-Fr. 8.30-17 h
Straßenzustand und Pannen:
✆ 1-800-222-4357
Mitglieder eines Automobilclubs werden zu Hause kostenlos mit Kartenmaterial des AAA versorgt. Mitgliedsausweis nicht vergessen!
Die Versicherung für ein Auto kann sowohl in San Francisco als auch zu Hause abgeschlossen werden:

In Deutschland:

Tour-Insure GmbH,
Carl-Petersen-Str. 4, 20535 Hamburg 26, ✆ 040-25 17 21 50, F. 25 17 21 21.
Stellt in den USA anerkannte Blankopolicen aus, so daß nur noch die Daten des dort gekauften Wagens einzusetzen und nach Hamburg zu senden sind.

Bei Mietwagen lassen sich Zusatzversicherungen abschließen. Auch Versicherung von Motorrädern, die in die USA von hier mitgenommen werden. Fünfzigprozentiger Zuschlag für Versicherungsnehmer unter 25 Jahren.

American International Underwriters GmbH,
Rieslingstraße 14, 65207 Wiesbaden, ✆ 06122-15 646, F. 06122-8993.
Mindestalter 25 Jahre.

In San Francisco:

Asia (Overseas) Insurance Agency
Estrellita W. Chan, 300 Montgomery Street, Suite 631, San Francisco, CA 94104, ✆ (415) 982-7760
Angebote finden sich in den Tageszeitungen *Chronicle* und *Examiner* sowie in der Gratiszeitschrift *Progress*. Erhältlich an Kiosken oder in den Zeitungskästen an betriebsamen Straßenecken.
Die meisten Gebrauchtwagenhändler befinden sich im Grenzbereich des SoMa und Mission Distrikts.

Pan American Motors,
398 South Van Ness, bei 15th St., ✆ 861-2002, F. 861-2003.
Viel europäische Kundschaft. Gebrauchtwagen meist zwischen $ 520 und 1300. Handeln nicht vergessen!

Bevor man beim Straßenverkehrsamt zur Ummeldung seines neuerstandenen Vehikels vorstellig wird, überprüfe man, ob ein Abgastest vorgenommen wurde.

Damit spart man sich einen zusätzlichen Gang zu dieser Behörde. Der Abgastest *(Smog Certificate)* ist alle zwei Jahre fällig, was normalerweise der Gebrauchtwagenhändler übernimmt. Kauft man den Wagen von einer Privatperson, so hat man das im einzelnen abzuklären. Für den Abgastest zahlt man um die $ 40. Die Behörde zapft ebenfalls nochmal Steuergeld ab. Zur Vermeidung langer Wartezeiten beim State Department of Motor Vehicles findet man sich möglichst früh dort ein oder vereinbart telefonisch einen Termin.

State Department of Motor Vehicles,
1377 Fell St., bei Baker St.,
℡ 557-1179.
Mo.-Fr. 8-17 h, Do. 8-18.30 h

Motorrad- und Rollervermietung

DUBBLEJU,
271 Clara Street ℡ 495-2774, F. 495-2803. Mo.-Sa. 9-13 h. Büro in d. BRD: Weg am Sportplatz 25a, 22850 Norderstedt, ℡ 040-525 7887, F. 525 7984 VISA, MC, AmEx
Wer träumt eigentlich nicht davon, den Highway Number 1 auf einer Harley Davidson herunterzufahren? Wolfgang Taft jedenfalls hatte diesen Wunsch, als er vor ca.

sieben Jahren einen Kalifornienurlaub plante und feststellte, daß er nirgendwo in San Francisco ein Motorrad mieten konnte, so daß er sein eigenes Geschäft mit Harley Davidson's und BMW-Motorrädern hochzog. Man sollte mindestens 24 Jahre alt, im Besitz eines gültigen Führerscheins und einer Kreditkarte sein. Die Motorräder sind in ausgezeichnetem Zustand und nicht älter als 12 Monate. Tarife je nach Maschine von etwa $ 90-140 pro Tag. Leistungen u.a. sind folgende: 100 Freimeilen pro Tag, Basishaftpflichtversicherung, diverses Kartenmaterial, sämtliche Ausstattung (Bordwerkzeug, Satteltaschen) und Pannenhilfe rund um die Uhr. Helm und Motorradjacke können gemietet werden. Wolfgang läßt jeden gern an seiner zwanzigjährigen Tourerfahrung teilhaben, und stellt auf Wunsch ganze Touren zusammen. Enjoy the ride!

American Scooter & Cycle Rental,
2715 Hyde Street zw. North Point und Beach St, ℡ 931-0234, VISA, MC, AmEx

Fahrradvermietung

Mountainbikes lassen sich für $ 6-9 pro Stunde und $ 24-29 tageweise mieten. Dazu bekommt man meist ein Fahrradschloß, Karten und einen Helm. Von letzterem sollte man unbedingt Gebrauch machen. Auch hier ist in den meisten Fällen eine Kreditkarte als Sicherheit erforderlich. Je nachdem, wo man mit dem Fahrrad in San Francisco umherkurvt, kann das ein recht sportliches Unterfangen werden. Fahrradvermietungen sind vermehrt in der Nähe des Golden Gate Park zu finden.

Cyco SF,
640 Stanyan St., ✆ 668-8016,
tägl. 9.-19 h.
Avenue Cyclery, *756 Stanyan St.,*
✆ 668-8016, Mo.-Sa
Blazing Saddles,*1095 Columbus*
Ave, Bei Francisco, ✆ 202-8888,
tägl. 9. -19 h.

Kauf von Gebrauchträdern

**Goodwill Industries for
San Francisco,**
980 Howard Street, zw. 5th u. 6th
Sts., ✆ 362-0788. tägl. v. 9-18 h.
Gebrauchträder für Erwachsene
und Kinder, $ 14-$ 30.

Salvation Army,
1500 Valencia Street, bei 26th Stre-
et, ✆ 695-8040.
Mo.-Mi. 9.30-21 h, Do. u. Sa.
9.30-18 h.
Nur für Erwachsene, $ 45-$ 60.

Gut zu wissen

Besondere Verkehrsregeln

Die Höchstgeschwindigkeit innerhalb geschlossener Ortschaften
beträgt 25-30 Meilen pro Stunde
(40-48 km/h), auf Schnellstraßen
(Freeways) 55 Meilen pro Stunde
(90 km/h) und auf Autobahnen
(Highways) 65 Meilen pro Stunde
(104 km/h). Es empfiehlt sich, die
größtenteils auf Verkehrsschildern
angegebenen Höchstgeschwindigkeiten zu beherzigen, da die *High-*
waypatrol (Autobahnpolizei) überall präsent ist. In Los Angeles und
im Norden Kaliforniens wird der
Verkehr sogar per Hubschrauber
überwacht. Auf den Highways sind
alle Spuren gleichberechtigt; d.h.
es darf auch rechts überholt werden.

In San Francisco wurde der Highway Patrol eine Überwachung aus
der Luft bisher nicht gestattet. Wer
doch zu stark aufs Gaspedal getreten hat und hinter sich einen Poli-
zeiwagen aufkreuzen sieht, der
durch dichtes Auffahren oder per
Lichthupe oder Sirene auf sich aufmerksam macht, möge sich eine
gute Geschichte ausdenken und
am rechten Fahrbahnrand halten.
Auf jeden Fall im Auto sitzen-
bleiben, das Wagenfenster öffnen,
die Wagenpapiere bereithalten
und erst auf ausdrückliche Auffor-
derung des Polizeibeamten aus
dem Auto steigen. Und bitte
immer recht freundlich: Yes Sir,
No Sir ... !

Weitere Besonderheiten: gewöh-
nungsbedürftig ist die Tatsache,
daß in den USA Ampeln »hinter«
der Kreuzung stehen. Wer also wie
zu Hause bis an die Ampel heran-
fährt, befindet sich mitten auf der
Kreuzung und kann sich auf »trou-
ble« gefaßt machen. Schaltet die
Ampel für den in gerader Richtung

Hier einige nützliche Wörter:

Dead End oder No Through Street . . . . Sackgasse
Yield . . . . Vorfahrt beachten
Right of Way . . . . Vorfahrt
Slippery when Wet . . . . Rutschgefahr
Dip . . . . Bodensenke
MPH . . . . Meilen/h
Speed Limit . . . . Höchstgeschwindig-
keit
Merge . . . . Einfädeln
U-Turn . . . . Wenden
No Passing . . . . Nicht überholen
Road Construction . . . . Straßenarbeiten
Detour . . . . Umleitung
RV (Recreational Vehicle) . . . . Wohnwagen
Loading Zone (gelb) . . . . Ladezone

fahrenden Verkehr auf Rot, so darf man als Rechtsabbieger losfahren, wenn von links nichts kommt. Schulbusse, deren Warnanlage zum Zeichen, daß Kinder ein- und aussteigen, in Betrieb ist, dürfen nicht überholt werden.

Kreuzungen ohne Ampelregelung verwirren Neuankömmlinge häufig wegen der Vorfahrtregelung. Auf Halteschilder achten. Es kommt allerdings recht häufig und insbesondere an nicht einsehbaren Kreuzungen vor, daß jede Einmündung ein Stopzeichen ziert. Was nun? Rechts vor links gilt nicht.

Man geht ganz fair der Reihe nach vor. Wer zuerst kommt, fährt zuerst. Jeder wird feststellen, daß der Verkehr im allgemeinen ganz gemächlich rollt. Aggressives Verhalten ist eine Seltenheit. Ob das wohl an den Automatik-Wagen liegt?

Noch etwas: auf Einbahnstraßen achten! Leider existieren davon viel zu viele, und die wenigsten sind besonders auffällig markiert. Nicht vergessen: während der »rush hour« gelten oft andere Abbiegevorschriften als zu normalen Zeiten.

Das Abbiegen in eine bestimmte Richtung wird zu dieser Zeit an manchen Kreuzungen untersagt.

Brückenzoll

Autofahrer werden jeweils auf dem Weg in die Stadt zur Kasse gebeten. Die Gebühren *(tolls)* betragen über die Golden Gate Bridge $ 3, über die Oakland Bay Bridge 1 $. Abgezählte Beträge beschleunigen das Ganze, werden aber nicht verlangt. Man wird kostenlos durchgeschleust, wenn der Wagen voll besetzt ist und es sich um einen sogenannten *carpool* handelt. Ist doch eine lobenswerte Einrichtung, was?

Kraftfahrzeugpapiere

Der nationale Führerschein wird für die Dauer eines Jahres in den USA akzeptiert. Das gilt auch für Mietwagen oder Autoüberführungen (Drive-Aways). Dennoch raten wir, einen Internationalen Führerschein mitzuführen, der gegen eine geringe Gebühr von der zuständigen Behörde daheim ausgestellt wird.

Parken

Vielen Autofahrern bleibt angesichts der Steigungen bzw. des Gefälles einiger Straßen in San Francisco erst einmal das Herz stehen. Nicht selten fühlt man sich an haarsträubende Achterbahner-

lebnisse erinnert, wenn plötzlich die Front des Wagens ungewöhnlich tief nach vorne abtaucht. Der Straßenabschnitt der Filbert Street zwischen Leavenworth und Hyde Street ist z.B. mit 31, 5% Gefälle der steilste, den San Francisco zu bieten hat. Nun, man gewöhnt sich daran. Es wird deshalb auch nicht überraschen, daß man in San Francisco verpflichtet ist, die Räder beim Parken zum Bordstein hin einzuschlagen (Curb Wheels. Park in Gear). Bei Mißachtung dieser Vorschrift darf man 20 $ hinblättern. Weitere wichtige Regeln sind: farbige Bordsteinmarkierungen sind nicht mit kalifornischen Graffiti zu verwechseln, sondern sie markieren verschiedene Parkzonen:

Rot: absolutes Halte- und Parkverbot

Gelb: Ladezone für Güter. Nur Ein- und Aussteigen ist erlaubt, aber sonn- und werktags nach 18 h auch das Parken.

Blau: reserviert für Behinderte

Grün: Zehn-Minuten-Parkzone

Weiß: Fünf-Minuten-Parkzone. Ein- und Aussteigen ist also gestattet.

Towaway-Zonen: hier wird der Wagen abgeschleppt, z.B. vor einem Hydranten. Bußgeld ca. $ 70. Das Aufspüren von Parkplätzen kann zum Alptraumerlebnis werden.

Let the good times roll (A)

<u>Hier preiswerte Parkhäuser:</u>

Innenstadt

California Parking Inc.,
2nd und Harrison St.
7.30-17.30 h. 3.50 pro Tag.

5 Star, *First Street, zw. Howard und Folsom Sts.*
$ 6 pro Tag.

Fifth & Mission Garage,
833 Mission, zw. 4th und 5th Sts.
Rund um die Uhr bewacht.

Metro Embarcadero 1, 2, 3, 4,
Embarcadero Gebäude, zw. Clay u. Sacramento
Täglich rund um die Uhr über-wacht.

Metro Park,
Harrison Street zw. 3rd u. 4th Sts. u. First Street zw. Howard u. Folsom Sts.

S. F. Parking Inc.,
3rd und King Sts., Howard Street u. Embarcadero Street; Pier 45 u. Embarcadero Street.
$ 3 pro Tag bei beiden.

Civic Center District,
California Parking Inc., Franklin St. u. Market St., Van Ness Ave u. Market St.

Civic Center Plaza Garage,
355 Mc Allister Street zw. Larkin und Polk Sts.
Rund um die Uhr bewachter Park-platz.

Performing Arts Garage,
360 Grove Street zw. Franklin u. Gough Sts.
Bis 22 h geöffnete Parkgarage.

Benzinpreise

Eine Gallone (3,785 Liter) Nor-malbenzin *(Regular)* kostet ca. $ 1.20, Super *(Premium)* $ 1.45. Preisvergleiche lohnen sich. Im fol-genden eine Auflistung einiger ver-hältnismäßig zentral gelegener, günstiger Selbstbedienungstank-stellen. Im allgemeinen sind die Arco-Tankstellen am billigsten. Ein Trinkgeld für den Tankwart ist unüblich.

Andy's Shell, *400 South Van Ness bei 15th Street.*
✆ *864-9256. Tägl. 24-Stunden-Service, Normal, Bleifrei.*

Currie's Chevron,
Ecke Van Ness Avenue u. Fulton Street. ✆ 441-2240. Tägl. rund um die Uhr geöffnet.

Golden Arco,
Ecke 14th Street u. Mission Street.
© 621-4180. Tägl. 8-18 h.

Jerry's Chevron,
1799 Ocean Ave. © 3341353.
Mo.-Sa. 6-22 h, So. 8-16 h.

Mahmoud Arco,
376 Castro Street bei Market Street.
© 552-1188. Normal, Bleifrei u.
Super.

Silver Arco,
2190 Carrol Ave. bei Bayshore.
© 468-0446. Tägl. 24 Stunden
Service. Normal, Bleifrei u. Super.

Sonstiges

»Alternatives« Busunternehmen

Green Tortoise
Von Althippies gegründetes Busunternehmen, das »jungen« Leuten
von 15 bis 85 Jahren das etwas andere und dazu preiswerte Reisege-
fühl vermittelt. Es existieren acht
Green-Tortoise-Busse, die bewaff-
net mit knalligen Farben, Kuschel-
matratzen, Vorhängen etc., rein
äußerlich eher einer überdimensionalen Familien-Hippie-Kutsche
ähneln, als einem öffentlichen Verkehrsmittel. Dieses Unternehmen
will seine Kunden nicht nur einfach irgendwohin karren und das
möglichst rasch, sondern den Mit-

reisenden schon während der
Anreise ein unvergeßliches Ur-
laubserlebnis ermöglichen. Je nach
Dauer der Reise fährt der Bus
interessante Ziele an, wie z.B. heiße
Quellen etc.; man kocht und
übernachtet im Freien. Da gelten
allerdings zwei Regeln, die einge-
halten werden müssen: erstes bleiben die Glimmstengel während der
Fahrt im Rucksack (No smoking of
anything on the bus), zweitens haben Globetrotterschuhe auf den
Matratzen nichts verloren. That's
all. Ansonsten bringe man gute
Laune und ein paar Kassetten mit.

Die Tortoises fahren Städte im
Süden Kaliforniens an, wie Los
Angeles und San Diego und im
Norden Seattle, Portland und
Eugene. Man kann Wochen-
endtouren in den Yosemite Nationalpark unternehmen oder nach
Mexiko, Baja und New Orleans
zum Mardi Gras Carneval rollen.
Yosemite ist übrigens die Bezeichnung der Miwokindianer für
den Grizzly. Die Preise unterbieten
die aller anderen Unternehmen.
Bei längeren Fahrten kann man
sich am Food-Pool beteiligen. Damit werden fast Dreiviertel der
Verpflegungskosten abgedeckt -
allerdings sind die Gerichte allesamt rein vegetarisch.

Die Preise für diesen Food-Pool
sind in Klammern angegeben.

Chinesische Parade

Cinco de Mayo

Chinesisches Neujahrsfest

Bunny

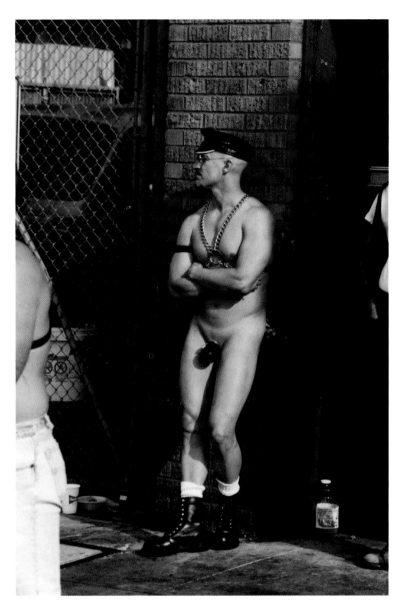

Folsom Street

Haltestelle (A)

Fernstrecken

Von San Francisco nach Los Angeles: $ 32. In Los Angeles hält der Bus gleich beim Hostel der International Network Organisation. Von San Francisco nach Portland: $ 52.
Von San Francisco nach Seattle: $ 63.
Von der West- zur Ostküste:
Von San Francisco nach New York oder Boston: $ 285 (+ $ 75 Food-Pool) in zehn Tagen.

Ausflüge

Tour zum Grand Canyon und Indian County (Südwesten der USA): $ 275 (+ $ 75) in neun Tagen.
Tour zur Baja-Halbinsel (an der mexikanischen Genze): je nach Aufenthaltsdauer $ 255 bis $ 355 (+ $ 56 bis $ 76). Wandern, Vogelexkursionen, Schnorcheln, Windsurfen, Segeln etc. !
Fahrt nach Antigua, Guatemala in 17 Tagen für $ 610 (+ $ 127)
Anhalter können sich an Autobahnausfahrten absetzen lassen. Gefällt einem Reisenden einer der Stops besonders gut, kann er dort bleiben und sich für zusätzliche $ 12 von einem der nächsten Tortoise-Busse mitnehmen lassen. Wichtig! Auf jeden Fall im vorausbuchen!

Man kann sich bereits in Europa ein Programm zusenden lassen und sogar buchen. Als Anzahlung aus Europa werden nur Reiseschecks angenommen. Anschrift:

GT Adventure Travel,
494 Broadway, San Francisco,
CA 94133, USA,
℡ v. der BRD aus: 001-415-956-7500
In den USA ist telef. Reservierung am einfachsten: ℡ *1-800-Tortois (867-8647),*
www.greentortoise.com

Verbindung zu anderen Städten

Amtrak, ℡ *982-8512.*
Amtrakzüge fahren täglich von Oakland nach Norden (Portland, Seattle) und nach Süden (Los Angeles, San Diego). Der California Zephir verkehrt zwischen Oakland und Chicago. Ebenso werden täglich Fahrten nach Stockton und Merced (Yosemite National Park) angeboten. Die Züge verkehren in der Regel von 5.30 h morgens bis 0.30 h nachts. Der Amtrak Bahnhof befindet sich in Oakland, 16th Steet & Wood Street. Am Transbay Terminal (First & Mission St.) einen Amtrak-Bus mit dreimaliger täglicher Verbindung zum Amtrakbahnhof. Fahrkarten löst man entweder am Bahnhof in Oakland oder am Amtrak-Fahrkartenschalter im Transbay Terminal.

Greyhound,
im Transbay-Busterminal, Ecke 1th Street, 2. Stock. ☎ 495-1575.
Greyhoundbusse steuern alle Städte in den USA an. Von diesem Greyhoundbusbahnhof fahren täglich mehrere Busse, darunter Expreßbusse, nach Los Angeles. Eine Strecke ca. $ 60. Weitergehende Auskünfte beim Fremdenverkehrsbüro:

Visitor Information Center,
San Francisco Visitor Information Center, 900 Market St., auf der unteren Ebene des Hallidie Plaza bei Powell St., ☎ 974-6900, 391-2000, Veranstaltunghinweise auf Deutsch -2004. Mo.-Fr. 8.30-17.30 h, Sa. 9-15 h, So. 10-14 h.

Für Hinweise, die wir in der nächsten Auflage verwerten, bedanken wir uns mit einem Buch aus unserem Programm.

Room Service
Mahlzeiten

Maid Service
Zimmerservice

Valet Service
Waschservice

Übernachten

Das Frühstück ist grundsätzlich im Übernachtungspreis *nicht* enthalten. Hier ein paar wichtige Übersetzungshilfen:

Single
Einzelzimmer

Twin
Doppel mit getrennten Betten

Double
Doppelzimmer mit Ehebett

Queen
Französisches Bett

King
Riesendoppelbett

European Plan
Übernachtung ohne Mahlzeiten

American Plan
Vollpension

Modified American Plan
Halbpension

Zur Hauptreisezeit sollten Übernachtungsgelegenheiten, also auch Campingplätze, im voraus gebucht werden.

Hier einiges Vokabular:

Übers Telefon:

We would like to reserve a room (space beim Camping) for next Thursday, June 12th, for two people, two beds, please.

Spätankömmlinge, die befürchten, daß ihre Buchung gestrichen wird, melden sich von unterwegs mit:

We would like to confirm our reservation for tonight. My name is... We'll probably arrive at around ... o'clock.

Bei der Ankunft geht man durch die lobby zum front desk oder reception und meldet sich:

My name is… I have a reservation for tonight. I would like to check in now.

Ohne Anmeldung:

I wonder if you have a room for tonight. I would like ... I'm looking for ... What are your rates, please?

Gezahlt wird häufig »in advance«, im voraus.

Sich nicht scheuen, bei der Rechnung einen Nachlaß, *discount*, zu verlangen, vor allem bei nur halb belegten Motels. Bei den Amerikanern ist das so üblich, und der Inhaber wird in den seltensten Fällen verärgert reagieren. Das Schlimmste, was passieren kann, ist eine Ablehnung. Nach Möglichkeit die *Check-Out*-Zeit einhalten. Normalerweise muß man bis 12 h sein Zimmer geräumt haben, ansonsten muß man für die nächste Nacht zahlen. Mehrere Reservierungsbüros, die mit diversen Hotels zusammenarbeiten, bieten ihre Dienste an:

San Francisco Lodging,
425 North Point, ✆ 292-4500

San Francisco Reservations,
22 Second Street, ✆ 227-1500, 1-800-667-1500.

Keine Gebühr. Alle Preiskategorien.

Bed and Breakfast International,
POB 28 29 10, CA 94 128-2910, ✆ 415-696-1690, F. -1699
Vermittlung von B&Bs in San Francisco und andernorts in Kalifornien und Nevada.

Mitwohnanbieter

Haight Ashbury Switchboard,
1338 Haight, ✆ 621-6211

University of California Housing Office,
510 Parnassus, ✆ 476-2231

San Francisco Roommate Referral Service,
610 Cole, ✆ 626-0606 oder 558-9191.
Vermittlung von Zimmern gegen Gebühr.

Oakland Bay Bridge

Jugendherbergen

In San Francisco

Easy Goin',
555 Haight Street, CA 94117,
✆ 552-8452, F. 552-8459.
www.easygo.com
»Hier ist alles möglich sagt«, Dirk Niederlaak, der deutsche Manager dieser Jugendherberge. »Wir sind optimal eingestellt auf die Bedürfnisse von Rucksacktouristen«. Weiteres Plus dieser Jugendherberge: man kommt hier mit Leuten in Kontakt, die schon länger in San Francisco wohnen, so daß man beim Essen in der Gemeinschaftsküche wertvolle Tips in Erfahrung bringt. Neben dem Youth Hostel betreibt Niederlaak mit seinem Partner eine Reiseagentur und San Franciscos einzige Mitfahrzentrale, was bei der Weiterreise hilfreich sein kann. Auch Fahrradvermietung. Lockere Atmosphäre. $

Green Tortoise Hostel,
494 Broadway., CA 94133,
✆ 834-1000. F. 956-4900
Bekannt durch das gleichnamige Busunternehmen, dem es weiterhin angehört. Es liegt in North Beach nahe einiger Rotlichtlokale und bietet saubere und komforable Räume ohne eigene Badezimmer. Etwa hundert Zimmer, kleine Aufpreise für Waschmaschine und Sauna. Im stuckverzierten Gemeinschaftsraum gelegentlich Mottoabende (free food, Mexican night). Reservierungen sind telefonisch unter Angabe der Kreditkartennummer möglich, oder man verschickt von zu Hause aus den geforderten Betrag in Reisechecks und läßt sich den Erhalt zwei Wochen später bestätigen.

Pacific Tradewinds Guest House, *680 Sacramento Street, CA 94111, ✆ 433-7970, F. 291-8801*
Ohne Hektik der großen JHs. Relativ kleine, aber saubere Zimmer. Gemütlicher Gemeinschaftsraum, zwar kein Fernseher, aber genug Gesprächs- und Lesestoff (umfassende Sammlung an Reiseführern). Oft Mottoabende, bei denen z.B. mexikanische Burritos zubereitet werden. Spätheimkehrer erhalten gegen Pfand einen Schlüssel, Safe für Wertgegenstände und Reinigungsdienst für schmutzige Klamotten.

HI-San Francisco Downtown, *312 Mason Street, CA 94102,* *© 788-5604.*

Globetrotter's Inn, *225 Ellis Street, CA 94102 © 346-5786.*

HI-S. F. Fisherman's Wharf, *Bldg. 240, Fort Mason, CA 94123, © 771-7277.* Öffnet tägl. um 16.30 h. 165 Betten, $ 16-20 pro Übernachtung. Während der Hochsaison (1. Mai bis 30. Sept.) Höchstverweildauer drei Nächte, ansonsten fünf. Weder Altersbegrenzung noch Mitgliedschaft erforderlich. Zusammenreisende können in einem Vier-Bett-Zimmer untergebracht werden. Ansonsten Unterbringung in Schlafsälen mit bis zu 22 Betten. Man muß die Herberge morgens um zehn Uhr verlassen haben und bis Mitternacht wieder zurückgekehrt sein. Zwischen 14 und 16.30 h geschlossen. Schriftlichen Reservierungen einen Scheck über $ 15-18 pro Person beilegen. Die Reservierung muß mindestens einen Monat vor der Ankunft eingegangen sein. Rasch ausgebucht!

Das Hostel ist in einem aus der Zeit des amerikanischen Bürgerkriegs stammenden Anlage, dem *Fort Mason*, untergebracht. Dies diente als Kommandozentrale für alle militärischen Operationen gegen Japan im Zweiten Weltkrieg, und hier wurden auch alle Soldaten ausgerüstet, bevor sie in See stachen. Heute dient es im wesentlichen als Kulturzentrum mit Workshops, Museen, Galerien, Theatern Restaurants usw.

Dieses Gebäude nun diente während des Zweiten Weltkriegs als Ambulanz, wurde 1980 renoviert und dann in eine Herberge umgewandelt. Frauen und Männer werden getrennt untergebracht. Eine Küche, ein Speisesaal und ein Gemeinschaftszimmer mit Kamin und Klavier stehen zur Verfügung. Man genießt eine fabelhafte Aussicht auf die Bucht, die Golden Gate Brücke und die Hügel der Stadt und befindet sich ganz in der Nähe von Fisherman's Wharf, mit Anschluß an sämtliche Viertel der Stadt.

Anreise: der Eingang zum Fort Mason liegt bei der Bay und Franklin Straße im Nordosten der Stadt. Die Munibusse Nummer 42, 47 und 30 halten einen Häuserblock östlich Fort Mason an der Bushaltestelle Bay Street und Van Ness Ave. Vom Flughafen nimmt man einen der Minibusse, wie Super Shuttle, Lorrie u. a., siehe »Vom Flughafen in die Stadt«, und fährt dann direkt zur Jugendherberge ($ 9) oder mit einem Samtrans Bus Nr. 7B bis zum Transbay Terminal (Endstation) und von dort aus mit dem Munibus Nr. 42 bis zur Bay Street und Van Ness Avenue. Hier angekommen, folgt man den Hinweisschildern zur Jugendherberge.

Embarcadero YMCA Center,
166 Embarcadero, CA 94105,
✆ 392-2191, 800-622-9622.
Über 250 Zimmer, Gemeinschaftsduschen. Swimmingpool, Fitneßraum, Aerobickurse etc. Für Männer und Frauen, keine Altersbegrenzung, keine Mitgliedschaft erforderlich. EZ $ 23 oder $ 26 mit Farbfernseher. DZ mit zwei Betten $ 33, mit TV $ 36. Der Geräuschpegel in den Zimmer zur Schnellstraße hin ist natürlich verhältnismäßig hoch, wofür die großartige Aussicht auf die Bucht und die Oakland Bay Bridge entlohnen. Benutzung der Sportanlagen im Preis inbegriffen. Elf Prozent Hotelsteuern sind zu den Preisen hinzuzurechnen.

YMCA Central Branch (Tenderloin); *220 Golden Gate Ave., bei Leavenworth St., CA 94102, ✆ 885-0460.*
Rund 110 Zimmer, für Männer und Frauen, keine Altersbegrenzung. Studenten zahlen pro Übernachtung nur $ 13. Ansonsten kosten EZ ohne Bad und Toilette $ 27, EZ mit eigenem Bad und Toilette $ 32, DZ ohne Bad und Toilette $ 35. Gemeinschaftsduschen. Die Preise beinhalten Steuern und Benutzung der Sportanlagen. Eine

Mitgliedschaft wird nicht verlangt. Für alle, die sich auch unterwegs fit halten wollen, ohne ihre Urlaubskasse übermäßig zu strapazieren, bietet das YMCA eine ausgezeichnete Gelegenheit, zwei Fliegen mit einer Klappe zu schlagen. Die Sportanlagen wirken zwar etwas spartanisch, aber es ist schon erstaunlich, was für diesen Preis alles geboten wird: Hallenbad, Sauna, Dampfbad, Basketball- und Squashhallen, Joggingbahn, Aerobic-, Stretching- und Yogakurse, Dachgarten zum Sonnenbaden. Die Sportanlage können auch von Leuten benutzt werden, die nicht im Hotel wohnen und die keine YMCA-Mitglieder sind. Siehe Kapitel »Sport und Erholung«.

Globe Hostel, *10 Hallam Place, bei 7th St. und Folsom St., (SoMa), CA 94103, ✆ 431-0540.*
Zwischen $ 12 und $ 18 pro Nacht. Jedes Zimmer mit Bad und Toilette, Wandschrank und Spülbecken. Im Hotel Waschmaschinen und Wäschetrockner, sowie einen Dachgarten zum Sonnen, eine kleine Bar und einen Leseraum, tagsüber und abends von den Hotelgästen als Treffpunkt genutzt und morgens als Frühstücksraum. Dieses Hostel überzeugt weniger durch Sauberkeit und Atmosphäre, denn durch die Nähe zu den Nachtclubs.

Billighotels

In der Tenderloin-Gegend und im SoMa-Distrikt liegt eine ganze Reihe von Billighotels mit Einzelzimmern ab $ 19 pro Nacht. Einige sind regelrechte Absteigen, andere wiederum stellen für viele Reisende eine Alternative zu den Schlafsälen der Jugendherbergen dar. Die Zimmer sind nicht immer die hellsten und die Nachbarn nicht immer die feinsten, aber wer sparen muß, kann ja mal durch die Turk, Ellis, Eddy oder Taylor Street schlendern und sich ein paar ansehen. Man lasse sich auf jeden Fall die Zimmer, Bad, Dusche usw. zeigen. Die Billighotels im SoMa-Distrikt, v.a. Fifth, Sixth und Seventh Street, sind auf keinen Fall zu empfehlen.

Eine Adresse möchten wir mit den oben erwähnten Einschränkungen nennen:

Winston Arm,
50 Turk St., bei Market St.
Unter der Fuchtel einer indischen Familie, sicher und verhältnismäßig sauber, mit angeschlossenem Waschsalon. Einzel- und Doppelzimmer. EZ pro Nacht $ 19, $ 84 für eine Woche und $ 310 für einen Monat.

Fortbildung
http://www.fortbildung-online.de

Blick vom Carnelian Room auf die Stadt   (A)

Hotels

Genaue Preisangaben zu machen ist sehr schwer, weil die Zimmerpreise je nach Saison oder sogar monatlich stark schwanken.

Die hier erwähnten Hotels sind im folgenden alphabetisch geordnet. Die Übernachtungspreise sind wie folgt gekennzeichnet und beziehen sich auf ein Einzelzimmer:

kein $ Zeichen	unter $ 20
$	$ 25-59
$$	$ 60-89
$$$	$ 90-119
$$$$	$ 120 und darüber

Abigail Hotel, *246 McAllister Street zw. Hyde St u. Larkin St., CA 94102, ✆ 861-9728 od. 1-800-243-6510, F. 861-5848.* Genau richtig für Liebhaber charmanter Zimmer, großartiger Küche und internationaler Gesell-

schaft. Im Herzen des Civis Centers – Oper und Symphonie sind nur einen Steinwurf entfernt. Im gleichen Gebäude das wohl beste vegetarische Restaurant der Stadt (Millenium). $$$

Adelaide Inn, *5 Isodora Duncan Lane, zw. Geary und Post, CA 94102, ✆ 441-2261. F. 441-0161* Sechzehn Zimmer, Gemeinschaftsduschen. Einzel-, Doppel- und Dreibettzimmer, freundliches Hotelpersonal. Kleine Küche samt Mikrowellengerät für die Zubereitung kleiner Mahlzeiten, wie Suppen, Sandwiches und Salaten. Kontinentales Frühstück im Preis inbegriffen. $$

AIDA Hotel, *1087 Market Street bei 7th Street, CA 94103, ✆ 863-4141, F. 863-5151* 186 Zimmer, knapp 100 davon mit eigenem Badezimmer und alle mit Fernseher, eigenem Telefon. Akzeptables Angebot in dieser Preiskategorie. $

Allison Hotel, *417 Stockton St., bei Sutter St., CA 94108, ✆ 986-8737, F. 392-0850.* Nur einen Block vom Union Square Park, also im Herzen der Stadt. Neunzig Zimmer, ungefähr die

Hälfte davon mit eigenem Bad und Toilette. Preis inkl. kontinentalem Frühstück. $$

Amsterdam Hotel,
749 Taylor St bei Sutter St., CA 94108, ✆ 673-3277 oder 1-800-637-3444, F. 673-0453.
1909 errichtet, europäischer Charme mit modernen Einrichtungen. Ein typisches Zimmer ist mit Kabelfernsehen, Telefon und Radio ausgestattet. Preis, Lage und die nette Atmosphäre machen dieses Hotel in seiner Klasse zu einem guten Angebot. Im Empfangsraum jederzeit kostenlos Kaffee. $$

Ansonia Cambridge Hotel,
711 Post St., bei Jones St., CA 94109, ✆ 673-2670, F. 673-9217.
130 Zimmer. Studentenermäßigung. Man frage nach Wochentarifen. Der Preis für eine Übernachtung schließt ein großzügiges Frühstück mit ein. Man sollte zwei bis vier Wochen im voraus buchen. Viele Studenten aus den USA und aus aller Welt finden sich hier ein. Leider ziemlich alte Fernseher und Telefone, und die Bilder lösen sich von ihren Rahmen. $$

Hotel Astoria,
510 Bush Street, CA 94108, ✆ 434-8889 oder 1-800-666-6696, F. 434-8919.
Sauber und komfortabel. Erstaunlich günstige Übernachtungspreise. $

Atherton Hotel,
685 Ellis St., CA 94109, ✆ 474-5720 od. 1-800-474-5720, F. 474-8256.
Im Herzen der Stadt, kombiniert europäischen Charme mit herzlicher Atmosphäre und schlägt damit so manches Touristenhotel. $$

Beresford Arms,
701 Post St. bei Jones St., CA 94109, ✆ 673-2600, F. 474-0449.
Email: beresfordsfo@delphi.com, www.beresford.com
Zentrale Lage, 102 Zimmer, alle mit Bad und Toilette und etwa die Hälfte mit eigener Küche. Beliebtes Hotel mit geräumigen Zimmern. Attraktive Preise angesichts der Einsparmöglichkeiten durchs Selberkochen. Hier übernachten nicht selten Abgeordnete und politische Prominenz. Das Hotel unterhält ein Restaurant und bietet Zimmerservice. Frühstück im Preis inbegriffen. In der Lobby nachmittags Tee, Wein und Snacks. $$$

Brady Acres,
649 Jones Street *zw. Geary u. Post,*
CA 94102, ✆ *929-8033.*
Drei Blocks von Union Square und
Powell Street Cable Car sowie
einen halben Block von drei Busli-
nien.
  Eher Miniappartements als
Hotelzimmer. Meist Kochnische
mit allem Küchenzubehör, voll
ausgestattetem Bad, ferner
Möglichkeit zum Wäschewaschen,
Bügeln usw. $$

Hotel Britton,
112 7th St., zw. Howard und Mar-
ket Sts., CA 94103, ✆ *621-7001*
oder 1- 800-444-5819.
79 stilvolle Zimmer mit Bad und
Toilette. $$

Chancellor Hotel,
433 Powell St., am Union Square,
CA 94102, ✆ *362-2004, F. 362-*
1403.
140 Zimmer mit eigenem Bad und
Toilette, kürzlich umfassend renoviert und daher nun für gehobene
Ansprüche. $$$$

Commodore Hotel,
825 Sutter St., bei Jones St., CA
94109, ✆ *923-6800 od. 1-800-*
338-6848
Ganz im Art-Deco-Stil. 113 farbenfrohe, geschmackvoll einge-
richtete Räume. $$-$$$

Cornell Hotel,
715 Bush St., bei Stockton St.,
CA 94108, ✆ *421-3154 od.*
1-800-232-9698, F. 399-1442.
Kleines Hotel mit 55 im französi-
schen Landhausstil eingerichteten
Zimmern, alle mit Bad, Telefon
und Fernseher. Kontinentales
Frühstück im Preise inbegriffen.
Geschäftsleitung und Küche unter
französischer Regie. Besondere
Wochenpreise. $$$

Edward II.,
3155 Scott St., Ecke Lombard St.,
CA 94123, ✆ *922-3000,*
F. 931-5784.
Dreißig Zimmer, fünf mit eigenem
Bad und Toilette, zwei Suiten, nur
drei Einzelzimmer. Komfortable
Zimmer, hilfsbereites Personal und
charmante Pensionsatmosphäre.
Die Zimmer zur Lombardstraße
hin sind leider etwas laut. Spät-
nachmittags lädt das Hotel zum
Sherry in die Bar. $$$

Embassy Motor Hotel,
610 Polk St., bei Turk St.,
CA 94102, ✆ *673-1404, F. 474-*
4188.
Etwa 84 Zimmer von denen fast
alle mit eigenem Bad ausgestattet
sind. Das Personal gewinnt keine
Freundlichkeitspreise, jedoch werden kostenlose Parkplätze angeboten. $$

Geary Hotel (Tenderloin), *610 Geary St., zw. Jones und Leavenworth Sts., CA 94102, ✆ 673-9221, F. 928-2434.*
92 Zimmer, geführt von einer buddhistischen Organisation. Die ständigen Renovierungsarbeiten zeigen kaum Wirkung. So bleibt ein eigenes vegetarisches Restaurant das einzig Erwähnenswerte hier. $$

Golden Gate Hotel, *775 Bush St., bei Powell St, CA 94108, ✆ 392-3702.*
Charmantes, mit antiken Möbeln ausgestattetes Hotel. Nur zwei Blocks vom Union Square Park in der Stadtmitte. 25 Zimmer, 16 davon mit eigenem Bad und Toilette. Das Hotel liegt unmittelbar an einer Cable-Car-Haltestelle. Es bietet Besichtigungstouren, und die zentrale Lage ermöglicht es, Chinatown, die in der Nähe gelegenen Theaterhäuser, Union Square und den Financial District bequem zu Fuß zu erreichen. $$

Grant Hotel, *753 Bush St. bei Powell St., CA 94108, ✆ 421-7540, F. 989-7719.*
76 Zimmer, alle mit Bad, Dusche und Fernseher. Zwei Blocks entfernt vom Union Square. $$

Grant Plaza Hotel, *465 Grant Ave bei Pine St., CA 94108, ✆ 434-3883, F. 434-3886.*
72 Zimmer mit Bad, Farbfernseher und Telefon. $-$$

Grove Inn, *890 Grove St., bei Fillmore St., CA 94117, ✆ 929-0780 F. 929-1037.*
Bed & Breakfast Inn in einer besonders reizvollen, ruhigen Gegend in der Nähe des Alamo Square. Die an den kleinen Alamo Square Park angrenzenden viktorianischen Häuser finden sich auf tausenden von Postkarten verewigt. Es empfiehlt sich, den idyllischen Park, von dem aus man tagsüber eine herrliche Aussicht auf die Stadt genießt, nachts zu meiden.

Das Hotel ist ein wirklich gepflegtes, bestens geführtes Haus. Neunzehn Zimmer, davon elf mit Bad und Toilette. Die Preise beinhalten ein kontinentales Frühstück und die Benutzung einer Gemeinschaftsküche. Auf Anfrage auch ein Wochentarif. Besonders gut für Familien geeignet. $$-$$$

Hill Point Guest Houses, *15 Hill Point Ave. zw. Parnassus Ave und Irving St., CA 94117, ✆ 753-0738.*
Die Pensionen sind eine weitere Alternative zu Hotels oder Jhs. Es handelt sich um zehn Häuser in der

Nähe des Golden Gate Parks mit jeweils vier bis fünf Zimmern. Diese kleinen Wohneinheiten haben jeweils eine vollausgestattete Küche und eine Gemeinschaftsdusche. Die Hillpoint Guest Houses werden insbesondere von Ärzten und Medizinstudenten aus dem Ausland in Anspruch genommen. Möglichst frühzeitig reservieren. $$

King George Hotel,
334 Mason St., bei Geary u. O'Farrell Sts., CA 94102, ✆ 781-5050 od. 1-800-288-6005, F. 391-6976.
Das seit 1914 betriebene Hotel besitzt 143 Zimmer mit eigenem Bad und Toilette, sowie Telefon, TV und ein kleiner Safe. Eigenes japanisches Restaurant, Teesalon mit klassischer Musikuntermalung durch einen Pianospieler, Cocktailbar. $$$$

Mosser Victorian,
54 4th St., zw. Market u. Mission St., CA 94103, ✆ 986-4400, F. 495-7633.
Zentrale Lage, 168 meist kleinere Zimmer, 80 mit eigenem Bad und Toilette. $$$-$$$$

Obrero Hotel,
1208 Stockton St., bei Pacific, (Chinatown), CA 94133, ✆ 989-3960.
Zwölf Zimmer, Gemeinschafts

duschen. Die Preise beinhalten ein großzügiges Frühstück mit warmem Sauerteigbrot, Honig, Marmelade, Schinken, Eiern und Obst. $-$$

Pensione International,
875 Post St., zw. Hyde und Leavenworth, CA 94109, ✆ 775-3344.
49 Zimmer, 15 mit Bad und Toilette. Günstige Wochentarife. Kontinentales Frühstück im Preis inbegriffen. $$

Pensione San Francisco,
1668 Market St., bei Van Ness u. Haight Sts., CA 94102, ✆ 864-1271, F. 861-8116.
Charmantes Hotel mit 36 Zimmern mit TV. Alle Preise verstehen sich mit kontinentalem Frühstück. Restaurant und Weinbar vorhanden. $

Phoenix Hotel,
601 Eddy Street bei Larkin, CA 94109, ✆ 776-1380 od. 1-800-368-0700, F. 885-3109.
Die großen silbernen Tourbusse auf dem Parkplatz dieses bunten Hotels deuten schon darauf hin: Hier betten Rockstars und andere exzentrische Berühmtheiten ihr Haupt. Natürlich nicht bevor sie noch einen Drink in Miss Pearl's Jam House, einem benachbarten Restaurants genommen haben. Wenn es einen nicht stört, von

einem betrunkenen *Keanu Reeves* in den Pool geworfen zu werden, kann man die mit karibischen Bambusmöbeln eingerichteten Zimmer genießen. Bitte weit im voraus buchen. Ansonsten läuft man Gefahr sich mit den *Red Hot Chili Peppers* ein Zimmer teilen zu müssen. $$

Am Pool des Phoenix Hotels

Ramada Inn am Union Square, *345 Taylor St., zw. O'Farrell und Ellis Sts., CA 94102, ✆ 673-2332, F. 398-0733.*
Kürzlich renoviert, 116 Zimmer, zentrale Lage. Typisches Touristenhotel mit jedem erdenklichen Service. $$$$

Red Victorian, *1665 Haight St. zw. Cole und Belvedere Sts., CA 94117, ✆ 864-1978.*
Das Red Victorian liegt im Herzen des Haight Districts und ganz in der Nähe des Golden Gate Parks. Sechzehn Zimmer, davon drei mit eigenem Bad und Toilette.

Redwood Inn, *1530 Lombard St., bei Franklin St., CA 94123, ✆ 776-3800 od. 1-800-221-6621.*
33 Zimmer mit eigenem Bad und Toilette. Preise inkl. kontinentalem Frühstück. Drei Zimmer mit Küche für geringen Aufpreis. Frühzeitig buchen. $$$

San Remo Hotel *2237 Mason St., bei Francisco u. Chestnut Sts., CA 94133, ✆ 776-8688, F. 776-2811.*
Dieses 1906 von *A.P. Giannini* (Gründer der Bank of America) erbaute Hotel zählt zu den preiswertesten in North Beach bzw. Fisherman's Wharf. Es besitzt 64 Zimmer ohne Bad und Toilette, einige davon mit Ausblick auf Bucht und Coit Tower. $

Renoir Hotel, *45 McAllister, bei Market St., CA 94102, ✆ 626-5200, 1-800-553-1900, F. 863-7356.*
135 geschmackvoll dekorierte Zimmer, alle mit eigenem Bad und Toilette. Zentrale Lage. Kontinentales Frühstück im Preis inbegriffen. Eine Scientology-Filiale liegt direkt um die Ecke. $$$

Temple Hotel, *469 Pine Street zw. Kearny St u. Montgomery St., CA 94102, ✆ 781-2526*
In diesem im Financial District gelegene Hotel findet man

hauptsächlich Geschäftsreisende vor. Von den 85 Zimmern ist knapp die Hälfte mit Bad und WC ausgestattet. $

Hotel Verona,
317 Leavenworth St., bei Eddy St., CA 94102, © 771-4242 od. 1-800-422-3646, F. 771-3355.
Den einzigen Wehrmutstropfen stellt die Lage dieses Hotels dar; das freundliche Personal weist jedoch auf Straßen hin, die man in der Tenderloin meiden sollte. Das gute Preis-/Leistungsverhältnis im Verona wurde vom Bay Guardian gelobt. Alle 65 Zimmer mit Fernseher und Telefon; kontinentales Frühstück ist im Preis inbegriffen. Wer sechs Tage bleibt, wohnt den siebten Tag umsonst. $

Western Hotel,
335 Leavenworth Street, © 673-8317. U-Bahn: Civic Center.
Von einer chinesischen Familie geführt. Ausgesprochen saubere Anschrift, Zimmer mit Teppichböden und wahlweise mit und ohne Bad. Frühstück inbegriffen, sogar mit Ei. Tagsüber geschlossen; Bewohner erhalten aber einen Schlüssel. Eine Kamera am Eingang sorgt rund um die Uhr für Sicherheit. Im Sommer gilt's früh morgens zu erscheinen, um noch ein Bett zu erwischen. Sonderpreise bei Aufenthaltsdauer von minde-

stens einer Woche. Übrigens einen Katzensprung vom *Airport Terminal,* 301 Ellis Street, von dem alle Viertelstunde ein Bus zum Flughafen saust, sowie zu BART und Muni. Ansonsten Anreise vom Greyhound-Terminal per Bus 38 bis Leavenworth Street, dann zwei Blocks per Pedes den Berg hinunter. $$

Hotel Essex

Zeltplätze

San Francisco RV Park,
255 Townsend, CA 94107,
✆ (415) 986-8730 bzw. 1-800-
548-2425.
Einziger Zeltplatz der Stadt. Südlich der Market Street verkehrsgünstig, aber etwas trist gelegen. Da zur Hochsaison häufig ausgebucht, ist rund drei bis vier Wochen im voraus zu buchen.

Das Aufstellen eines Zeltes in San Francisco ist seit der Hippie-Bewegung Ende der 60er Jahre verboten. Die meisten Nationalparks, bekannte Ausflugsziele, bieten Zeltplätze mit Parkmöglichkeiten, öffentlichen Toiletten und Grillstellen. Preise zwischen $ 31 und $ 34 pro Stellplatz. Die Zeltplätze sind in der Hauptreisezeit von Mitte Juni bis Anfang Dezember im allgemeinen gut belegt. Zwecks Reservierung eines Zeltplatzes im Yosemite- oder Sequoia National Park das **Ticketron-Büro** anrufen:
Wählen Sie T-E-L-E-T-I-X.

Weitere Informationsquelle:

National Park Service,
450 Golden Gate Avenue, S. F.
94102, ✆ 556-4122,
Mo.-Fr. 8.30 h bis 17 h.

Plätze in der Umgebung:

China Camp State Park,
an der North Pedro Rd nördl. v.
San Rafael im Marin County,
✆ 456-0766.
Erreichbar per Golden Gate Transit Linien 70, 80, 90 bis San Rafael/N San Pedro Rd Bus Pad, darauf Nr. 39 und ab Endhalte rund drei Kilometer Fußmarsch. Keine Vorausbuchung.

Chabot Regional Park,
nahe Interstate 580, East Oakland,
✆ 1-510-531-9043.
Buchungen im Sommer d. Mistix,
✆ 1-800-442-7275.
Keine Anbindung an öffentliche Verkehrsmittel, aber gute Wandermöglichkeiten in der Umgebung.

Half Moon Bay State Beach,
✆ 726-6238
Erreichbar per SanTrans, Linie 1A bis Endhalte.

Für Hinweise, die wir in der nächsten Auflage verwerten, bedanken wir uns mit einem Buch aus unserem Programm.

San Francisco International
Film Festival, ✆ 931-3456,
*Kabuki 8 Cinema bei Post u. Fill-
more Streets, u. in anderen Kinos
der Stadt. Mitte April bis Anfang
Mai.*
Zweiwöchiges Filmfestival, nicht
das größte der Vereinigten Staaten,
jedoch zeigt es eine große Auswahl
an neuen Independent Filmen und
viele Produktionen aus der Dritten
Welt, die man sonst kaum zu sehen
bekommt.

Veranstaltungen

Ob Halloween, das Chinesische Neujahr oder ein Straßenfest: in der Castro ist zu jeder Jahreszeit etwas los.

Frühling

Tulip Mania, *Im März,* ✆ *981-
7437. Pier 39, Embarcadero.*
Um ein Gefühl zu bekommen, was
Frühling bedeutet, sieht man sich
die farbenprächtige Blumenshow
mit über 35000 Tulpen am besten
selbst an.

Cherry Blossom Festival, ✆ *563-
2313. Japan Center, Geary Boulevard zw. Fillmore u. Laguna Streets.
Gewöhnlich Mitte bis Ende April.*
Dieses über zwei Wochenenden
laufende Fest zeigt traditionelle
japanische Kunst, eingerahmt von
einer Parade und zahlreichen
Trommelvorführungen.

Cinco de Mayo, ✆ *826-1401
Parade v. Mission District zum
Civic Center. Um den 5. Mai.*
Mexikanische Feiertag zu Ehren
des Sieges über die französische
Armee 1862 mit Paraden und
Musikvorführungen.

Bay to Breakers, ✆ *777-7770
Start Ecke v. Howard u. Spear Streets. 3. Maisonntag.*
Der San Francisco Examiner lädt
an diesem Sonntag über 100000 Ath-
leten, Jogger, Freaks und andere Verrückte zu diesem 12 km Lauf ein.

St. Patrick's Day, ✆ *661-2700.
Parade v. 5th u. Market St. bis
Embarcadero Center. Sonntag vor
dem 17. März*
Dieser irische Nationalfeiertag endet in irischen Pubs, die bis in den
frühen Morgen geöffnet haben.

Carnival Celebration,
℡ *826-1401 Mission Street u. 24th Street, Datum: Memorial Day Wochenende.*
An diesem Wochenende glaubt man sich in Rio de Janeiro, so farbenfroh gestaltet sich dieser Karnevalsumzug jedenfalls. Auf keinen Fall verpassen.

Schwulen- u. Lesben Freiheitstag,
℡ *864-3733, letzter Sonntag im Juni.*
Parade vom Castro District bis zum Civic Center, gehört zu den großen Feiern der Stadt, zu dem Homosexuelle aus dem ganzen Land anreisen.

Sommer

Fourth of July Celebration,
℡ *550-0560, Crissy Field, Presidio Waterfront. Am 4. Juli.*
Feier und Feuerwerk anläßlich des Unabhängigkeitstages. Beginn: Kurz nach Einbruch der Dunkelheit.

San Francisco Marathon,
℡ *681-2322, Im Juli*
Drittgrößter Marathon der Vereinigten Staaten.

San Francisco Shakespeare Festival, ℡ *666-2221, Golden*

Cinco de Mayo (A)

Fight for Rights, Marsch für die Rechte von Minderheiten   (A)

Gate Park, im September
Freie Shakespeareaufführungen im Golden Gate Park.

Union Street Spring Festival,
© 346-4446, Union Street zw. Gough u. Steiner Streets. Erstes Wochenende im Juni.
Zu diesem Straßenfest finden sich viele Künstler ein. Höhepunkt: das Kellnerrennen.

Haight Street Fair, *© 661-8025 Haight Street zw. Mansonic u. Stanyon Streets. 2. Junisonntag*
Neben dem Flair des »Summer of Love« der Hippiegeneration bieten hier über zweihundert Stände Kunsthandwerk und Essen aus aller Welt.

Blues and Art on Polk,
© 346-4446, Polk Street zw. Bush u. Jackson Streets. 2. Juliwochenende.
Großes Straßenfest mit Blues und Ständen mit Kunsthandwerk.

North Beach Fair, *© 403-0666 Grant Ave. u. Green St. nahe Columbus Ave. u. Washington Square Park 2. Juniwochenende.*

Musik, italienische Spezialitäten und mehr.

Herbst

Burning Man, ☎ *985-7471*
*Anschrift: Burning Man, PO Box
420572, San Francisco, Ca. Ort:
Black Rock Desert, Nevada.
www.istorm.com/burningman
1. Septemberwochenende.*
Alles begann, als der Performance-künstler *Lee Harvey* alljährlich eine riesige Holzfigur auf der Baker Beach in Flammen setzte. Das zog so viele Leute an, daß diese Aktion verlagert werden mußte. Heute pilgern Zehntausende zu einem Wüstenstück in Nevada, bauen dort Hütten, errichten Kunstwerke und feiern bis am Ende der riesige hölzerne Mann in Flammen aufgeht. Das Magazin *Hotwired* erklärte Burning Man zum neuen Nationalfeiertag.

Folsom Street Fair,
☎ *861-3247, Folsom Street zw.
7th u. 11th Street. Im September*
Auf diesem Fest der Sado-Maso-Schwulen findet man sich inmitten von mehr oder weniger in schwarzes Leder gekleideten Männern wieder. Obwohl man sich in eine ganz andere Welt versetzt fühlt, hat es doch die friedliche, freundliche Atmosphäre San Franciscos. Ausgepeitscht wird nur, wer's wirklich

verdient hat. Hah! Übrigens: was sagt ein wirklicher Sadist zu einem Maso, der verhauen werden will? Antwort: Nein!

Castro Street Fair,
☎ *467-3354 Castro u. Market
Streets. 1 Oktobersonntag.*
Farbenfrohes Fest der Schwulen und Lesben in der Welthauptstadt der Homosexualität.

Potrero Hill Festival,
☎ *826-8080, bei der Daniel Webster Elemementary School, 465 Missouri Street zw. 19th u. 20th Street.
1. Oktobersonntag*
Hauptsächlich treffen sich hier Leute aus der Nachbarschaft; aber Potrero Hill hat diese tolle Aussicht.

Halloween,
*Rund um das Civic Center,
am 31. Oktober*
Der Toten wird in ganz besonderer Form gedacht: mit ausgehöhlten Kürbissen (Pumpkins) und aller Art Maskierungen und Kostümierungen. Dieses Fest fand ursprünglich im Castro District statt, wurde aber wegen Platzmangels ins Civic Center verlegt. Einige Unbeirrbare feiern jedoch noch in der Castro.

San Francisco Jazz Festival,
℡ 788-7353, meist 2. u. 3. Oktoberwoche.
Dieses Festival erfreut sich wachsender Beliebtheit, denn es zieht Jazzgrößen regelmäßig an.

Artists' Open Studios,
℡ 861-9838, Oktober
Künstler in San Francisco laden die Öffentlichkeit in ihre Studios an jedem Wochenende im Oktober. Einen Plan gibt es in jedem Buchladen.

Winter

Chinesisches Neujahr *,℡ 749-2228, Parade v. Union Square nach Chinatown mit Feuerwerk*
Eine Woche mit Festlichkeiten zum neuen Jahr. Anrufen, um das genaue Datum zu erfahren.

Martin Luther King Jr Birthday Celebration, *℡ 771-6300. Parade endet in den Yerba Buena Gardens. Fourth u. Mission Street. Montags nach dem 15. Januar.*
Zu Ehren des großen Bürgerrechtlers nehmen sich die Vereinigten Staaten frei und veranstalten Feiern und Märsche.

Market Street um 1900

Für Hinweise, die wir in der nächsten Auflage verwerten, bedanken wir uns mit einem Buch aus unserem Programm.

früh, denn plötzlich drehte der Wind. Damit war ihre europäische Note dahin, und künftig wälzte sich der Verkehr hindurch.

Stadtteilportraits

Die gesamte Market Street entlang, ab der Van Ness Avenue, folgen völlig unterschiedliche Viertel aufeinander. An das monumentale *Civic Center* schließt sich das alte *Downtown* an, wo erste Anzeichen eines langsamen Erneuerungsprozesses sichtbar werden. Dann folgen der *Union Square* mit den berühmten Kaufhäusern und der *Financial District*. Im Norden befinden sich schließlich *Chinatown*, *North Beach* und *Fisherman's Wharf*, wo jeder sicher mindestens einem bekannten Gesicht begegnen wird. Richtig: hier ist die Touristendichte in San Francisco am höchsten. Die Van Ness Avenue war übrigens einst die Prachtstraße der Stadt. Als sich die Feuersbrunst 1906 auf sie zuwälzte, sprengte die Armee die Westseite, um ein Übergreifen auf benachbarte Straßen zu verhindern. Zu

Chinatown

Die Chinesen hatten sich nach dem Erdbeben flugs an den Aufbau ihres Stadtviertels gemacht, um Plänen im Rathaus mit dem Ziel, ihre Wiederansiedlung an alter Stelle zu vereiteln und sie auf billigeren Grund abzuschieben, zu durchkreuzen. Gewußt gewollt, war ein etwas bühnenhafter Stil, um dem Viertel das Flair eines asiatischen Basars zu verleihen. Man achte auch mal auf die Telefonzellen im chinesischen Stil. Zwei finster dreinschauende Steinlöwen flankieren das Tor zur Chinatown bei Bush Street und Grant Avenue. Dahinter erstreckt sich über acht Blocks eine exotische, in sich abgeschlossene Welt, in der Kenner bis zu vier chinesische Mundarten hören können. Ein wahres Paradies für Sinologiestudenten!

Die Straßen sind eng und überfüllt mit chinesischen Schulkindern, Händlern und steinalten Zeitungsverkäufern, die übrigens mörderisch zu zetern anfangen, wenn sie bemerken, daß sie fotografiert werden. Man bringe einen Zoom mit an den Tatort! Die Häuserzeilen sind vollgepackt mit Restaurants,

Tor zu Chinatown (A)

Mission Street (A)

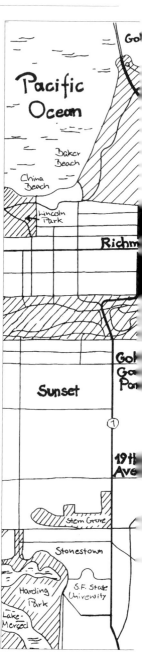

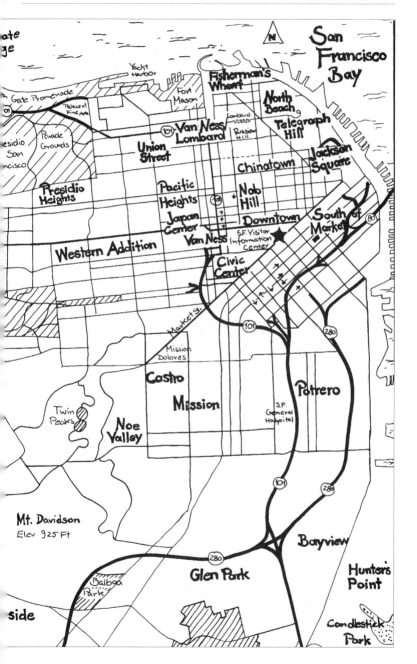

Geschäften und Bars. Mal einen Blick auf die höheren Etagen werfen: Hier kann man sich ein Bild machen, in welchem Elend die ersten Generationen der chinesischen Einwanderer hausten. 1847 kamen die ersten Männer aus dem Fernen Osten, um hier, wie viele andere in der Stadt, am Ende des Regenbogens mit Gold ihr Glück zu machen. Nur wenige Glückspilze durften als reiche Männer nach Hause zurückkehren. Die meisten sahen ihre Heimat aus Scham oder Armut nie wieder. So arbeiteten sie zu Tausenden in den kalifornischen Goldbergwerken oder legten Gleise für die Central- und South Pacific Eisenbahngesellschaft. Sie verhalfen, wie die schwarze Bevölkerung, der Neuen Welt zu ihrem Reichtum, da sie mit Hilfe rassistischer Propaganda als billige Arbeitskräfte ausgebeutet wurden. Chinatowns, heutzutage eine amerikanische Touristenattraktion, sind ehemalige Ghettos, in denen die Chinesen durch rassistische Gesetze von der weißen Bevölkerung gepfercht wurden. Erst 1947 gestattete man den Chinesen Immobilienerwerb außerhalb ihres Viertels. Obgleich einschränkende Gesetze den chinesischen Männern bis 1965 verboten, ihre Familien nachkommen zu lassen, riß der Einwandererstrom nicht ab. Als China während des Zweiten Weltkriegs Verbündeter

der USA wurde, verbesserten sich die Lebensbedingungen der amerikanischen Chinesen erheblich. Erst 1965 erleichterte man den Zuzug chinesischer Einwanderer, was ihre Anzahl von fünfzigtausend Einwohnern verdoppeln und Chinatown aus allen Nähten platzen ließ. Viele Chinesen siedeln nun um Clement Street, wo vorher schon Russen und Iren Fuß gefaßt hatten.

Mit fast dreizehn Prozent stellt die chinesische Bevölkerung die größte ethnische Gruppe in San Francisco und gehört mit Vancouver und New York zu den größten asiatischen Gemeinden außerhalb Asiens. Das Leben in den engen, von allerlei exotischen Düften und Geräuschen durchfluteten Straßen erinnert an das emsige Treiben eines Bienenstocks. Man lasse sich also Zeit in Chinatown, insbesondere beim Einkauf. Vieles, was auf den ersten Blick so unverwechselbar und exotisch aussieht, gibt es auf der anderen Straßenseite für den halben Preis. Neben einer Menge Touristenramsch aus Hongkong finden sich erlesenes Kunsthandwerk, schimmernde Seidenstoffe, Jade, handgeschnitzte Antiquitäten, feines Porzellan und dergleichen. Das Viertel leidet unter Überalterung – ein Viertel der Bewohner ist über sechzig Jahre – und ist immer noch das dichtbesiedeltste der Stadt. In zahllosen

Union Square (A)

Hinterhöfen und engen Gassen wird emsig gewerkelt, genäht und gebacken.

Bekannt ist das Viertel auch wegen der »tongs«, den Vereinigungen chinesischer Sippen, ursprünglich Selbsthilfegruppen, die wegen der tatsächlichen Rechtlosigkeit der Chinesen auch bald Schutzfunktionen übernahmen und sich mit Banden von »Angelos« bald Kämpfe lieferten. In den späten fünfziger und sechziger Jahren ließen diese wurzellosen jugendlichen Späteinwanderer noch allerlei schmutzige Geschäfte bei Glücksspiel, Zuhälterei usw. für sich erledigen. Höhepunkt der Bandenkriege war das Massaker im

Golden Dragon in den Siebzigern mit mehreren Toten. Heute sind die »tongs« kaum mehr als Wohltätigkeitsvereine.

Union Square

Im Herzen der Innenstadt. Dieser quadratische Platz, eine mit Palmen bestückte Grünfläche, wurde nach dem hier stattfindenden Pro-Gewerkschaftskundgebungen um 1860 benannt. Der Union Square ist in etwa die Champs Elysées von San Francisco, da sich hier Luxusboutiquen, Warenhäuser der höheren Preiskategorien und Luxushotels ein Stelldichein geben. Namen wie Burberry's of London,

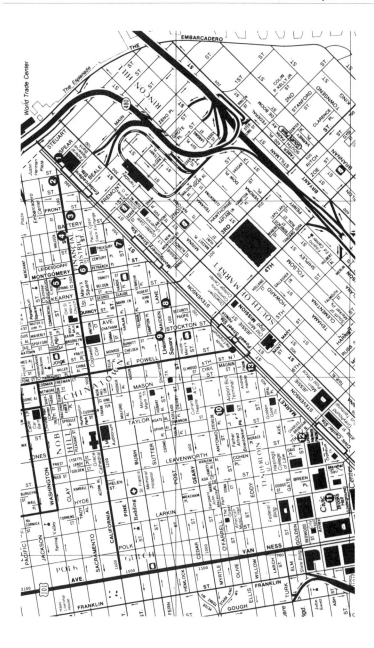

Yves Saint Laurent, Wedgwood, Gianni Versace, Laura Ashley, Hyatt Regency, Tiffany & Co. und Westin St. Francis geben sich die Ehre. Luxus auf weltstädtischer Ebene und die bestgekleideten Leute in der Stadt.

Der elegante Konsumrummel wird hier und da untermalt vom durchdringenden Gebimmel der Cable Cars und den Klängen eines Straßenmusikers. Im Westen des Union Squares steht das legendäre Westin St. Francis Hotel, dessen gläserne Aufzüge fast gespenstisch geräuschlos an der Außenseite des Neuanbaus auf- und abgleiten. Im Osten überragt der zweiundfünfzigstöckige Protzbau der Bank of America die Silhouette. Das mit dunklem Marmor umhüllte Gebäude ist die Zentrale der mächtigsten Bank Nordamerikas. Auf dem Vorplatz dieses Riesen, an der 555 California St., ragt ein blankpolierter Marmorklotz gen Himmel, in der City »the banker's heart« genannt.

Die Bank hieß ursprünglich Bank of Italy und war die Gründung von *Amadeo Peter Giannini*, 1870 als Sohn eines bescheidenen Hotelbesitzers in San José geboren. Eine Weile betätigte er sich als Obstund Gemüsehändler und makelte nebenher ein wenig mit Immobilien. Im Jahre 1902 wechselte er ins

Bankgeschäft und wurde Leiter einer kleinen Bank mit überwiegend italienschstämmiger Kundschaft. Nach einem Streit mit seinen Mitdirektoren gründete er mit 15. 000 $ seine eigene Bank und nahm gleich am ersten Tag achttausend Dollar Einlagen ein. Sein nächster Glücksfall war der Brand der Stadt nach dem Erdbeben. Giannini hatte, da er sich keinen Tresor hatte leisten können, sein Geld und seine Unterlagen bei Nahen der Feuersbrunst auf Pferdewagen weggeschafft und stand bereits mit einem Brettertisch und einem Geldsack am Kai, als seine Konkurrenten noch dabei waren, ihre Tresore freizubuddeln, um wieder geschäftsfähig zu werden. Ausnahme war die Crocker Bank, die ihre Wertpapiere auf Schubkarren in ein Schiff lud, das bis Ende des Brandes in der Bucht ankerte.

Im Jahre 1920 war die Bank of Italy die wichtigste Finanzierungsbank der Landwirtschaft mit Hypotheken auf rund zwölftausend Bauernhöfe. 1930, nunmehr als Bank of America, und viertgrößte der USA, eröffnete sie eine erste europäische Niederlassung in London, überflügelte 1945 die Chase Manhattan und stand somit an erster Stelle. Bei Giannini Tod, vier Jahre später, hinterließ er ein Imperium mit über acht Milliarden Dollar Vermögen.

Financial District

Vorzugsweise an geschäftsoffenen Tagen zwischen 11 und 15 h aufzusuchen, denn abends und an Wochenenden ist hier kaum etwas los. Während der *Lunch hour* sieht man die *Golden boys* zum Essen hasten. Das Bankenviertel ist es sich selbstverständlich schuldig, ein paar besonders aufwendige Exemplare architektonischer Kunst hervorzubringen. In der Nähe des Hafens hat es sich sehr viel weiter entwickelt als in der Stadtmitte. *California Street* war schon immer eine bessere Adresse als *Market Street*. Von Einheimischen wird dieser Bezirk oft als Cash Canyon bezeichnet.

Montgomery Street und Jackson Square

Ein Ding der Unmöglichkeit, alles aufzählen zu wollen, was im *Financial District* von architektonischem Interesse ist. Deshalb hier nur einige besondere Kleinode.

Die 700er Nummern der Montgomery Street sind bemerkenswert (zw. Jackson und Washington Street). An dieser Stelle liegen einige der ältesten Bauten, noch aus der Zeit des Goldrausches. An der Montgomery, Ecke Washington Street, erhebt sich ein elegantes Gebäude aus dem Jahre 1905. Die Nummer 708, gleich nebenan, wurde nach dem großen Brand von 1906 errichtet. Die Nummer 722 stammt aus dem Jahre 1851, die Nummer 728, ein Ziegelbau im italienischen Stil, aus dem Jahre 1853, und die 732 wurde Anno 1852 erbaut. Sehenswert auch die prächtige Architektur der *Bank of San Francisco*, Nummer 552, 1908 entstanden. Der historische *Jackson Square* schließt an die 400er Nummern der Jackson Street an. Das *Solari Building*, Nummer 472, aus Ziegel und Gußeisen, entstand 1850. Das *Larco's Building* nebenan 1852. Die Häuser 440-444 waren ursprünglich Ställe, wobei die Nummer 441 Anno 1861 erbaut wurde. Der *Hotaling Komplex*, Nummern 445-451-463-473, wurde in den sechziger Jahren des letzten Jahrhunderts errichtet. Nummer 432, eines der schönsten Gebäude der Straße, entstand 1906. In den Gebäuden 415-431 nahm 1853 die erste Schokoladenfabrik *Ghirardelli* ihren Betrieb auf. Das dreigeschossige Gebäude bei Nummer 407 stammt aus dem Jahre 1860. Der moderne Bau (1953), Hausnummer 408, paßt sich gut in dieses geschichtsträchtige Viertel ein.

South of Market (SoMa)

Das Gewerbegebiet San Franciscos erstreckt sich südlich der Market Street vom Ferry Building bis zum

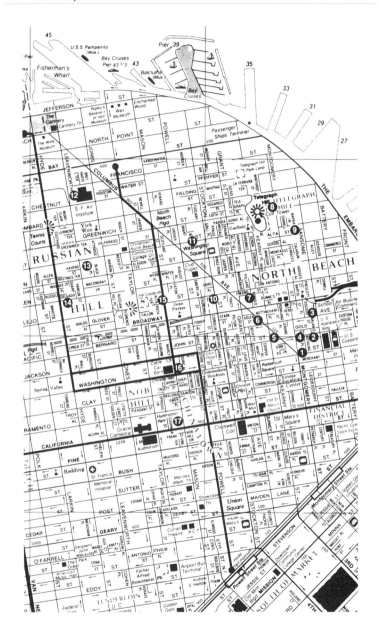

China Basin. Früher wurde dieses Gebiet »South of the Slot« genannt, in Erinnerung an die Schienen der Market Street Cable-Car-Linie. Daraus entstand SoMa (South of Market) in Anlehnung an das modische New Yorker Soho

In dieser Gegend lagen während der Pionierzeit die Elendsquartiere der Stadt. Der amerikanische Schriftsteller *Jack London* war einer der zahlreichen Einwanderer, die in dieser unwirtlichen Umgebung aufwuchsen. Londons Familie wohnte an der Ecke 3rd St. und Brannan Street. Jack arbeitete einst als Zeitungsbote in Oakland, gehörte zeitweilig den »Austernpiraten« an, einer Jugendbande, und arbeitete sich später nach zahlreichen Abenteuern zu See und zu Lande mit großer Zähigkeit zum anerkannten Schriftsteller hoch.

Wir nennen das SoMa-Viertel gerne den Hinterhof San Franciscos. Ein Gesicht dieser schillernden Weltstadt, das den meisten Besuchern unbekannt bleibt, obgleich dort soviele Menschen arbeiten und jene wirtschaftlichen Grundlagen schaffen, ohne die San Francisco nicht bestehen könnte.

Wegen der schier unbezahlbaren Mietpreise in den schöneren Stadtbezirken, wuchsen inmitten der Fabriken, Lagerhäuser und Werkstätten Wohn- und Arbeitsstätten sogenannter Randgruppen heran.

Ganz zu schweigen von der Künstlergemeinschaft, die sich in unzähligen, alten Lagerhäusern ein neues Zuhause geschaffen hat. Heute findet man in diesem Viertel Fotoateliers, Designstudios und viele Druckereien. Auch einige junge Computerfreaks verlassen das schicke Silicon Valley und eröffnen hier kleine Firmen, die im Multimediacircus mitmischen wollen. Eine weitere Kultur in SoMa bilden die Bars der in Leder und Jeans gekleideten Schwulen, Anhänger eher außergewöhnlicher homosexueller Neigungen, wie Sado and Maso, die sich im Bereich der 8th und 9th an der Folsom, Howard und Harrison St. niedergelassen haben.

Was noch bis vor kurzem Randgruppen als bezahlbare Wohn- oder Atelieralternative gedient hat, ist heute neues Zuzugsgebiet finanzkräftiger Yuppie-Unternehmen. Der Bau des Moscone Centers an der 3rd St. und Howard St. setzte das Startsignal für diese Entwicklung.

Eine weitere Straße, die hier besonders erwähnt werden muß, ist die Sixth Street. Sie zählt zu den heruntergekommensten und gefährlichsten Pflastern, die nachts in jedem Falle weiträumig zu umgehen ist. Tagsüber ist der SoMa District, abgesehen von der 6th Street, ein lebhaftes Gebiet, in dem man sich unbesorgt bewegen kann. Wir fanden in dieser Gegend jede Menge Läden, deren Preise die der Unternehmen in der Stadtmitte teilweise um mehr als die Hälfte unterboten. Die Wuchermieten in der Innenstadt und in anderen begehrten Geschäftsbereichen der City sind für neue kleine Unternehmer oft unerschwinglich, so daß viele ihr Geschäft im SoMa District beginnen.

Außerdem öffnen eine Menge Fabriken ihre Tore an gewissen Wochentagen der Öffentlichkeit und bieten ihre Ware zu Preisen feil, die knapp über den Einkaufspreisen liegen. Zahlreiche Unternehmen haben durch die unmittelbare Nähe zum Hafen im SoMa ihr Warenlager eingerichtet und verhökern dort ihre Waren teilweise zum halben Preis, bevor sie in die Boutiquen gelangen. Da wir auf der Suche nach preisgünstigen Geschäften viele aus den eben aufgeführten Gründen im SoMa District ausmachten, darf also niemand überrascht sein, wenn die Umgebung nicht immer vor Sauberkeit strahlt. Nicht vergessen: zentrale Lage, gepflegte Umgebung, luxuriöses Dekor und sonstiger Krimskram schlagen sich immer auf die Preise nieder.

Und noch etwas: Einkäufe im SoMa-Viertel nach Möglichkeit nicht an einem Samstag erledigen.

Erstens fehlt das typisch geschäftige Treiben der Arbeitswelt und zweitens rollen samstags vor den *Outlets* (Verkaufsstellen) die Käuferinnen per Bus an.

Richmond

Umgrenzt von der Presidio Avenue, der Masonic Avenue, dem Golden Gate Park, dem Presidio-Militärgelände und dem Highway 1.

Weite Flächen des heute dichtbesiedelten Richmond Stadtteils waren ehemals Friedhöfe. So lagen ein großer Chinesenfriedhof und der Golden-Gate-Stadtfriedhof im Richmond, der einst nur aus einer Dünenlandschaft bestand. In dieser unwirtlichen Gegend entstanden aber zusehends Freizeitanlagen, wie das Cliff House, Sutro Bad, in den Sechzigern abgebrannt, wo sich in sechs Glasbecken bis zu tausend Badegäste tummelten, und Pferderennbahnen, zu denen die Stadtbevölkerung an den Wochenenden hinauspilgerte. Diesem Trend folgten öffentliche Verkehrsmittel, die das Gebiet auch als Wohngegend erschlossen. In den zwanziger Jahren siedelten sich insbesondere Russisch-Orthodoxe Juden an. Nach dem Zweiten Weltkrieg kam es zu einem regelrechten Bevölkerungsboom, als viele Weiße fluchtartig aus dem Fillmore-Stadtteil zuzogen, da dieser immer mehr von schwarzen Einwohner vereinahmt wurde.

In dieser Ecke fand auch *Jim Jones* seine verrückte Anhängerschar, mit denen er 1977 in Guyana einen Massenselbstmord vollzog. Ergebnis: 932 Tote.

In den letzten Jahrzenten bezogen den Richmond District überwiegend aus dem überfüllten Chinatown flüchtende Chinesen und Japaner. Die Mieten in dieser Gegend sind im Vergleich zu anderen Stadtteilen noch gemäßigt, weshalb sich auch Studenten gerne in Richmond niederlassen. Die geschäftigsten Straßen sind die Geary und Clement Street. Im Gefolge des Zuwachses an asiatischer Bevölkerung haben sich in Richmond viele gute chinesische Restaurants niedergelassen.

Pacific Heights

Wird umgrenzt von Vallejo Street, Washington Street, Van Ness Avenue und Divisadero Street.

Im Gebiet der heutigen Pacific Heights wurden um 1870 die ersten bescheidenen viktorianischen Häuser für die Arbeiterklasse errichtet. Um die Jahrhundertwende nahmen prachtvolle Villen im selben Stil ihren Platz ein. Mit der Erfindung der Cable Car rückte die wohlhabende Bevölkerung nach. Aufgrund dieser Ent-

wicklung gab es in den Pacific Heights nie eine ethnische Vielfalt. Alle Besucher werden auf einem ausgedehnten Spaziergang die stattlichen viktorianischen Bauten und die herrliche Aussicht auf die Bucht, die Golden Gate Bridge und dem Palace of Fine Arts geniessen.

Architektonische Besonderheiten sind das achteckige Octagon-Haus, das möglichst viel Licht einfangen können sollte, sowie der Vendanta-Tempel von 1905 (Webster/Filber Street) mit seinen Dächern und rotbraunen Zwiebeltürmen. Um die Schönheit dieses Viertels wissen auch Hollywoodstars wie Linda Ronstadt und Robin Williams die hier seit längerer Zeit wohnen.

Marina

Eingegrenzt durch Laguna Street, Presidio-Militärgelände, die Bay Street und die Bucht.

Der Marina District wurde neun Jahre nach dem verheerenden Erdbeben künstlich für die Panama-Pacific Weltausstellung von 1915 erstellt, die den Bau des Panamakanals feiern sollte. In achteinhalb Monaten besuchten nahezu neunzehn Millionen Menschen die Ausstellung. Am 4. Dez. 1915 riß man die Ausstellungshallen ab und legte die Straßen für das zukünftige Wohngebiet an. Die einzigen aus

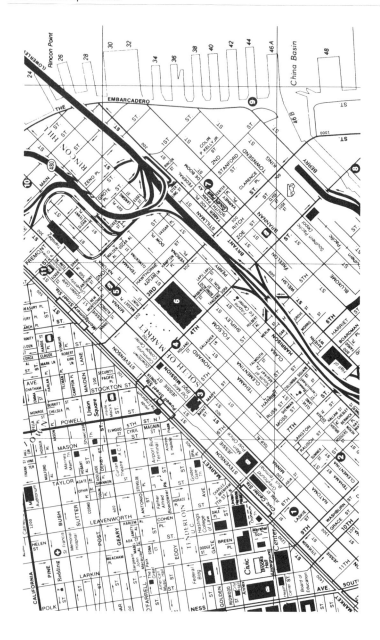

diesen Tagen verbliebenen Zeugen sind der Palace of Fine Arts, der Palast der Schönen Künste, und der Jachthafen. Entlang der Marina Green, der kleinen Parkanlage dieses Bezirks, erheben sich heute einige der schmucksten Häuser der Stadt. Den Marina Distrikt bewohnen überwiegend die weißen »Singles« der oberen Mittelschicht. Kinder sieht man hier oft am Wochenende, wenn sie in der dafür berühmten Marina Green ihre Drachen steigen lassen. Der Palace wurde übrigens ganz aus Papiermaché und Gips hergestellt und später, als das Bröckeln einsetzte, mit anderen Baustoffen stabilisiert. Er ist das Werk Bernhard Maybecks, der es als prunkvoll-melancholisches Stück Bühnenkulisse konzipierte, mit Anklängen an die Böcklinsche »Toteninsel«.

Cow Hollow

Dieser Stadtteil erstreckt sich von der Laguna Street bis zur Divisadero Street, von Filbert bis Bay Street. Man benötigt schon eine ganze Menge Fantasie, um sich vorzustellen, daß das dichtbesiedelte geschäftige Cow Hollow vor hundertfünfzig Jahren lediglich aus ein paar Quellen sowie Sanddünen bestand, über die der Wind vom Meer pfiff und die eine kleine Lagune füllten. Um 1875 gab es einen Umweltskandal, da die Lagu-

ne, die inzwischen bezeichnenderweise »Washerwoman's Lagoon« hieß, nicht nur als städtisches Waschbecken für die verstaubten Goldgräberjeans benutzt wurde, sondern auch noch die Abwässer der umliegenden Schlachthäuser und Wurstfabriken aufnahm. Das städtische Gesundheitsamt ließ infolgedessen die Lagune um 1875 von Strafgefangenen mit Sand auffüllen. Noch lange diente dieses Gebiet als Weideland für Kühe, mußte aber allmählich der nachrückenden Bevölkerung weichen.

Russian Hill, Nob Hill

Beginnt an der nordwestlichen Ecke der Pacific und Grand Avenue, zieht sich nördlich der Grant Avenue bis zur Columbus Avenue und zur Bay Street, westlich der Bay Street bis Van Ness Avenue und südlich der Van Ness Avenue bis zur Pacific Avenue.

Über die Herkunft des Namens dieses Stadtteils kursieren zahlreiche Gerüchte. Lebten dort ehemals viele Russen, liegen dort russische Matrosen begraben oder rührt der Name von einem russischen Seemann her, der sich als Haudegen und Trunkenbold einen legendären Namen erwarb? Keiner weiß es genau, doch zweifelsohne haben diese ungewöhnlich steilen Hügel schon einiges an Geschichte gesehen. Zu Beginn hausten dort die Ärmsten der Armen, da sich jeder, der es sich nur irgendwie leisten konnte, einen derartig steilen Nachhauseweg ersparte.

Mit der Einführung der Cable Car änderte sich das grundlegend! Die Reichen, die bislang überwiegend in der Gegend um Nob Hill (Nabob's Hill; Snob Hill?) residiert hatten, errichteten dank der Cable prächtige Häuser und genossen von nun an das wunderbare Panorama auf die Bucht. Auf dem Nob Hill ließen sich z.B. die »Großen Vier«, die Eisenbahnmagnaten nieder: *Leland Stanford* (Stanford Court Hotel; sein ehemaliger Pferdestall beherbergt den University Club), *Collis P. Huntingdon* (Huntingdon Park), *Mark Hopkins* (M. Hopkins Hotel, Hausnummer »Number One, Nob Hill«; ursprünglicher Bau im Erdbeben zerstört) und *Charles Crocker*, heute an der Stelle die Kirche Grace Cathedral) ihre Paläste hingeklotzt hatten, als auch auf den Pacific Heights der Stadtelite langsam zu eng wurde. Um 1890 sahen diese sich wieder nach besseren Grundstücken um, was der wirtschaftlichen Kraft des Stadtteils sichtlich schadete.

Huntingdons Haus ähnelte einem französischem Schloß, Crockers war eine bajuwarische Burg mit Schnitzwerk und einem Turm von 25 Metern. In Stanfords Residenz waren Tierkreiszeichen in schwarzem Marmor in den Boden gelassen, und in der Gemäldegalerie ließen sich Pflanzen, zwischen denen künstliche Vögel zwitscherten, per Knopfdruck aus der Versenkung holen. Mark Hopkins bezeichnete sein Wohnzimmer als Dogenpalast, und überall glänzte es nur vor Ebenholz, Elfenbein und eingelegten Edelsteinen. Die vier waren zur Zeit des Goldrausches nach Kalifornien gezogen und Crocker, der Fädenzieher und Macher, hatte sich als einziger selbst noch die Hände beim Goldwaschen beschmutzt. Huntingdon war der Kopf der Bande, Hopkins sein Adjudant, der allem zustimmte, und Stanford der Raffgierigste. Was sie verband, war keineswegs Freundschaft, sondern ihr Geschäftsinteresse. So verwandte der eher nüchterne Huntingdon fünf Jahre auf die Bloßstellung des umtriebigen Stanfords wegen einer Wahlschiebung, womit dieser sich einen Sitz im Senat erschlichen hatte.

Ihr Erfolg beruhte auf Plänen *Theodore Judahs*, der als Dreißigjähriger die erste Eisenbahn Kaliforniens ins Sacramentotal erbaut hatte und dem eine Verbindung quer über den Kontinent vorschwebte. Bei seiner Suche nach Geldgebern traf er auf die vier Geschäftsleute aus Sacramento, deren

Interesse geweckt wurde, als 1862 Bundesanleihen zur Finanzierung ausgeschrieben wurden und sie erkannten, daß sie deren Höhe mangels Kontrolle beliebig hoch festlegen konnten. So konnten sie beispielsweise behaupten, Unsummen für das Abtragen eines Hügels ausgegeben zu haben, der nie existiert hatte. Als Judah starb, fielen seine Straßenkarten, und Planungsunterlagen in ihre Hände. Ferner konnten sie seine Beziehungen nach Washington nutzen. Crocker war rührig in organisatorischen Dingen und ließ Tausende chinesischer Kulis kommen, die eine Trasse durch die Sierra Nevada sprengten und pickelten, während die anderen u. a. fleißig Politiker für ihre Interessen einspannten. Stanford selbst wurde sogar einmal Gouverneur von Kalifornien. Nach erfolgter Verbindung der Gleise von Union Pacific und der Central Pacific in Promontary 1869 – ein goldener Nagel markierte die Stelle – bestand nun endlich die ersehnte Überlandverbindung von Ost nach West.

Der Nagel, übrigens, stak nur einen Augenblick in der Schwelle. Kaum eingeschlagen, riß man ihn wieder heraus. Heute ist er in einem Museum der Stadt zu sehen. Die vier gingen an den Aufkauf aller lokalen Bahnen. Ferner kontrollierten sie bald – wenn nicht anders möglich – mittels Bestechung, Schiebereien und Druck bald alle Häfen in der Bucht sowie den Flußverkehr. Ihre Frachttarife waren völlig überzogen, so daß sie bald die meistgehaßten Männer in der Gegend waren. Obwohl der letzte von ihnen bereits 1901 gestorben war, konnte ihr Kartell erst 1913 zerschlagen werden.

Die Russen hinterließen ansonsten keine Spuren auf den gleichnamigem Hügel, wie überhaupt auch nur wenige in Kalifornien. Sie betätigten sich als Pelztierjäger in Alaska und folgten den kostbaren Seeottern immer weiter nach Süden bis zur nordkalifornischen Küste. Im Jahre 1806, auf der Suche nach frischem Obst und Gemüse für seine skorbutbefallenen Jäger, lief *Nikolai Petrowitsch Resanow* von Sitka kommen in die Bucht ein. Als der immerhin vierzigjähre Kapitän Bekanntschaft mit wunderschönen fünfzehnjährigen Tochter des Kommandanten, *Donna Concha Arguellos y Moraga*, machte, stamd ihm der Sinn fürderhin nach jungem Gemüse – hach, wie schön! Die Sache ging schlimm aus, denn Resanow starb wenige Wochen später auf der Rückreise von der Einholung der Heiratsgenehmigung des Zaren. Donna Concha wartete derweil. Die Nachricht erreichte sie erst 1842. Sie beschloß Nonne zu werden, und in Ermangelung eines Klosters gründete sie halt eins. Im

Jahre 1812 hatten die Russen nördlich der Bodega-Bucht *Fort Ross* gegründet, zogen aber nach Ausrottung der Seeottern wieder davon und verkauften alles, einschließlich Palisaden und Kanonen, an *Johannes Suter*. Erst 1938 entdeckte man eine kleine verschonte Seehundkolonie bei Big Sur, die zur Keimzelle einer Population von nunmehr rund zweitausend Tieren wurde.

Russian Hill war einer der vom Erdbeben von 1906 am stärksten betroffenen Stadtteile insbesondere, durch ausgebrochene Großfeuer. Nach der Katastrophe bebaute man die Hügel überwiegend mit dreistöckigen Häusern. Gegen Ende des 19. Jahrhunderts machte eine Künstlerkolonie von sich reden, die sich auf der Höhe des Russian Hill angesiedelt hatte. Noch heute fühlen sich viele Künstler zu dieser Gegend hingezogen. Das San Francisco Art Institute ist dort beheimatet. Man kann ungestört Studenten bei der Arbeit beobachten oder eine der laufenden Ausstellungen besuchen. Die Studentencaféteria und die angrenzende Dachterrasse bescheren eine unvergeßliche Aussicht auf die Bucht, Northbeach und den Financial District. Zu diesem Zweck möge jeder sein Auto stehenlassen und sich der Cable Cars und der eigenen Füße bedienen. Die *Filbert Street* ist mit einer Steigung von

32 % zwischen Leavenworth und Hyde Street übrigens die steilste Straße. An der Fills, Ecke Hyde Street, ein ansehnliches Gebäude im Stil der Epoche Eduard VII. mit eleganten, runden *bow-windows* (Erkerfenster). Weitere bemerkenswerte Gebäude Ecke Union und Leavenworth Street. *Green Street:* wer gern zu Fuß umherstreunt, dem bietet sich hier ein wunderschöner Spaziergang, bei dem es stattliche Gebäude zu entdecken gilt. Nummer 1088 stammt aus dem Jahre 1908 und steht unter Denkmalschutz; Nummer 1067, das *Feusier Octagon House* (1860) stellt eines der originellsten Gebäude überhaupt dar. Normalerweise jeden ersten Sonntag sowie am zweiten und vierten Donnerstag im Monat von 13-16 h der Öffentlichkeit zugänglich. Nummer 1055 wurde 1866 erbaut; Nummer 1045 stammt aus derselben Zeit. Nummer 1039 entstand 1885 und besitzt als besonderes Merkmal eine Außentreppe. Mit einem Blick auf die Häuser Nr. 1011, 1030, 1040 und 1050 beenden wir unseren architektonischen Rundgang. Das letzte dieser Gebäude verdient wegen seiner Eleganz unsere Aufmerksamkeit. Setzen wir unseren Erkundungsgang in die *Macondray Lane*, zwischen Union und Green St., fort. An der Ecke der Jones Street ein weiteres Haus im Stil der Epoche Eduards VII. *Vallejo* und

Jones St. gehen am höchsten Punkt des Russian Hill ineinander über, und es tut sich dort ein Gewirr an reizvollen Sackgassen und schmalen Sträßchen auf (insbesondere *Florence Street*).

Lombard Street: zwischen Hyde und Leavenworth St. Die kurvenreichste Straße der Welt, die man von der Kinoleinwand als Schauplatz zahlreicher Verfolgungsjagden kennt. Sie ist so geschickt angelegt, daß die Steigung von 26 % um 10 % gesenkt werden konnte. In der Umgegend blüht es in allen Farben. Ein sehenswertes Gebäude befindet sich 1100 Lombard St., und einen Block weiter bei Chestnut und Jones St. stößt man auf das *San Francisco Art Institute*, im spanischen Kolonialstil, mit Bildergalerien, darunter ein herrliches Wandgemälde von Diego Rivera.

Westlich des Russian Hill, fünf Blocks von der Hyde Street entfernt, befindet sich das *Octogan House*, 2645 Gough Street und Union Street. © 441-7212. Es handelt sich um eines der beiden letzten achteckigen Häuser. Gebäude sowie Mobiliar im Kolonialstil. An jedem zweiten und vierten Donnerstag sowie am zweiten Sonntag jeden Monats von 12-15 h geöffnet.

Näher sollten wir auch das *Haas-Lilienthal House*, 2007 Franklin Street und Jackson Street, in Augenschein nehmen, © 441-3004. Diese herrliche Villa im viktorianischen Stil ist eine der wenigen, die den großen Brand von 1906 überstanden hat. Sie ist von ungewöhnlicher Größe und als einzige der Öffentlichkeit zugänglich. Prachtvolles Mobiliar. Mittwochs von 12-16 h, sonntags von 11-16.30 h geöffnet.

Telegraph Hill

Eingegrenzt durch Sansome Street und Union Street, Columbus Avenue und Francisco Street.

Telegraph Hill weiß hunderte von Anekdoten aus seiner langjährigen Geschichte zu erzählen. Alles begann mit *John Montgomery*, einem Seemann, der kurz nach seiner Ankunft in der Bucht 1846 ein Fort auf dem Hügel anlegen ließ. Clark, ein weiterer Seebär, baute 1847 erstmals eine Hafenanlage und ein Warenhaus. 1849 wurde das Gebiet von Männern und Frauen aus allen Herren Ländern überschwemmt, welche die Nachricht von großen Goldvorkommen herbeigelockt hatte. Am Fuß des Telegraph Hill entstand ein ausgedehntes Zeltlager, unterteilt in zwei Fraktionen, die sich mehr als einmal handfest auseinandersetzten. Im östlichen Teil hausten Australier und im westlichen Teil Chilenen. Aus diesem Übergangslager entwickelten sich nach und nach Wohnanlagen. *Bayrd Taylor* beschreibt in »El Dorado« die Szenerie so: »San Francisco bei Nacht und von der Bucht aus gesehen, ist etwas völlig anderes als alles, was ich in meinem Leben bisher gesehen habe. Die Behausungen bestehen zumeist aus Zelttuch, das durchscheinend wird, wenn im Innern Lampen brennen.

Im Dunkeln meint man, diese Zelte seien aus dem Licht herausgeschnitten. Sie stehen nebeneinander an den Hängen der drei Hügel, inmitten von Chaparralhecken, reichen bis zur Höhe und verwandeln die Hänge in ein brennendes Amphitheater. Hier und da schimmern die Laternen der Spielhäuser als helle Punkte, die Kunden anlocken sollen, dazu der unaufhörliche Lärm auf den Wegen. Man hört Fetzen von Musik, die aus den überhitzten und übervölkerten Quartieren erschallt. Das Bild hat etwas Fantastisches. Man meint, vor einer Laterna Magica zu sitzen, deren Bilder ein kurze Handbewegung entstehen oder verschwinden lassen kann. «

Auf dem Gipfel des Hügels hatte man um 1850 ein Observatorium errichtet, das, ausgerüstet mit einem Teleskop, einlaufende Schiffe ankündigte. Im Jahre 1870 zerstörte ein verheerender Sturm diese

Anlage. Andere ethnische Gruppen zogen nach, und um 1880 setzte sich das Völkchen unterhalb des Telegraph Hills überwiegend aus Iren, Italienern, Deutschen und Portugiesen zusammen. Insbesondere der große Einwanderungsstrom aus Italien formte letztlich das Gesicht dieser Gegend. 1933 wurde aufgrund einer großzügigen Spende von *Lillie Hitchcock Coit* der *Coit Tower* errichtet zum Gedenken an die Tapferkeit der freiwilligen städtischen Feuerwehr.

Um 1930 schließlich veränderte die Einführung der ersten Automobile zusehends das Gesicht des Stadtteils. Der Hügel wurde leichter zugänglich, und die überwiegend arme Bevölkerung mußte allmählich den nachrückenden Reichen weichen.

North Beach

Eingegrenzt durch Filbert Street und Broadway, Kearny Street und Powell Street.

North Beach ist nicht zu trennen von den Gebräuchen und Gewohnheiten seiner italienischen Bevölkerung. Die mächtigen Einwanderungsströme um 1870 bis 1890, gespeist überwiegend von Norditalienern, prägten diesen Stadtteil. Es liegt nahe, daß in diesem, an der Bucht gelegenen, Stadtbezirk Schiffsindustrie und

North Beach, mit Transamerika Tower im Hintergrund (A)

Fischerei zu den Haupteinnahme-quellen gehörten. Es existierte aber auch ein großes Macaroni-Ravioli-Unternehmen an der Grant, früher Du Pont Avenue.

Um 1850 war diese Gegend Schau-platz wilder Umtriebe. »A district without law and order«, hieß es. Insgesamt zählte man 4000 Morde in den fünfziger Jahren. Die Ge-gend nannte man bezeichnender-weise auch Barbary Coast, die bis zur heutigen Battery Street an der Kreuzung von Columbus und Pacific Avenue ein Gewirr gesun-kener bzw. versenkter Schiffe bilde-te. In den Jahren des Goldrauschs verließen Besatzungen zuhauf ihre Schiffe. Sie wurden auf Grund gesetzt und die Wracks mit Sand aufgefüllt. Darauf entstand das Vergnügungszentrum, bestehend aus unzähligen Bars, Bordellen und Theatern.

Die Telefonbücher jener Zeit ge-ben Aufschluß über eine Unzahl von »Pensionen«, in denen »Nähe-rinnen« emsig ihrem Gewerbe nachgingen. In größten, dem Nymphia, bearbeiteten die Damen in Schichten gleichzeitig 450 Kun-den. Manche Puffmütter waren wahre Charaktere wie z.B. *Tessie Wall*, welche den Spieler *Frank Deroux* ehelichte und ihrem Gespons eine Ladung Blei in den Korpus jagde, als er sich scheiden lassen wollte. Am Abend ihrer

ersten Begegnung leerte sie zwei-undzwanzig Flaschen Champagner ohne den Saal zu verlassen, was den Frankie eigentlich hätte warnen müssen. Eine andere war *Jodoform Kate*, die in der Maiden Lane, frü-her Morton Street, ein Haus führte und sich mit Jodoform dopte.

Jeder vorübergehenden Passantin schrie sie Obzönitäten hinterher, aber die Einwohner mochten sie trotz – wegen ? – ihres lausigen Charakters. Die wilden Zustände führten zur Bildung von Bürger-wehren betuchter Kaufleute, den Viglilence Committees, die Recht und Gesetz teils auch an der Gesetzgebung in die Hand nah-men. Mörder wurden aufgeknüpft und kleineren Strolchen spendierte man einen Schiffsplatz auf Nim-merwiedersehen durchs Goldene Tor. 1856 hängte eine Truppe von zehntausend Bürgerrechtlern z.B. den bestechlichen Lokalpolitiker *James Casey*, Mörder von *James Kind of William*, den Herausgeber des »Evening Bulletin«, der sich gegen das Verbrecherunwesen ge-wandt hatte.

Zur Zeit des Ersten Weltkriegs setzte die Stadtverwaltung dem wilden Treiben ein Ende. Die 1917 herausgegebene Red-Light-Gesetzgebung beendete die bislang offene Prostitution in San Fran-cisco. Nach dem Zweiten Welt-krieg verließ die italienische

Bevölkerung zunehmend den North Beach und zog der sich im South of Market District ausbreitenden Schiffsindustrie nach. Folgen dieser Abwanderung waren sinkende Mieten, leerstehende Häuser, in die junge Leute nachzogen und aus deren Kreisen sich in den fünfziger Jahren die Beatnikbewegung entwickelte. Zuerst machten die Beatniks nur innerhalb der Stadtgrenzen von sich reden. Mit dem internationalen Durchbruch der Bücher »On the Road« von *Jack Kerouac* und *Allen Ginsbergs* »Howl« wurde die Gegend von Neugierigen überrannt. Als Folge zogen viele in die Haight-Ashbury und waren Geburtshelfer der Hippiegeneration. Den North Beach nahmen alsdann immer mehr Chinesen ein, deren Chinatown schon längst aus allen Nähten platzte. Heute zählt der North Beach, insbesondere nachts, zu den belebtesten Stadtteilen.

Im *North Beach District* ist rund um die Uhr etwas los. Hauptschlagadern des Stadtbezirks sind der Broadway und die Columbus Avenue, die von Süden (Financial District) nach Norden (Fisherman's Wharf) das quirlige Treiben des Viertels durchqueren. Italienische Fischer zählten, wie erwähnt, zu den ersten Bewohnern und Gründern des heutigen Little Italy, wie man diesen Bezirk auch zu nennen pflegt. Italienische Restau-

rants, Bars und Cafés sind bis tief in die Nacht mit Leben erfüllt. Nachts erleuchten unzählige Neonreklamen die Straßen, und die Nachtschwärmer füllen Discos und Nachtlokale. Der schöne Washington Square Park bildet die Piazza des Little Italy. Frühaufsteher können hier frühmorgens Chinesen beim Thai Chi Training (Chinesisches Schattenboxen) beobachten. North Beach: das sind die selbstgemachten Nudeln (Pasta) in unzähligen Restaurants, der hervorragende Capuccino in den schicken Cafés, die Glocken der katholischen St. Peter und Paul-Kirche und – nicht zuletzt – das neondurchflutete, laute Nachtleben um den Broadway. *Joan Baez* besingt in einem ihrer Songs »Diamond and Rush« den Washington Square: »Now you're smiling out the window of that crummy hotel over Washington Square.«

Fisherman's Wharf und Golden Gate

Ehemaliges Fischerviertel und Zentrum der Lebensmittelherstellung, das sich im Laufe der letzten dreißig Jahre in eine einzige Touristenattraktion verwandelt hat, die jährlich Millionen von Besuchern anzieht. Hierher gelangt man mit der Cable Car ab Powell Street (Powell Hyde Line oder Powell Mason Line). An der *Taylor* und

Jefferson Street insbesondere Läden und Dutzende auf Meeresfrüchte spezialisierte Restaurants. Sie geben sich vornehm, also teuer, wobei sich manche frecherweise nicht entblöden, ihren Gästen tiefgefrorene Garnelen aus Thailand vorzusetzen. Modeboutiquen, Souvenirläden und T-Shirt-Shops scheinen kein Ende zu nehmen.

Zwischen *Jones* und *Hyde Street* sieht man, was von der Fischfangflotte noch übriggeblieben ist. Die Hunderte von Booten, vor dreißig Jahren noch im Einsatz, sind auf weniger als fünfzig zusammengeschrumpft. Um bei der Landung der Kutter und dem Verkauf der Fische anwesend zu sein, muß man früh aus den Federn kriechen, denn um 9 h ist schon alles gelaufen.

Ghirardelli Square: North Point Street und Larkin Street. *Domingo Ghirardelli*, in der italienischen Stadt Rapallo geboren, begann hier 1850, zur Zeit des Goldrausches, seine Schokoladenproduktion. Heute würde er sein »business« mit Sicherheit nicht wiedererkennen. Er hatte zunächst in einem kleinen Betrieb am Jackson Square mit seiner Produktion begonnen. 1898 bauten dann seine Kinder die Schokoladenfabrik Ghirardelli, indem sie eine alte Fabrik, die Old Woolen Mill, erweiterten. Das letzte Gebäude war der Clock Tower, North Point, Ecke Larkin Street, bei dessen Bau sich der Architekt angeblich von dem Schloß in Blois an der Loire inspirieren ließ. Als die Fabrik geschlossen wurde, stand zur Debatte, sie abzureißen und stattdessen Luxusappartements zu errichten. Zum Glück fand sich ein vernünftiger Milliardär, dem dieses Bauwerk aus roten Ziegeln gefiel. Er kaufte es auf und beschloß, es in ein Einkaufszentrum zu verwandeln. Man fügte einige mit Pflanzen bewachsene Terrassen und kleinere Gebäude hinzu, aber ansonsten blieb der Bau im großen und ganzen erhalten. Das Ergebnis ist durchaus sehenswert. Ein Bummel durch die fünfzig Läden lohnt allein schon, um sich ein Bild von dieser postindustriellen Umwidmung der ursprünglichen Architektur zu machen, auch wenn die Luxusboutiquen nicht unbedingt etwas für jedermanns Geldbeutel sind. Auf keinen Fall sollte man es versäumen, sich die Inneneinrichtung des Restaurants *Mandarin* anzuschauen und vom Dach aus einen Blick über die ganze Pracht schweifen zu lassen.

Haight Ashbury

Eingegrenzt von 17th Street und Fulton Street, Golden Gate Park, Buena Vista Park und Baker Street. Die Erschließung dank der die Hippygeneration so bekannt gewordenen Haight-Ashbury ist aufs Engste mit der Geschichte des Golden Gate Parks verknüpft. 1883 wurde auf der Haight Street, nach einem kalifornischen Gouverneur benannt, die erste Cable Car gebaut. In den folgenden Jahren konzentrierte sich die öffentliche Verkehrsmittelplanung auf den Haupteingang des Golden Gate Parks an der Stanyan und Haight Street. In den Jahren 1880 bis 1910 ließen sich im Haight-Ashbury überwiegend Familien der Mittelklasse nieder.

Nach dem großen Erdbeben von 1906 kam es zu einer regelrechten Bevölkerungsexplosion, hervorgerufen durch Menschen, die aus den stark betroffenen Gebieten von *downtown* in die westlichen Gebiete der Stadt flüchteten. Der bis in die zwanziger Jahre anhaltende Bevölkerungsboom durchsetzte den Haight-Ashbury zusehends mit diversen ethnischen Bevölkerungsgruppen.

Die Depression setzte der florierenden Entwicklung in den dreißiger Jahren ein jähes Ende. Zahlreiche Familien mußten notgedrungen zusammenziehen oder zogen auf Arbeitssuche in andere Städte. Infolgedessen standen viele Häuser jahrelang leer und verkamen. Da es während des Zweiten Weltkriegs an Arbeitskräften mangelte, wurde diese Tendenz noch verstärkt.

Das Erscheinungsbild des Haight-Ashbury hatte demnach einen starken Wandel durchgemacht, als in den späten fünfziger Jahren immer mehr junge Leute, darunter Beatniks vom North Beach und Schwarze aus der Fillmore, in die großen leerstehenden viktorianischen Villen einzogen, da niedrige Mieten und großzügige Räumlichkeiten geradezu zur Bildung von Wohngemeinschaften einluden. Berühmt-berüchtigt wurde die Haight-Ashbury als sich dann die Hip Generation mit einigen Vertretern, wie den *Grateful Dead*, *Janis Joplin* und *Jefferson Airplane*, in der Haight niederließen.

Mitglieder von Jefferson Airplane, später Jefferson Starship, und unvergeßlich mit ihrem Song »White Rabbit«, voller Charaktere aus »Alice im Wunderland«, der den Verzehr bestimmter exotischer Pilzgerichte förderte, bewohnten noch bis vor kurzem ein riesiges, mal weiß, mal schwarz gestrichenes, viktorianisches Haus an der Fulton Street, Nähe Ecke Stanyan Street, gleich am Golden Gate Park.

Haight Ashbury, ganz in der Nähe der Universität, mit seinen schönen, geräumigen Häusern *mußte* einer Generation, die sich pazifistisch, rockig, großzügig, idealistisch, naiv, bukolisch, poetisch, psychedelisch ... gab, einfach zusa-

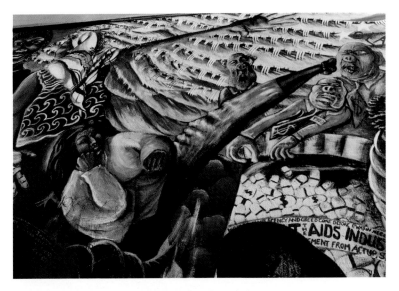

Wandgemälde in Mission

Mission Street bei 16th St.

Penjada

Highway One

Redwood im Yosemite Park

gen. Seit jener Zeit ist allerdings so manche Gallone Wasser unter der Golden Gate Bridge hindurchgeflossen, und das Viertel ist inzwischen ausgesprochen »gentrified«, also »luxussaniert«. Aber: auch wenn die Hippie-Bewegung verschwunden ist, so hat Haight Ashbury doch keineswegs an Reiz und Schwung eingebüßt. Ganz im Gegenteil, denn alle Versuche, Luxusboutiquen und teure Restaurants Marke Union Street zu etablieren, schlugen fehl. Snobs und Schwerreiche kommen nicht nach Haight. Stattdessen trifft man auf zahlreiche eher ausgeflippte Zeitgenossen, originelle Läden, kleine, nette Restaurants, deren Preise niemanden in den Ruin stürzen, und interessante kulturelle Treffpunkte. Eine kleine Anekdote am Rande: vor wenigen Jahren brannte ein ganz neuer Drugstore in der Cole Street nieder. Die skrupellosen Bauherren hatten ein schönes, altes Theater abgerissen, um den nötigen Platz zu schaffen. Natürlich glaubten alle, daß es sich um eine Racheakt gehandelt habe. Die Überreste waren jedenfalls lange zu begutachten.

In Haight Ashbury findet man ein buntes Sammelsurium an Bewohnern: Althippies – Überlebende einer vergangenen Ära – Neo-Hippies, Punker und Post-Punker, Anarchisten, militante Linke, Yuppies des »Bush-Zeitalters«, alteingesessene Franziskaner, Profs und Intellektuelle, eifrige Jogger, Schwule und verschiedenste Vertreter des städtischen Klein- und Großbürgertums.

Es ist uns unmöglich, all die prachtvollen viktorianischen Anwesen dieses Viertels einzeln aufzuzählen. Wir beschränken uns daher auf einige besonders anziehende Exemplare und schlagen folgenden Rundgang vor:

Ecke Haight und Masonic St. befindet sich eine hübsche Ansammlung von fünf Gebäuden. 1665 *Haight St.*, The Red Victorian B & B, eine der farbenfrohesten Fassaden, die Nr. 1660, ein ehemaliges Kino, die Nr. 1779, das älteste Haus in der Straße. Dann einige interessante Gebäude zwischen *Lyon und Baker St.* (Nr. 1128, 1132, 1144), bei denen besonders die Fenster und Türen zu beachten sind. Nr. 1080, das beeindruckendste von allen, weist ein prunkvolles Außendekor auf. Diese und die umliegenden Straßen haben darüberhinaus noch viele weitere bemerkenswerte Bauten zu bieten.

Broderick St., Ecke Fulton St., eine weitere sehenswerte Häuserzeile. Folgt man der Fulton St., so gelangt man zum *Adamo Square*, und spätestens auf diesem reizvollen Platz beginnt man ernsthaft zu erwägen, ob man nicht nach San

Francisco übersiedeln sollte. Am höchsten Punkt des Platzes öffnen sich überraschende Durchblicke. Nun zurück auf die Haight und Baker St., um ein wenig im *Buena Vista Park* zu promenieren, worauf allerdings nach Einbruch der Dunkelheit tunlichst zu verzichten ist. Steigt man die Treppen hinauf, so wird man mit einem schönen Blick über die Stadt belohnt.

Wem nicht mehr allzuviel Zeit bleibt, dem sei zu einer letzten Runde auf der Wallace Street geraten. An der Ecke *Masonic* und in der näheren Umgegend finden sich etliche Häuser, deren Äußeres zahllose betrachtenswerte Details und Besonderheiten aufweist.

Castro

Die belebteste Ecke des Schwulenviertels befindet sich in den Straßen Castro und Noe St., zwischen 16th und 24th Street. Hie und da kunterbunte Wandmalereien.

An der Ecke Dolores und 16th Street die *Mission Dolores*, eine prachtvolle Barockkirche im spanischen Kolonialstil. Nebenan auf dem Friedhof erhebt sich eine Statue des Missionsgründers Junipero Serra. Gleich daneben sollen rund fünftausend Indianer in einem Massengrab ruhen. Man hat sie wohl auf christliche Weise zwangsmissioniert ... Das *village* von

Castroschwuler (A)

Castro hat etliche hübsche viktorianische Wohnhäuser zu bieten. Bei Nr. 429 in der Castro Street stößt man auf ein Theater von origineller Architektur. Auf der Castro Street, zwischen 20th und Liberty Street, eine Reihe betrachtenswerter Häuser, gleichermaßen bei den Nummern 711-733. In der Liberty und Noe Street eine reizvolle Ansammlung von Gebäuden mit hohen Treppenaufgängen und Giebeldächern.

Die 24th Street, zwischen Diamond und Noe Street, ist eine nette, »junge« Geschäftstraße mit sympathischem Flair. Wie wäre es mit einem Kaffee in dem populären *Meat Market Coffeehouse* (Nr. 4121). Auf gar keinen Fall darauf verzichten, die Straße zu den *Twin Peaks* hinaufzufahren, die wahrscheinlich das herrlichste Stadtpanorama überhaupt bieten. Westlich der Castro St., zwischen Portola und Clarendon gelegen. Die Indianer erklärten die Form mit der Rache des Himmels und des Großen Geistes, die den Berg aufgespalten hätten, da ihnen der Streit zwischem einem Ehepaar mißfiel. Die katholischen Spanier erkannten darin die Brüste eines Indianermädchens, während die profanen Yankees eben nur noch einen Zwillingshügel erblickten. Voilà.

Mission District

Östlich der Twin Peaks, begrenzt von Potrero Hill, Bernal Heights und 14th Street. Der Name rührt von der Missionsstation her, der angeblich ersten Behausung im heutigen San Francisco, die mittlerweile an der 16th Street und der mit Palmen geschmückten Dolores Street steht. Ärmere Bevölkerungsschichten zogen nach, darunter viele Einwandererfamilien aus Italien, Irland und Deutschland. Das große Beben machte weite Teile des Mission District dem Erdboden gleich, und viele Familien flüchteten in den North Beach und South of Market District. Seither blieb die Mission in den Händen der Arbeiterklasse. Nach dem Zweiten Weltkrieg ließen sich hier massenhaft mexikanische Einwanderer nieder, die überwiegend auf den Obstplantagen als billige Arbeitskräfte beschäftigt wurden. Sie prägen bis heute das Stadtbild der Mission. Um 1880 ließen sich im Mission District einige reiche Familien nieder, da es sowohl auf dem Nob Hill, auf dem z.B. die »Großen Vier«, die vorerwähnten Eisenbahnmagnaten *Stanford, Collis P. Huntingdon, HopkinsCrocker*, ihre Paläste hingeklotzt hatten, als auch auf den Pacific Heights der Stadtelite langsam zu eng wurde. Um 1890 sahen diese sich wieder nach besseren Grundstücken um, was der wirtschaftlichen Kraft des Stadtteils sichtlich schadete. Die Sonne scheint hier etwas kräftiger zu scheinen, die Farben wirken bunter, auf den mit Obst- und Gemüseständen überfüllten Gehsteigen geht es etwas lebhafter und lauter zu als in anderen Teilen der Stadt. Die überwiegend aus Mexiko stammenden, vielfach in den USA aufgewachsenen, Chicanos entwickeln mit zunehmendem Selbstbewußtsein ihre eigene Kultur. So gehört der Mission District mit zu den interessantesten und aktivsten Stadtteilen. Nur ein Haus überlebte das Erdbeben unbeschädigt, nämlich das von James Flood, der sich aus der Comstock Lodge Silber im Wert von fünfundzwanzig Millionen Dollar gegraben hatte. Es ist der eher nüchterne Bau aus braunem Sandstein, der den Pacific Union Club beherbergt.

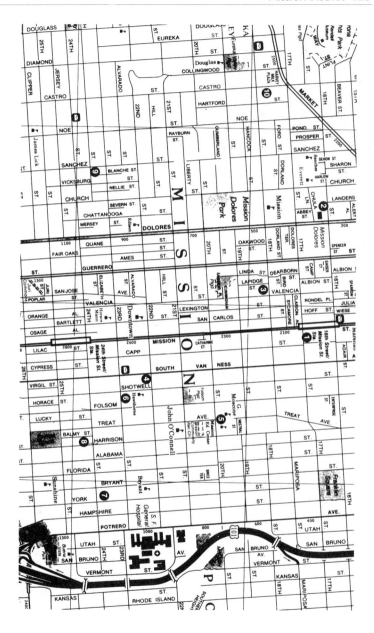

Sehenswürdig-keiten

Civic Center

Die San Franciscoer City Hall (Rathaus), ganz im Stil der französischen Klassik des 17. Jahrhunderts und von einer 92 m hohen Kuppel gekrönt, umgibt einen weitläufigen Platz. Im näheren Umkreis befinden sich das u. a. Museum für moderne Kunst und die Oper, dann die Davies Symphony Hall – ein stattliches Rundgebäude – das Civic Auditorium, die Public Library, die State und Federal Buildings.

A propos Oper: da muß *Luisa Tetrazzini* erwähnt werden, die nachdem sie bereits in ihrer italienischen Heimat und Mexiko-Stadt gesungen hatte, 1905 in San Francisco anlangte. Die Stadt

schwärmte damals geradezu für die Oper. *Samuel Dickson* beschreibt in »Die Straßen von San Francisco« das Debut der Tetrazzini in der Rolle der Gilda in Rigoletto:

»Gilda stand auf der obersten Treppenstufe. Sie war reizend und gertenschlank. Ja, tatsächlich, damals war die Tetrazzini noch schlank wie ein junges Mädchen. Ich entsinne mich genau, daß sie sogar ein wenig verängstigt wirkte, doch dann lächelte sie und begann die Arie »Cato Nome« zu singen, und gleich bei den ersten Noten kam es über die Zuhörer wie ein Offenbarung. Es war der große Augenblick, der, an den man sich fortan stets erinnern sollte. Sie sang, und den Zuschauern stockte der Atem. Man könnte meinen, ich sei zu sentimental bei der Erwähnung dieses Ereignisses, das über ein halbes Jahrhundert zurückliegt, aber ich war damals dabei und war sogar noch zu jung, um den Unterschied zwischen Handwerk und wirklicher Kunst zu begreifen. In dieser Nacht wurde es mir klar.«

Sie sang »Caro Nome«, aber wie das oft vorkommt, klatschte niemand Beifall, bevor die letzte Note in lautloser Stille verklang. Die Zuhörer verharrten einen Augenblick atemlos, dann brauste der Beifall los. Die Menge trampelte, brüllte, richtete sich auf den Sitzen auf. Dann standen auf eimal sämtliche

Anwesenden auf und klatschten begeistert Beifall. Das Orchester erhob sich ebenfalls und applaudierte. Männer stiegen auf die Sitze und warfen die Hüte in die Luft, Frauen rissen sich die Blumen von den Kleidern und schleuderten sie auf die Bühne. Als sich das Toben gelegt hatte – damals wurden, wenn die Zuschauer eine Zugabe verlangten, stets die Arien wiederholt – sang die Tetrazzini ihre Arie zum zweiten Mal.

Jahre später, nach dem Erdbeben und Riesenerfolgen im Osten, kehrte sie zurück. Da ihr Vertrag mit Oskar Hammerstein ein Auftreten im Theater verbot, sang sie für die Einwohner am Weihnachtstag 1910 auf einer Tribüne Ecke Larkin und Kearney Street. Angeblich sollen 300. 000 Bewohner gekommen sein, um ihr zu lauschen. Die Bürger zogen ihre Kutsche die ganze Market Street hinauf.

Dickinson, der wiederum Zeuge war: »Ich stand zwei Häuserblocks von der Tribüne entfernt, konnte trotzdem jede Note kristallklar, jedes Wort deutlich hören. Ein lediglich von ihrer Stimme erfülltes Schweigen lag über der Stadt wie das Schweigen der Wüste. Die O-Busse hielten an, Pferde, Wagen, und die wenigen Kraftfahrzeuge unterbrachen die Fahrt. Das Klingelzeichen der Kabelbahnen verstummte.

Die ganze unübersehbare Menschenmenge verhielt sich mucksmäuschenstill. Sie sang immer weiter, und wenn man die Augen schloß, konnt man meinen, sich mit der wunderbaren Stimme allein auf der Welt zu befinden. Sie sang das Lied »Letzte Rose ...«. Als sie geendet hatte, brachen Beifallsstürme los. Sie hob die Arme, bat ihre Bewunderer um Ruhe und sang weiter. Nun aber stimmte ganz San Francisco mit ein. In allen Straßen und Gassen und in sämtlichen Fenstern der Wohnhäuser erscholl der Sang aus tausend und abertausend Kehlen, welche die Tetrazzini bei ihrem Lied »Auld Lang Syne« begleitete.

Dann begaben sich die Leute, denen zumute war, als hätten sie eine himmlische Erscheinung gehabt, voll Freude nach Hause. Das war die schönste Weihnacht von San Francisco.«

Circle Gallery Building

140 Maiden Lane (Stockton und Geary). Vorläufer des Guggenheimmuseums in New York. 1948 von *Frank Llyod Wright* entworfen und hauptsächlich seiner Architektur wegen sehenswert.

Cliff House

Etwa 1066-190 Point Lobos Avenue. Befindet man sich ohnehin in der Ecke des *California Palace of the Legion of Honor*, so sollte man auf jeden Fall einen der schönsten Blicke über die Felsküste, den Pazifik und die Seals Rocks mitnehmen.

Golden Gate Bridge

Unbestritten die berühmteste Hängebrücke der Welt. Jede Woche verbrauchen fünfundzwanzig Maler ca. zwei Tonnen Farbe für die ständige Erneuerung des Rostschutzes. Autofahrer zahlen wenigstens 3 $, um in die Stadt zu gelangen. Der Rückweg ist umsonst. Also besser immer den Rückweg nehmen. Jogger nehmen für die Hinfahrt den Bus, der hinter der Brücke hält, und keuchen zu Fuß zurück: wenn's nicht gerade neblig ist, bietet sich ein einmaliger Blick über die Bucht. Es gibt auch die Möglichkeit, von Sausalito aus mit der Fähre zurückzudampfen, aber zu beachten gilt's, daß die letzte um 15 h ablegt, und Sausalito liegt immerhin fünf Kilometer von der Brücke entfernt.

Ihr Bau war eine technische Meisterleitung des Ingenieurs *Joseph Baermann Strauss*, da ihr Südfundament trotz reißender Strömung auf einem Schelf jenseits von Fort Point im einer Tiefe von 92 Metern gegründet werden mußte. Die Arbeiter konnten zunächst nur eine Stunde viermal täglich zwischen den Gezeitenwechseln arbeiten, schwer geplagt von Seekrankheit auf ihrem schwimmenden Gerüst. Im Nebel rammte ein Schiff den Ponton, der darauf sank. Drei Monate darauf stürzten Maschinen und drei für die Fundamente vorgesehene Betonblöcke, jeder so groß wie ein Haus, in die Fluten.

Schließlich errichtete man gegen die Strömung eine Betonmauer von zehn Metern Stärke und der Höhe eines fünfstöckigen Hauses. Beim Einlassen des ersten Senkkastens brach wieder ein Sturm los, die Betonteile prallten aufeinander und die Mauer zerbarst. Strauss pumpte das Wasser wieder ab, schüttete einen zwölf Meter hohen Grund aus Beton auf und legte in der Mitte dieses strudeligen Kanals eine Fläche von der Größe eines Fußballfeldes frei, auf dem der Pfeiler schließlich hochgezogen werden konnte.

Strauss war so penibel in seinen Sicherheitsvorkehrungen, daß vier Jahre lang keiner seiner Arbeiter zu Tode kam. Als sie die Hängekabel anbrachten – jedes neunzig Zentimer dick und aus 27. 000 bleistiftstarken Drähten gewunden - erhielten sie Sauerkrautsaft gegen

Schwindelanfälle und Nachwirkungen von Alkoholgenuß. Es muß gewirkt haben, denn es ist nicht bekannt, daß dies jemandem den Magen umgedreht hätte. Gegen Blendung bei plötzlich aufreißendem Nebel schützten sie besondere Brillen. Ein 80.000 $ teures Sicherheitsnetz fing neunzehn seiner Leute wieder auf, die aus Dankbarkeit einen Verein namens »Halfway to Hell« gründeten. Erst wenige Monate vor der Fertigstellung erschlug ein herabstürzender Ausleger einen Mann. Wochen vor der Eröffnung zerbrach dann ein Pfeiler einer Plattform und riß neun Männer zu Tode, da der die Platzform stützende Pfeiler das Netz zerfetzte. Zwei konnten aus den Fluten gefischt werden, und einer hatte sich an der Unterseite der Fahrbahn anklammern können.

Heftiger Winddruck vom Pazifik kann Autos urplötzlich über drei Spuren tragen. Dennoch wurde die Brücke bisher nur einmal wegen schlechten Wetters gesperrt. Während eines Sturms begann die Fahrbahn derartig in großen Wellen zu schwingen, daß ihr Geländer, je nachdem wo der »Wellenberg« gerade lag, abwechselnd auf der einen oder auf der anderen Seite, drei Meter höher war.

Rund 700 Selbstmörder sprangen von ihr in die Tiefe, fast Dreiviertel davon Männer (was müssen die bloß für Frauen gehabt haben?) die meisten Fälle waren dienstags; die selbstmordträchtigsten Monate sind Mai und Oktober. Fußgänger werden per Kamera überwacht, und wenn sie sich verdächtig lange am Geländer aufhalten, wird ein Streifenwagen hingesandt.

Apropos Selbstmord: die Rate liegt in der Stadt viermal höher als landesweit und fast doppelt so hoch wie in ganz Kalifornien.

Je nach Gezeitenstand beträgt die lichte Weite 66 bis 72 Meter. Bisher reichte der Platz zwischen ihren Pfeilern immer für alle Schiffe aus. Nur die Queen Elisabeth schrappte als Truppentransporter im Zweiten Weltkrieg gerade mal mit einem Meter Zwischenraum knapp hindurch.

Zur Golden Gate Bridge fährt der »Golden Gate Bus Transit«, ab Market Street, Ecke 7th North Street in der Nähe des Civic Center. Oder wir nehmen den Northbound 30-Stockton Richtung Chestnut und Laguna. Dann in der Laguna St. den Northbound 29 zur Toll Plaza.

Wer über einen Mietwagen verfügt, sollte unbedingt die Panoramaroute nördlich der Golden Gate Bridge entlangfahren, um in den Genuß überwältigender Ausblicke auf die Brücke mit San Francisco als Hintergrund zu kommen. Gleich hinter dem Vista Point von der 101 Richtung Sausalito abfahren und durch den kleinen Tunnel unter der 101 hindurch, dann weiter geradeaus. Steuern wir Saint Diabolo an, von wo aus sich ein schönes Panorama bietet. Ansonsten kann man sich auch mit dem San Marin Vista Point an der rechten Brückenausfahrt begnügen. Besonders sehenswert: am Highway No. 1 nördlich, der *Point Range Earth Quake Park*.

Ein Kilometer südlich der Golden Gate Bridge liegt *Baker Beach*, ein netter Badestrand nahe des *California Palace of the Legion* am Ende des Lincoln Boulevard.

Transamerika Tower

600 Montgomery Street, Ecke Washington Street. Einzigartig dank seiner Pyramidenform. Der mit 260 m höchste Wolkenkratzer San Franciscos gilt längst als architektonisches Wahrzeichen der Stadt, das denselben Rang einnimmt wie die Golden Gate Bridge. 1972 erbaut und Sitz der *Transamerica*. Die Wände dürften ganz schön geschwankt haben da oben, als 1989 die Erde bebte. Die Grundfläche mißt in der Breite 45 m, die Spitze 14 m. Kostenloser Zugang bis zum 27. Stockwerk von 8-16 h, außer samstags und sonn-

tags. Ein Foto von der »Pyramide« und den umliegenden Gebäuden läßt sich am besten von der Kreuzung Broadway und Columbus aus schießen. Die Zerstörung eines vom Feuer 1906 unversehrt gebliebenen Häuserblocks zu ihrem Bau wurde von vielen Einwohnern ungnädig aufgenommen, zumal sie schon damals nur knapp der Sprengung durch Soldaten entkam, die eine Feuerschneise schlagen wollten. Dies gelang mit einem Appell an ihren Bürgerstolz, da sich in einem Gebäude die erste juristische Bibliothek der Stadt befunden hatte und in dem anderen Künstler- und Literaten in der Frühzeit der Stadt gearbeitet hatten.

Bank of California

400 California Street. Bemerkenswertes Gebäude aus dem Jahre 1907 in Gestalt eines überdimensionalen Tempels, dessen Fassade korinthische Säulen zieren. 1967 aufgestockt und heute im Besitz der Japaner. Im Untergeschoß ein kleines Museum über die Währung des amerikanischen Westens. Einlaß montags bis freitags von 10-15.30 h.

Hyatt's Regency

Am Ende der Market Street, Richtung Embarcadero. Die Ästhetik dieses Hotels wird man auch als architektonisch Unbedarfter genießen. Besonders das Interieur ist einmalig, ein siebzehnstöckiges Atrium mit Blumen und Bäumen zwischen Springbrunnen. Unbedingt – ab 11.30 h – mit dem Fahrstuhl nach oben sausen, um die Aussicht zu erleben. Allerdings wollen die Liftboys oft den Zimmerschlüssel sehen. Hier wurde übrigens der Streifen *High Anxiety* (»Höhenkoller«) von Mel Brooks gedreht. Und zu guter Letzt versäume man nicht, *The Fountain* auf der Nordseite im Innern des Hotels anzuschauen. Im obersten Stock schlürft man seinen wohlverdienten Punsch im Drehrestaurant und genießt dabei den reizvollen Blick über die Stadt.

Old Chinese Telephone Exchange – Bank of Canton

Wer sich für Architektur interessiert, sollte sich diesen repräsentativen Bau aus dem Jahre 1909, in der Washington Street Nr. 743, betrachten. Desgleichen die *Ying on Labor and Merchant Association*, 745 Grant Avenue, mit einer dekorativen chinesischen Fassade.

Grace Cathedral, Huntington Hotel, Masonic Museum

Werfen wir einen Blick auf die *Grace Cathedral*, im neugotischen Stil, und das *Huntington Hotel*, 1075 California Street und Taylor. Außergewöhnliche architektonische Zeugnisse aus dem Jahr 1924. Von der Spitze aus genießt man einen einmaligen Blick über die Stadt. Nebenan liegt das *Masonic Museum*, 1111 California Street, das Museum der kalifornischen Freimaurer. Einlaß von 10-15 h. Es handelt sich um einen modernen Bau mit großem Auditorium.

Saint Mary's Cathedral

Geary Street, Ecke Gough Street, westlich der Van Ness Avenue und des Nob Hill.

Überwältigender Innenraum dieser 1970 erbauten Kirche. Ihr Dach besteht aus vier hohen Gewölben, die mit Travertin, jenem Stein, der auch zum Bau des Kollosseums in Rom verwandt wurde, verkleidet sind. Die Gewölbebögen laufen in sechzig Meter Höhe zusammen und bilden dort ein mit Glasfenstern geschmücktes Kreuz. Normalerweise täglich von 7-17 h geöffnet. Neben Saint Mary's Cathedral befindet sich das *Japan Center*: Läden mit zivilen Preisen und exotischen Restaurants.

Coit Tower

Telegraph Hill Boulevard. Öffnungszeiten: 10-16 h.

Sagenhafter Panoramablick über die Stadt und die Bucht vom Coit Tower auf dem Telegraph Hill, der allerdings um die 3 $ kostet. Wer sich mit einem ähnlich gutem Blick von der Terrasse begnügt, spart diese Summe. Erreichbar per Buslinie 27. Die Einwohner San Franciscos erzählen liebend gern die Geschichte dieses Turms. Eine reiche Amerikanerin namens *Lillie Hitchcock Coit* wurde 1851 als Achtjährige bei einem Brand von Feuerwehrmännern der 5. Brigade, der Knickerbocker Engin Company Number Five, gerettet, hegte deshalb eine ganz besondere Vorliebe für diesen Berufsstand und lief stets bei jedem Einsatz neben den Fahrzeugen ihrer Retter her. Ihre Eltern steckten sie zwecks Unterbindung ihrer nicht gefährlichen Leidenschaft in ein Pensionat, wo sie aber so unter der Trennung von ihrer geliebten Feuerwehr litt, daß ihre Eltern sie wieder befreiten und gewähren ließen. Sie wurde später Ehrenmitglied der Feuerwehr. Sie war ein Original, trug Feuerwehruniform, rauchte

Zigarren und veranstaltete Boxkämpfe in Hotelzimmern. Ihre Unterschrift leistete sie Mit »Lady Hitchcock Coit 5«.

Das Ehrenmal, das sie den Feuerwehrleuten setze, sollte eine Feuerwehrspritze darstellen. Das Problem ist nur, daß ihr Name, Coit, zu hinterfötzischen Verwirrungen führt. Ungebildete Zeitgenossen zögern daher nicht, den Turm mit dem Spitznamen *coit erection* zu belegen. Im *Feuerwehrmuseum* wurde eine umfangreiche Abteilung besagter Gönnerin gewidmet. Die Filbert-Treppen Richtung Napier-Sackgasse laden zu einem netten Spaziergang ein. Schmucke, viktorianische Häuser und kleine Gärten machen diese Ecke zu einer der reizvollsten Wohngegenden der Stadt.

Spöttische Bemerkungen über den Turm verstummten nie mehr, vor allem seit eine Lady *Honore Cecilia Bowlby-Gledhill* im Jahre 1930 mit einem Revolver auf den Tum ballerte und rief: »Leute, ich hasse diesen Silo«.

Für Hinweise, die wir in der nächsten Auflage verwerten, bedanken wir uns mit einem Buch aus unserem Programm.

Einkaufen

Gebrauchsanweisung

San Francisco, die heimliche Hauptstadt Kaliforniens, des »heißen Ofens« *(forno caliente),* ist wie viele andere Weltmetropolen ein Einkaufsparadies der Superlative! Nach einer Statistik wurde jeder zweite Einwohner nicht in den USA geboren oder hat zumindest einen aus dem Ausland stammenden Elternteil.

Hier ein kleiner Überblick über die Herkunft: Chinesen 13 %, Afrikaner 11 %, Engländer 10 %, Iren 8, 5%, Deutsche 7, 5%, Italiener 6%, Filipinos 5, 5%, Mexikaner 5%, Russen 3%, Franzosen 2, 5% und Japaner 2%.

Das aus dieser ethnischen Vielfalt resultierende Konsumangebot ist überwältigend. Importe aus aller Welt landen tagtäglich in San Franciscos Hafen; nicht von ungefähr bildet diese Stadt das Tor zum Orient. Schätze aus China, Hongkong, Japan, den Philippinen und Korea kommen hier zuerst an. San Francisco ist eine Hochburg der Modegurus und Gourmets. Jeanslook, Hot Dogs, Burgers ... ?! Wer diese typisch europäischen Vorurteile hier anzubringen versucht, dem wird diese Stadt eine Lektion erteilen. San Francisco ist alles andere als amerikanischer Durchschnitt und dafür lieben es seine Bewohner so sehr. Bitteschön Los Angeles nie in einem Atemzug mit San Francisco erwähnen und nie »Frisco« sagen! Den Einwohnern geht nichts über ihre Stadt. Nicht einmal die ständig drohende Erdbebengefahr kann die Treue ihrer Bevölkerung erschüttern.

Das bunte Warenangebot verschlägt dem Neuankömmling in der Regel erst einmal den Atem. Nicht entmutigen lassen. Wir werden bei der Orientierung und Auswahl der Geschäfte behilflich sein. San Francisco ist ein teures Pflaster, was kein Geheimnis ist, aber sparen läßt sich immer und überall. Gewußt wo!

Ganz sicher lohnt sich ein Bummel durch Fisherman's Wharf, Pier 39 und den dort herrschenden Touristenrummel oder durch das Einkaufs-Eldorado von Unionstreet. Dort einzukaufen, lohnt dagegen nicht! Man zahlt nämlich nicht nur den Preis für den neuerstandenen Ledermantel, sondern auch für Dekor und Präsentation dieser sündhaft teuer eingerichteten Geschäfte sowie das ganze luxuriöse Ambiente. Einkaufen ist eine höchst persönliche Angelegenheit: manche legen Wert auf die gediegene Atmosphäre der besseren Geschäfte, die Aufmerksamkeit des Personals; andere genießen einen Einkaufsbummel erst so richtig, wenn die neuesten Top Ten aus den Boxen dröhnen und sie völlig unbeobachtet in einem Second-Hand-Laden Kleiderberge durchforsten können. Wir genießen bei unseren Einkäufen die Abwechslung, weshalb wir unsere Aufmerksamkeit auf Läden und Restaurants mit ganz verschiedenen Gesichtern lenken.

Öffnungszeiten

Einkaufen ist neben Fernsehen für zahlreiche Amerikaner die Lieblingsbeschäftigung schlechthin. Der in diesem Land herrschende Konsumterror der Werbefirmen ist nur ein Grund unter anderen. Konsum rund um die Uhr oder wie Joel Grey in dem weltberühmten Musical Cabaret singt: »Money makes the world go around, the world go around ...«. In der Regel sind die Geschäfte von 9.30-18 h geöffnet. Viele Geschäfte halten ihre Pforten abends länger auf, manche rund um die Uhr. Auch sonntags sind die meisten geöffnet. Und nicht vergessen: 8, 5% Steuern auf alle Einkäufe einzukalkulieren.

Ach ja, wer alkoholische Getränke einkaufen möchte, nehme auf jeden Fall den Personalausweis mit. Der Verkauf von Alkohol an Personen unter 21 Jahren ist nämlich in Kalifornien strengstens verboten. Kleinere Geschäfte sehen das nicht immer so eng, Supermärkte sehr wohl.

Einkaufszentren, Verkauf ab Fabrik & Diskonter

Mall ist der Begriff für riesige Einkaufszentren, wie sie in jeder amerikanischen Stadt existieren, und die man als kleine Stadt in der Stadt bezeichnen kann. San Francisco weist drei Shoppingmalls auf:

Stonestown Mall, *an der 19th Ave. und Winston Drive,*
Einer der ältesten. Er beherbergt siebzig Geschäfte, ein großes Warenhaus, einen Supermarkt, zwei große Apotheken, zehn Modeboutiquen für Damenbekleidung, zwölf Modegeschäfte für Herrenbekleidung, vier Schuhgeschäfte, zwei Eiscafés, eine Bank und ein Kino.

Embarcadero Center,
Battery St., Ecke Sacramento St.,
✆ *772-0500.*

Mo.-Fr. 10-18 h, Sa. 10-17 h, So. 12-17 h.

Besteht aus vier durch Fußgängerbrücken verbundene Hochhäuser, nacheinander in den Jahren 1968-1981 errichtet. Innenhöfe und Cafés auf den Fußgängerbrücken laden zu einer Verschnaufpause ein, die man dringend benötigen wird, nachdem man nur einen Bruchteil der 135 Geschäfte und vierzig Restaurants durchkämmt hat.

Einkaufsstraßen

Hauptgeschäftsstraße ist die *Market Street,* die ihren Namen nicht zu unrecht trägt. Aber die Preise fallen – nicht zuletzt durch den Touristenrummel – oftmals überhöht aus. Hier wird vieles als günstige Gelegenheit angeboten, was in Wirklichkeit überteuert ist. Besonders vorsichtig mit einigen Geschäften in der Market/Powell Street sein, die den Preis ihrer Waren in den Schaufenstern nicht anschlagen: je weniger man des Englischen mächtig ist, je weniger man sich den Argumenten der Verkäufer entziehen kann, desto höher die Preise.

Die Grant Street (ab Pine St.) in Chinatown ist auch mehr von Touristen- und Souvenirgeschäften geprägt, vermittelt aber ein interessantes Bild der chinesischen Kultur. Für einen Bummel zu

empfehlen sind weiterhin:

Haight St., ab Masonic bis Golden Gate Park;

Stockton St. (Chinatown), ab Pine St.;

Mission St., ab 16th bis 24th Sts;

24th St., ab Church bis Diamond Sts.

Hayes Valley, von Franklin bis Buchanan Street

Polk Street,, ab California Street

Fillmore Street zw. Post und Jackson

Zu den touristischen Hauptsehenswürdigkeiten zählen Pier 39, die Cannery und der Ghirardelli Square am Fisherman's Wharf. Es handelt sich um historische Gebäude, heute zu geschmackvollen, modernen Einkaufszentren umgemodelt. *Domingo Ghirardelli* war ein Italiener, der in Guatemala Schokolade kennengelernt hatte. Sein Gedanke war es, diese Leckereien an die Goldgräber loszuschlagen. Bald bot er in seinem Backsteingebäude am Kai auch Gewürze, Senf und Kaffee und wurde einer der reichsten Männer der Stadt. In den Sechzigern war der Weiterbestand der Bauten ernsthaft gefährdet, da der von Ghirardelli gegründete Betrieb nach San Leandro ans andere Ufer der Bucht übersiedelte. Eine Gruppe von Bürgern, angeführt von Mrs. William Roth und ihrem Sohn, dem Reeder William Matson Roth, erstand kurzerhand das ganze Gelände, um es vor Bebauung mit Büro- und Hochhäusern zu retten. Die kaum zu übersehende Uhr übrigens, ist eine Kopie aus einem französischen Schloß.

Derartiger Bürgersinn, bedacht auf Erhalt des Stadtbildes und Wahrung des einzigartigen Flairs der Stadt zeigte sich auch bei verschiedenen Autobahnvorhaben, die fast alle verhindert wurden. Zeugnis davon legt z.B. »The Stub«, der Stummel, ab, Teil des nun endgültig verworfenen Embarcadero Freeways, der Telegraph Hill angekratzt und den Hafenbereich völlig verunziert hätte, und seit 1959 in der Nähe des alten Hafengebäudes stumm und mit einer Schranke versperrt in die Luft ragt.

Pier 39

Wie der Name schon erahnen läßt, liegt Pier 39 unmittelbar am Hafen. Die alten Holzhäuser entlang der Hafenanlage hat man restauriert. Sie beherbergen heute kleine Läden.

Der Hafen selbst ist heute nur noch ein Abklatsch früherer Tätigkeit. Die meisten Schiffe steuern heute den Hafen von Oakland an, der über zwei Eisenbahnstrecken besser als San Francisco angebunden ist, wo nur eine – um hundert Kilometer längere Strecke um die Bucht herum endet. Ferner hatte die

Stadt den Ausbau eines modernen Containerterminals reichlich verschlafen.

Es handelt sich um das neueste unter den Einkaufszentren, von 10.30-20.30 h, manche Restaurants auch bis 23.30 h, geöffnet. Es wäre als Filmkulisse für jeden Western geeignet. Und: an den Anlegestegen tummeln sich seit einiger Zeit Seelöwenkolonien. Mit allen Mitteln wird versucht, Touristen anzulocken. Na ja, zumindest geschieht es hier auf geniale Weise. Für Kinder sind auch die Clowns und Gaukler ein einmaliges Erlebnis! Einige interessante und originelle Geschäfte, darunter:

Music Tracks: Pier 39. Man kann hier seine eigene Platte einspielen. Große Auswahl an Background-Musik. Stellt auch Texte, Noten usw. zur Verfügung. Man hat etwa zehn Minuten für die Aufnahme, wobei sich bis zu acht Leute in die Kabine quetschen lassen. Genau das Richtige für alle, die davon träumen, *Blueberry Hill, Let it be* oder *Georgia on my mind* zu schmettern. Was soll's? Elvis Presley hat schließlich auch nicht anders angefangen.

The Cannery

In den Backsteingebäuden der Del Monte Cannery wurden früher Konservendosen hergestellt. Die Dosenindustrie, 1850-60 in der Stadt aufgebaut, mußte bald aus Platzgründen nach Oakland umziehen. Sie versorgt fast einen ganzen Erdteil mit Feldfrüchten aus den fruchtbaren Anbaugebieten des Staates und ist heute die bedeutendste Einzelindustrie in der Gegend.

Heute sind in diesem alten Gemäuer fünfzig Modeboutiquen, Restaurants und Spezialitätengeschäfte untergebracht. Auch hier sollte man auf das Dach kraxeln, um den Ausblick zu genießen. Das Haslette Warehouse nebenan ist eine typische Lagerhalle vom Anfang des Jahrhunderts.

Die Cannery beherbergt unter anderem auch ein Spielzeugmuseum. Öffnungszeiten: von 10-18 h, sonntags vom 11-17 h, montags geschlossen. Besucher haben Gelegenheit, in einem besonderen Raum neue Spiele selbst auszuprobieren.

Ghirardelli Square

Eigentlich sollten an Stelle dieser alten Schokoladenfabrik Hochhäuser entstehen, wenn da nicht dieses aufsässige Völkchen gewesen wäre! Die Bevölkerung kämpfte in den Jahren 1959-1962 erfolgreich für den Erhalt dieses alten Gemäuers, so daß es heute mit seinen luxuriösen Restaurants und eleganten Boutiquen zu den harmonischsten Einkaufszentren der Stadt zählt.

An dieser Stelle sei nochmals der Unterschied zwischen *Factory Outlet Stores* und *Discount Stores* erläutert:

Ein **Factory Outlet Store** kann unmittelbar in der Fabrik untergebracht sein und bietet dem Käufer nagelneue Ware oder Restposten zu besonders niedrigen Preisen. Die Adressen dieser, ständig neu aus dem Boden schießenden, Läden werden meist per Mundpropaganda unter Bekannten herumgereicht. Käufer jeder Einkommensklasse gehen auf Jagd nach Outlets: Studenten, Büroangestellte, Rechtsanwälte, Hausfrauen ... nur zu den Touristen scheint ihre Existenz noch nicht durchgedrungen zu sein. Outlets stellen nicht nur preislich eine Alternative dar, sondern heben sich durch viele andere Details vom normalen Einzelhandel ab. So befindet sich der Großteil der Outlets nicht in der glitzernden Innenstadt sondern in teilweise heruntergekommenen kleinen Straßen, geziert von unzähligen Graffiti! Die Ladenräume, überwiegend ganz nüchtern gehalten, bieten nicht in jedem Fall Umkleidekabinen oder aufmerksames Personal. Eigentlich

ein spannender und aufschluß-
reicher Blick hinter die Fassaden
der High Fashion und hier und da
ein Einblick in ihre Arbeitswelt.
Wichtig ist grundsätzlich vorherige
telefonische Anmeldung! Adressen
und Öffnungszeiten dieser Verkaufsstellen wechseln ständig! Seit
kurzem gibt es in San Francisco
auch zwei Factory-Outlet-Zentren
mit mehreren Outlets unter einem
Dach:

660 Center *660 3th St., zw.*
Brannan und Townsend Sts.
Mo.-Sa. 10-17.30 h, So. 12-17 h.
✆ 227-0464.
Auf zwei Stockwerken vierzehn
Outlets und das Deli Café. Die
meisten führen Bekleidung für
Damen, Herren und Kinder. Da-
neben einige Juweliere, Schuhge-
schäfte und das empfehlenswerte
Bocha Factory Outlet für Handta-
schen, Taschen und Rucksäcke .

Yerba Buena Center,
899 Howard St., bei 5th St.
Mo.-Sa. 9.30-20 h, So. 11-18 h.
✆ 495-7234
Die neunzehn Outlets und das
Strawberry Café mit seinen Ham-
burgern und Sandwiches werden
Kauflustige sicherlich einen halben
Tag beschäftigen. Hervorzuheben
ist die Burlington Coat Factory, die
auf zwei Stockwerken Bekleidung,
Schuhe und eine große Auswahl an

Mänteln aller Art für Frauen, Männer und Kinder bietet.

Discountläden kaufen zurück-
gebliebene oder leicht beschädigte
Ware von Boutiquen und Warenhäusern auf, um sie weit unter dem
Normalpreis zu verramschen.

Antiquitäten

Antonio Antiques *701 Bryant*
Street bei 5th Street, ✆ *781-1737.*
445 Jackson Street bei Battery Stre-
et, ✆ *781-1737.*
Mo.-Fr. 8.30-17 h. Samstags und
sonntags geschlossen.
Das Geschäft an der Bryant Street
wird zu den größten Antiquitäten-
sammlungen an der Westküste
gezählt. Antiquitäten aus England,
Frankreich und Italien aus dem
17., 18. und 19. Jahrhundert und
einige Stücke aus dem Orient.

Argentum Antiques Ltd. ,
414 Jackson bei Sansome St.,
✆ *296-7757.*
Mo.-Fri. 9-17 h. Sa. 9-16 h
Sammler aus aller Welt bestaunen
die wunderbaren, aber auch teuren
Silberantiquitäten aus dem 17., 18.
und 19. Jh.

Verlagsprogramm
http://interconnections.de

Ashkenazie Co. ,
Fairmont Hotel, 950 Mason bei
California Street, ℂ *391-3440.*
Sonntags geschlossen.
Riesensammlung chinesischer Jade
u. a. Kunstgegenstände.

Challis House,
Showplace Design Center, 2 Henry
Adams Street, ℂ *863-1566.*
Samstags und sonntags geschlossen.
Im Herzen der San Franciscoer
Designerwelt. Das Challis House
stellt eine Sammlung englischer
Möbel aus dem 17., 18. und 19.
Jahrhundert aus. Des weiteren
französische Möbel aus dem 18.
und 19. Jahrhundert. Ebenso fin-
det man Jugendstillampen.

Charles William Gaylord,
2151 Powell Street bei Francisco
St., ℂ *392-6085.*
Nur nach telefonischer Vereinbarung.
Antiquitätengeschäft der Superlative!

Jalili International *Showplace*
Square South,,
235 Kansas Street bei 5th Street,
ℂ *788-3377.*
Samstag und Sonntag geschlossen.
Seit 1880 verkauft Jalili, nunmehr
in der vierten Generation, orien-
talische Teppiche und andere antiquarische und zeitgenössische
Kunstgegenstände. Die Teppiche
stammen aus Persien, Indien, Paki-

stan, China, der Türkei, Rumänien
und Afghanistan.

Old Stuff,
2325 Clement St., zw. 24th und
25th Sts., Tägl. 12-18 h.
Kauft und verkauft Möbel, Bronze,
Lampen, Gläser.

Kuromatsu,
722 Bay Street bei Leavenworth
Street, ℂ *474-4027.*
Mo.-Sa. 10-16 h.
Kuromatsu handelt überwiegend
mit »Mingei«-Kunstgegenständen,
ist spezialisiert auf Ikebana Körbe,
kunstvoll arrangierte Schnittblu-
menarrangements, Tansu, Keramik und sonstigen orientalischen
Krimskrams.

Bekleidung

Bekleidung (Gemischtes)

California
2343 Market St., zw. Castro und
Noe St., ℂ *864-1534.*
Tägl. 11-19 h.
Wünscht jemand auf der nächsten
Party daheim mit einem ausge-
flippten Fummel aus Kalifornien
aufzufallen? California hat mit
Sicherheit etwas parat. Wie wär's
mit einem Madonna-Look oder
einem Organzajacket?

Marshall's,
901 Market St., Ecke 5th St.,
℃ 974-5368.
Mo.-Sa. 10.-20 h, So. 11-18 h.
Discountwarenhaus, das ausran-
gierte Ware von Boutiquen und
Warenhäusern billig übernimmt
und zu Schleuderpreisen feilhält
Man muß hier die Spreu vom Weizen unterscheiden können.
Bei so einem Riesenangebot kann
nicht jedes Teil topmodisch sein.
Ob Jeansjacken, Bademäntel,
Mohairschals, Schafwollpullover,
Damenunterwäsche, Krawatten,
Kinderschuhe, Sportbekleidung,
darunter Nike und Adidas, und
etliche andere – alle Preise sind um
20-60% reduziert. Marshall's ist
das richtige Geschäft für Käufer,
die weniger Wert auf Atmosphäre
oder Beratung legen, aber gerne
eigenständig auf Schatzsuche
gehen.

Ross Department Store,
799 Market Street, Ecke 4th St.,
℃ 957-9222.
Mo.-Fr. 9.30-20 h, Sa. 9.30-19 h,
So. 11-18 h.
5200 Geary Blvd., zw. 16th und
17th Ave., ℃ 386-7677.
Mo.-Sa. 9.30-21 h, So. 11-19 h.
Hier findet jedes Familienmitglied
Bekleidung zu herabgesetzten Prei-
sen. Auf zwei Stockwerke verteilt:
Hosen, Blusen, Pullover, Unterwä-
sche, alles im Durchschnitt um ein
Drittel billiger als andernorts.

Rolo,
1301 Howard St., Ecke 9th St.,
℃ 861-1999.
Mo.-Sa. 10-19 h, So. 11-18 h.
2351 Market St., bei 17th St.,
℃ 431-4545.
Mo.-Sa. 10-21 h, So. 10.30-20 h.
Gut für einige Überraschungen!
Junge Leute, die gerne ausgefallene, verrückte Kleidung tragen,
werden hier unbedingt mal reinschauen. Die Modelle stammen
überwiegend aus Los Angeles, San
Francisco und New York. Marken
wie Body Glove, ID # – das letzte
Zeichen steht im Amerikanischen
für »number« – Maui & Sons,
Jimmy Z und Isaia sprechen für
sich. Isaia beispielsweise ist ein junger Aufsteiger am New Yorker
Modehimmel. Rolo hat für jeden
etwas Ausgeflipptes: ausgefallene
T-Shirts, schrille Neonfarben,
Accessoires für Punks, edle Blazer,
Lederklamotten mit jeder Menge
Reißverschlüssen, topmodische
Surferbekleidung in schreienden
Farben, damit man die windschnit-
tigen Boys auch von weitem bewundern kann. Also, sehen oder
gesehen werden, ist das Motto! Wir
ahnen's schon: dieses Hobby ist
nicht gerade billig. Dennoch sind
Rolos Preise aber noch ganz gut zu
verkraften.

Whole Earth Access,
401 Bayshore Blvd., bei Cortland
Ave., ℃ 285-5244.

Tägl. 10-18 h.
Bekannt für gute Qualität zu Tief-preisen. Zu schade, daß dieses Kaufhaus so weit ab der Innenstadt liegt, so daß eine längere Busfahrt von rund zwanzig bis dreißig Minuten in Kauf zu nehmen ist. Bücher, Computer, Fotoapparate und Kameras, Zelte, Reisetaschen, Küchenartikel, Schuhe, Beklei-dung für die ganze Familie und vie-les mehr lohnen den Weg. Die be-ste Busverbindung ist der Munibus Nr. 9.

Daljeets,
541 Valencia Street bei 16 th.,
✆ 626-9000.
Mo.-Do. 11-19 h, Fr. u. Sa. 11-19.30 h, So. 11-18 h.
1744 Haight St., zw. Shrader und Cole St., ✆ 752-5610.
Mo.-Do. 10-19 h, Fr. u. Sa. 10-19.30 h, So. 10-18.30 h.
Gute Auswahl an neuer und teils ausgefallener Kleidung für Raver.

Na Na,
2276 Market St., zw. 15th und Noe Sts., ✆ 861-6262.
Mo.-Sa. 11-19.30 h, So. 12-19 h.
Ob Schuhe, Lederjacken, Hosen, T-Shirts oder Accessoires: ein Fachgeschäft für Ausgefallenes!

Damenbekleidung

City Lights Factory Outlet,
333 9th St., zw. Folsom & Harri-son Sts., ✆ 861-6063.
Mo.-Sa. 10-18 h.
Laden für die aktive Frau. Body- und Aktivwear sowie Tanzbe-kleidung in neongrellen Farben. Preise? Mal reinschauen!

Esprit Outlet,
499 Illinois St., bei 16th St.,
✆ 957-2550.
Mo.-Fr. 10-20 h, Sa. 10-19 h, So. 11-17 h.
Kleine und große Mädchen lieben Esprit! Schon gewußt, daß Esprit in San Francisco entwirft? Ob-gleich der Esprit Outlet im Ver-gleich zu anderen großzügig konzi-piert ist, drängen sich die Leute zwischen den Kleiderständern. Man decke sich mit einem dicken Schmöker ein, um sich die Warte-zeit vor dem Umkleidekabinen zu versüßen. Gewiß ist der Esprit Outlet etwas vom Zentrum abgele-gen, aber der Abstecher lohnt sich ohne Zweifel. Die Preise mögen etwas höher liegen als in anderen Outlets, aber zu bedenken ist, daß die Normalpreise von Esprit eben recht hoch sind! Preise hier 25-30% herabgesetzt. Ab und zu Sonderangebote mit Preisermäßi-gungen bis zur Hälfte.

Color Exchange Factory Outlet, *1565 Mission Street.,* *© 522-5243.*
Mi.-Fr. 11-14.30 h. Erster Samstag im Monat 11-14.30 h.
Modische Röcke, Blousons und Kleider aus Baumwolle zu Preisen mit bis zu 50% Ermäßigung gegenüber Ladenpreisen.

Ragsmatazz,
899 Howard Street., © 495-5037.
Mo.-Fr. 11-17 h. Samstags 10-18 h.
622 Clement St., zw. 7th und 8th Avenue, © 221-2854.
Mo.-Sa. 10-17. 45 h, So. 12-17. 15 h.
Ein Outlet Store für modebewußte Mädchen und junge Frauen. Freche, junge Mode von You Babes, Foxy Lady, Esprit und Cherokee zu herabgesetzten Preisen.

Coat Outlet,
1350 Folsom, zw. 9th u. 10th St., © 864-5050.
Mo.-Sa. 9-16 h.
Herkömmlicher Outlet Store, dessen Ladenraum an eine Fabrikhalle erinnert. Vollgestopft mit Leder- und Pelzjacken, Regenmänteln und Wolljacken. Es gibt keine Umkleidekabinen, nur zwei Spiegel, und das Personal verhält sich sehr zurückhaltend. Hier kann man ungestört stundenlang nach dem richtigen Teil stöbern, nie-

mand wird einen zu einem Kauf drängen. Nicht alles entspricht dem neuesten Schrei. Man findet hier aber beispielsweise die berühmten Regenmäntel von London Fog, die wohl so bald nicht aus der Mode kommen werden, zu unschlagbaren Preisen. Allgemeine Preisermäßigung: 20-60%.

Gunne Sax, LTD. Outlet, INC.
35 Stanford St., zw. 2nd und 3rd Sts., 1. Etage, © 495-3326.
Mo.-Fr. 10-17 h, Sa. 9-17 h, So. 11-17 h.
Outlet mit Supermarktausmaßen und riesiger Auswahl an romantischen Abendkleidern für kleine und große Damen. Die Modelle hier von Gunne Sax und Jessica McClintock kosten in Boutiquen ein Vermögen. Die Preise dieser sehr femininen Kleider sind bis zu siebzig Prozent herabgesetzt! Wer sich seine festlichen Gewänder selbst schneidert, sei auf das kleine Stoffsortiment des Gunne Sax Outlets hingewiesen. Hier sind auserlesene Stoffe wie Krepp, Seide, Satin etc. zu Knüllerpreisen zu ergattern!

Marilyn Brooks,
3376 Sacramento St., Ecke Walnut, © 931-3376.
Mo.-Fr. 10.30-18 h, Sa. 10-18 h, So. 12-16 h
Kanadische Modedesignerin aus

Toronto. In dieser liebevoll eingerichteten kleinen Boutique verkauft sie ihre selbstentworfenen Baumwollkleider, T-Shirts, Tops, Schals etc. Frauen, die häufig verreisen und oft aus dem Koffer leben müssen, zählen zu ihren Stammkundinnen, da sie hier modische Bekleidung aus knitterfreiem Material erstehen können. Diese exklusiven Modelle haben ihren Preis. Faszinierend die tolle Kollektion an Ohrringen bei Brooks: handbemalte Ohrringe aus Indonesien, selbstgefertigte Ohrringe aus Keramik von Künstlern aus San Francisco usw. für $ 10-$ 20.

Susan Lawrence,
119 Sacramento St., bei Drumm St., ✆ 399-0222.
Mo.-Fr. 10-18 h, Sa. 11-17 h.
Der kleine Laden ist ein Geheimtip unter den jungen Geschäftsfrauen in San Francisco. Man muß sich zwischen den Kleiderständern durchschlängeln, um das ganze Angebot in Augenschein nehmen zu können. Dafür gibt's dann auch Dior-Kostüme zu Spottpreisen, des weiteren elegante Zweiteiler, Röcke, Blusen und Blazer von H. Bernard, Tahavi und vieles mehr. Die Schilder tragen den Normalpreis und den herabgesetzten.

Fritzi Outlet,
218 Fremont, zw. Howard u. Folsom Sts., ✆ 979-1394.
Mo.-Do. 9-17 h, Fr. 8-17 h.
Bei Fritzi hat alles seine Ordnung! Bevor sich die Kundinnen die neue Ladung an Kleidern, Hosen, Blusen und Röcken anschauen können, müssen sie erst mal ihre Handtaschen beim Sicherheitsbeamten zurücklassen, der ihnen im Austausch dafür eine Nummer überreicht. Bei meinem letzten Besuch fiel das Angebot nicht gerade berauschend aus, was aber kein Kriterium ist, da die Modelle der nächsten Schiffsladung wieder von anderen Herstellern stammen und topmodisch sein können. Es lohnt sich auf jeden Fall, mal herumzuschnüffeln, da Fritzi eh nicht weit von der Innenstadt entfernt liegt und die Preise den Normalpreis um durchschnittlich 40-75% unterbieten. Samstagmorgens zwischen 8.30 und 10 h werden die Kleider zu noch niedrigeren Preisen verschleudert. Der Sicherheitsbeamte ist an diesen Tagen mit Sicherheit im Streß! Fritzi führt auch eine kleinere Auswahl für Kinder.

End of The Line,
3657 Taraval, ✆ 566-7087.
Mo.-Sa. 10-17 h.
Hier heißt es aufgepaßt! Große, relativ günstige Auswahl an Sport-

bekleidung. Vermietung von Skateboards.

New West Design,

426 Brannan St., zw. 3rd und 4th St., ✆ 882-4929.
Mo.-Sa. 10-17 h, So. 12-17 h.
Elegante Damenbekleidung, die in High-Fashion-Boutiquen wie Neiman Marcus, 1. Magnin, Saks und Ann Taylor zu sündhaft teuren Preisen angepriesen wird, mit bis zu 80% Preisermäßigung. Nichts wie hin!

Mandarin Fashions,

430 Grant Ave., zw. Bush u. Pine Sts. ✆ 986-3655.
Tägl. 11.-22 h.
Mandarin Fashions führt chinesische Bekleidung aus Seide: Damenkleider, Jacken, Kimonos, Mäntel und Pyjamas. Des weiteren sind Seidenstoffe, Jadeschmuck und chinesisches Porzellan zu erstehen.

Banana Republic,

256 Grant Ave, zw. Post u. Sutter St., ✆ 788-3087.
Mo.-Fr. 10-20 h, Sa. 10-18.30, So. 12-17 h.
2253 Polk St., zw. Vallejo und Green St., ✆ 474-9711.
Mo.-Sa. 10-19 h, So. 12-17 h.
Nun mal die Fantasie spielen lassen: Yukonhemd, Savannarock, Santa Fe-Gürtel, Safarihut, Expeditionshosen, Jeans und Jeanshemd im Safarilook, Save the Wales Hosen ... also gerade das Richtige für die exklusive Sonntagssafari. Neben Bekleidung und Schuhen im Kellergeschoß Reiseliteratur und Kartenmaterial. Ein Schriftstellerehepaar ließ eines Tages Schreibmaschine Schreibmaschine sein – wer kann's ihnen verdenken? – und gründete stattdessen dieses Safariimperium. Es zählt heute zu den erfolgreichsten Modemachern der USA. Seine Exklusivmode ist nicht gerade geschenkt; den Dschungel- und Wüstenladen sollte man sich aber auf jeden Fall mal anschauen.

Herrenbekleidung

Men's Wearhouse,

27 Drumm St., Ecke Sacramento, ✆ 788-6363.
Mo.-Fr. 9.30-19.30 h, Sa. 10-18 h, So. 12-17 h.
601 Market St., bei 3th St., ✆ 896-0871
Mo.-Fr. 9.30-19.30 h, Sa. 9.30-18 h, So. 12-18 h
Im Herzen des Financial Districts gelegen, geschmackvoll eingerichtetes kleines Geschäft mit zeitlos klassischer Herrenbekleidung für den Geschäftsmann, und modischer Freizeitbekleidung für den sportlichen Herrn. Waren be-

Wasteland

Mission, Mexikanischer Lebensmittelladen

Backstore

Alamo Square

Cliffhouse

Viktorianisches Haus

rühmter Modemacher wie Yves Saint Laurent, Calvin Klein, John Weitz etc., fachkundiges Personal. Durch Direktbezug verhältnismäßig niedrige Preise.

High Gear,
600 Castro St., Ecke 19th St.,
✆ 552-0635.
An der Hauptpromeniermeile der Schwulen, einer betriebsamen Ecke mit Restaurants, Bars, Eiscafés und Modeboutiquen. Modische Sport- und Freizeitbekleidung für alle junggebliebenen Männer. Der Schuppen ist nicht gerade billig, aber wegen seines Angebots an ausgefallenen San Francisco T-Shirts, alle aus reiner Baumwolle, zwischen $ 12 und $ 17, durchaus empfehlenswert.

Big & Tall Outlet,
822 Mission St., zw. 4th u. 5th St.,
✆ 495-4484.
Mo.-Sa. 10-18 h, So. 12-17 h.
Herrenbekleidungsgeschäft und Ausverkaufszentrum der Big & Tall-Läden. Wie der Name verrät, wendet man sich an die großen Männer. Gute Qualität, freundlich-zurückhaltendes Personal und abweichend von der üblichen nüchternen Outlet-Atmosphäre geschmackvoller Ladenraum. Luxusmarken wie London Fog und Oleg Casini etc. zu Niedrigpreisen! Levis- und Wrangler-Jeans, die beliebten Flanellhemden, Regenmäntel und Daunenjacken mit 20-50% Preisermäßigung. Zwei Blocks weiter, bei Rochester Big & Tall, berappt man für dieselbe Ware teilweise das Doppelte!

Kinderkleidung

Yountville,
2416 Fillmore St., zw. Washington u. Jackson, ✆ 922-5050
Mo.-Sa. 10-18 h, So. 12-16 h
Po Chan und Karina Ninitanakit benannten diese Kinderboutique nach einem kleinen verträumten Örtchen in Sonoma County nördlich von San Francisco. Angesichts der fantasievollen Kollektion wird jeder sich nochmal in die Kinderwelt versetzt fühlen! Die Bekleidung für die lieben Gören von null bis sieben Jahren weicht völlig von dem sonst üblichen konservativen Stil ab. Die Modelle stammen zur Hälfte von amerikanischen Designern wie Christine Foley, Ninibambini, Malina etc. Den Rest bestreiten Modemacher aus aller Welt, darunter: Kawamura (Japan), Chicco (Italien) etc. Jeanslatzhosen, Jeansjacken, Zwergenmützen aus Samt, Gummistiefel mit Entengesicht, Strümpfe, bestückt mit Flugzeugen oder Schmetterlingen u. a. Der Fantasie sind keine Grenzen gesetzt. Exklusivität fordert leider wieder mal

ihren Preis. Es lohnt sich, in jedem Fall hier mal hereinzuschauen.

Little Bean Sprouts,
3961-A 24th St., zw. Sanchez u. Noe, ✆ *550-1668.*
Mo.-Sa. 10.30-18.30 h, So. 11-17 h.
Kleines Fachgeschäft für Kinderbekleidung und Spielzeug. Sweatshirts, Strampelanzüge und vieles mehr für Säuglinge, Kinder bis 8 Jahre. Ausgefallene Farben, ausgefallenes Styling zu günstigen Preisen.

Ganz in der Nähe, Ecke 3rd St. & Brannan, Haus Nr. 601 liegt übrigens das Geburtshaus *Jack Londons,* amerikanischer Schriftsteller, geb. 1876, gestorben 1916.

Aus Zweiter Hand

Buffalo Exchange,
1555 Haight St., zw. Clayton u. Ashbury, ✆ *431-7733. Und 1800 Polk Street bei Washington St.,* ✆ *346-5726*
Beide geöffnet: Mo.-Sa. 11-19 h, So. 12-18 h.
Hier herrscht stets Hochbetrieb. So schnell die neuen Kleidungsstücke hereinkommen, so rasch werden sie schon wieder verscherbelt. Es handelt sich im allgemeinen um Kleidung aus den letzten drei Jahrzehnten. Lederjacken, Kleider, Hosen und dergleichen zu attraktiven Preisen. T-Shirts kosten $ 5-8, und

man findet doch immer wieder etwas Ausgefallenes.

La Rosa,
1711 Haight St., bei Cole St., ✆ *668-3744.*
Mo.-Sa. 10-19 h, So. 11-18 h.
Für alle, die sich gerne in alte, edle Sachen hüllen, ist La Rosa ein Muß! Diese kleine Schatzkiste birgt Kleider der wilden zwanziger Jahre bis zur Hippiemode der Sechziger. Sogar die Angestellten sind kostümiert. Das Beste aber kommt erst noch! La Rosa vermietet im Haus nebenan Fräcke. Der Gebrauchtwarenladen von La Rosa hält deshalb eine Riesenauswahl alter Stücke für rund 125 Dollar bereit.

Wasteland,
1660 Haight St., zw. Belvedere u. Clayton., ✆*863-3150.*
Mo.-Sa. 10-19 h, So. 11-18 h.
Einer der populärsten, jedoch teureren Second-Hand Läden, die auch ausgefallene Designerstücke führen.

Held Over,
1543 Haight St., zw. Clayton u. Ashbury Sts., ✆ *864-0818.*
Mo.-Sa. 11-19 h, So. 12-18 h.
Lederjacken und -jackets, alles gebraucht natürlich.

Next to New Shop,
2226 Fillmore St., zw. Sacramento
u. Clay St., © 567-1627.
Mo. 13-16 h, Di. 11-18 h, Mi.-Sa.
10-16 h.
Nur einer unter vielen Second-
Hand-Läden in der Fillmore Street. Die meisten führen bloß
Ramsch. Die Inhaber des Next to
New Shops sind dagegen ausgesprochen wählerisch. Vielleicht stehen die Leute deshalb des öfteren
Schlange vor dem Laden.

Aardvark's Odd Ark,
1501 Haight St., Ecke Ashbury,
© 621-3141.
Mo.-Sa. 11-19 h, So. 12-18 h.
Haight & Ashbury stellt weit mehr
als eine bloße Straßenkreuzung

dar. Haight & Ashbury bildete in
den Flower Power Jahren *den*
»Hangout« (Treffpunkt) der »Generation of Love« oder Hippies,
wie die aufgebrachten Eltern
ihre Vollblutrevoluzzer zu betiteln
pflegten.

Diese Gegend entwickelte sich zum
Mekka des »Summer of Love«
1967 und zum Zuhause von
Berühmtheiten wie *Janis Joplin*,
Grateful Dead, dem Rockimpresa-
rio *Bill Graham* und vielen ande-
ren, die im Fillmore Auditorium,
einer 1900 errichteten ehemaligen
Synagoge ihre Triumphe feierten.
Janis Joplin wohnte in der Cole
Street zwischen Hayes und Fell
Street. Na ja, wir waren etwas zu
spät dran. Heute sieht man noch

Wasteland (A)

immer die ausgeflipptesten Leute von San Francisco in der Haight Street. Nun aber zurück zu Aardvark's Odd Ark – einen komplizierteren Namen konnten die wohl nicht finden, was?

Aardvark bedeutet im Holländischen wörtlich: Erdferkel. Die Besitzer dieses Second Hand-Ladens brüsten sich damit, die größte Auswahl an Hawaihemden vorrätig zu haben. Nun denn, Aloha! Daneben gibt es eine große Auswahl an Hüten um $ 20 und Jeans (u. a. Levis), die aber zum stolzen Preis von $ 20; gebrauchte wohlgemerkt.

Goodwill,
1700 Haight St., Ecke Cole St.
Tägl. v. 7-23h. *822 Geary St., bei Hyde St., ✆ 922-0405.*
1700 Fillmore St., bei Sutter St., ✆ 441-2159.
2279 Mission St., zw. 18th und 19th, ✆ 826-5759.
241 10th St., zw. Howard u. Folsom Sts., ✆ 252-1677.
Größte Second-Hand-Kette der Stadt. Große Auswahl. Die Filiale hier hat sich auf Kleidung für Jugendliche verlegt und führt daneben Schuhe, Bücher und Krimskrams. Gebrauchte Football- und Baseball-T-Shirts ab $ 5 sowie alte Militärjacken und -hüte ab $ 12 werden in der Mission Street verramscht.

Freizeit & Sport

Eddie Bauer,
220 Post St., zw. Grant u. Stockton Sts., ✆ 986-7600.
Mo.-Mi. 9.30-18 h, Do. u. Fr. 9.30-19 h, Sa. 9.30-18 h, So. 12. 17 h.
Eddie Bauer ist der Erfinder der Daunenjacke! Das ist kein Witz! Von seiner Erfindung wurde erstmals während des Ersten Weltkriegs Gebrauch gemacht. Daunenjacken und Daunenschlafsäcke wurden für die Armee hergestellt. 1920 eröffnete Eddie Bauer sein erstes Bekleidungsgeschäft in Seattle, Washington. Will man sich für die kommenden Regentage im Herbst und einen kalten Winter wappnen, sollte man auf jeden Fall bei Eddie Bauer vorbeischauen. Daunenjacken mit Gänsefedern, warme Pullover, Regenbekleidung, Goretexjacken etc. Man legt hier weniger Wert auf modisches Design, als auf gute Qualität. Garantie auf sämtliche Teile. Inzwischen existieren in den USA und Kanada über sechzig Eddie-Bauer-Geschäfte. Ein Wissenschaftlerteam arbeitet in einem Labor in Seattle, prüft die Güte des verwendeten Materials und dessen Kältebeständigkeit. Die Qualität ist wirklich unschlagbar und sicherlich ihren Preis wert.

Lederwaren

Golden Bear Sportswear,
200 Potrero Ave., Eingang 15th St.,
℗ *863-6171.*
Mo.-Fr. 9-16 h, Sa. 9-13 h.
Inmitten des quirligen Missiondistricts, dem spanischsprachigen Viertel der Stadt. Entwürfe sportlich geschnittener Lederjacken für Fachgeschäfte in Europa und den USA. In einem kleinen Hinterzimmer werden Jacken gelagert, die nicht mehr en vogue sind oder kleine Fehler aufweisen. Daneben Fliegerjacken (Leatherbomberjackets), aber auch Importe aus Korea. Niemand wird einen beim Anprobieren der Jacken stören. Die Angestellten sind auf Besuch wenig eingestellt, sondern eher mit der Produktion beschäftigt. Das Angebot an Schaf-, Ziegen- und Lammlederjacken etc. ist nicht gerade überwältigend, aber mit etwas Glück wird man ein Schnäppchen machen!

Griffco, *204 K. L. K. Jr. Way,*
Nähe Cost Plus u. C. Markus St.,
Oakland, ℗ *510-444-3800.*
Mo.-Fr. 9-17 h, Sa. 9-16.30 h.
Ein seit 1971 in Oakland existierender Leder Factory Outlet. Taschen aller Art, Gürtel, Portemonnaies für Frauen und Männer, Brieftaschen sowie Sandalen für Frauen und Kinder zu Großhandelspreisen. Der Großteil des sagenhaften Angebots stammt aus eigener Herstellung. Die Preise liegen durchschnittlich um die Hälfte unter den Einzelhandelspreisen. Ein lohnender Weg. Kunden mit eigenem Gefährt steht ein betriebseigener Parkplatz zur Verfügung. Ansonsten nehme man die BART U-Bahn bis zur 12. Station (Oakland) und frage sich bis zum Geschäft durch.

Johnson's Leather,
1833 Polk St., zw. Jackson u. Washington Sts., ℗ *775-7392.*
Mo.-Sa. 11-18.30 h, So. 12-17 h.
Wildlederjacken, Lederjacken, -hosen und -westen gleich ab Fabrik. Die Auswahl ist breiter als bei Golden Bear und modischer; die Preise liegen höher, sind aber immer noch attraktiv.

East/West Leather,
1400 Grant Ave., Ecke Green,
℗ *397-2886.*
Mo.-Sa. 11-19 h, So. 12-20 h.
Hier was für Modebewußte mit prallem Geldbeutel East/West Leather ist im Grenzbereich von Chinatown und Little Italy lokalisiert. Vorrätig sind ganz edle Marken wie Vakko, Marc Buchanan, Robert Comstock etc., Lederschuhe für Frauen und Männer. Genügend Zaster mitbringen; billig ist hier nichts.

La Riga,
1391 Haight St., bei Masonic St.
✆552-1525
Mo. 11-17 h, Di.-Sa. 12-19 h,
So. 11-19 h.
La Riga hat sich auf Lederstiefel verlegt. Viele sind um $ 79 zu haben, ein wirklich günstiger Preis; ferner Lederjacken und Gürtel.

Orpheus,
1400 Haight St., bei Masonic St.
✆ 703-0172
Tägl. 10-18.30 h
Gute Anlaufstelle für Jacken, Reisetaschen, Gürtel, Krawatten und Geldbörsen aus Leder zu annehmbaren Preisen. Orpheus führt den Großteil seiner Waren von einem Unternehmen namens High Design aus Indien ein. Europäische Designer entwerfen für High Design; produziert wird in Indien.

Schuhe

Shoe Loft,
225 Front St., bei California St.,
1. Etage, ✆ 956-4648.
Mo.-Fr. 10-18 h, Sa. 11-17 h.
Shoe Loft, im Herzen des Financial Districts gelegen, stapelt in dem winzigen Laden eine Unmenge an Pumps für die Frau. Alles um ein Viertel bis die Hälfte verbilligt.

Birkenstock Footprints,
1815 Polk St., zw. Washington u.
Jackson St., ✆ 776-5225.
Tägl. 10-18 h.

Carole's Shoe Warehouse ,
665 Third Street bei Townsend,
✆ 543-5151.
Mo.-Fr 10-18 h.
Damen- und Herrenschuhe aus Italien und Spanien bis zu 40% billiger.

Nordstrom,
865 Market Street bei Fifth Street,
✆ 243-8500.
Mo.-Fr 10-18 h.
Riesenshoppingcenter mit angeblich größter Auswahl an Schuhen in San Francisco.

Bücher & Comics

Bücher

San Francisco ist nicht nur eine Stadt der Poeten und Schriftsteller, sondern auch der Leseratten. Dementsprechend fällt das Angebot groß aus und die Auswahl umso schwerer.

Aardvark Books,
227 Church St., bei Market St.,
✆ 552-6733. Mo.-Sa. v. 10.30-22.30 h.

Das »Erdferkel« (Niederländisch) in der Church Street ist für gebrauchte Bücher und die Filiale in der Market Street für neue Bücher zuständig. Beeindruckende Auswahl an Titeln über Film und Theater. Faire Preise für den Ankauf gebrauchter Bücher.

Acorn Books,
740 Polk St., bei Ellis St.,
✆ 563-1736.
Mo.-Sa. 10.30-20 h, So. 12-19 h.
Joel Chapman hält stets eine breite Palette gebrauchter Bücher vorrätig. Die Holzregale in seinem Laden reichen bis unter die Decke und man darf wie in alten Buchläden mit Leitern auch die Schmöker in den höheren Ablagen wälzen.

Austen Books,
1687 Haight St., bei Cole St.,
✆ 552-4122.
Mi. bis Sa 11-21 h. So. bis Die 11-18 h
Stattliches, wohlgeordnetes Sortiment gebrauchter Bücher, allesamt noch in hervorragendem Zustand. Gute Preise und gemütliche Atmosphäre zum Stöbern.

Blue Sky Books & West Side Records,
1819 Polk St., zw. Jackson u. Washington St., ✆ 441-4519
Mo.-Sa. 11-20 h, So. 12-18 h.

Tolle Sammlung gebrauchter Bücher und Platten. Manche Titel sind auch neu. Weit gestreute Themen mit Schwerpunkten auf Krimis und Science Fiction. Viele Europäer stürzen sich aber insbesondere auf das Oldies-Plattenangebot mit viel Jazz, Vocals, Rock aus den Sechzigern und Country & Western.

Books Kinokuniya,
1581 Webster St., zw. Geary Blvd.
u. Post St., 2. Stock im Japancenter,
✆ 567-7625.
Tägl. 10.30-19 h.
Japanische Literatur auf englisch und japanisch, japanische Zeitungen, Zeitschriften und Musikkassetten. Im zweiten Stock des Kinokuniya-Gebäudes.

Bound Together,
1369 Haight St., bei Masonic St.,
✆ 431-8355.
Tägl. 11.30-19.30 h.
Buchhandlung mit anarchistischer Literatur und interessanter Kundschaft. Ein beliebter Treffpunkt. Einfach mal reinschauen. Natürlich in der Haight Street! Wo sonst?

China Books and Periodicals,
2929 24th St., zw. Alabama und
Florida Sts., ✆ 282-2994.
Mo.-Fr. 9-17 h.

Bücher, Zeitschriften und Reiseführer über China, sowie Poster und Postkarten. Über tausend chinesische Zeitungen.

City Lights Bookstore,
261 Columbus Ave., bei Broadway,
℡ 362-8193. Tägl. 10-24 h.

Lesenswert sind Steven Watsons »Birth of a Beat Generation« und Joyce Johnsons »Warten auf Kerouac«, vergl. Literaturverzeichnis. Sie war zwei Jahre lang mit Kerouac zusammengewesen und beschreibt ihre Erfahrungen aus der weiblichen Sicht der Szene. »Frauen waren die anonymen Mitreisenden im großen Greyhound-Bus der Erfahrung; sie füllten nur die Sitzplätze«.

A Clean Well Lighted Place for Books,
601 Van Ness Ave., bei Golden Gate Ave., ℡ 441-6670.
Tägl. 10-23 h.
Wie Max's Opera Café und das Opera Plaza-Kino im Opera Plaza-Gebäude untergebracht. Gute Rundumauswahl an Literatur, lange Öffnungszeiten.

Crown Books,
518 Castro St., bei 18th St.,
℡ 552-5213.
Mo.-Do. 10-23 h, Fr. u. Sa. 10-

24 h, So. 10-20 h.
740 Clement St., bei 12th Ave.,
℡ 221-5840.
Mo.-Sa. 10-21 h, So. 11-17 h.
1245 Sutter St., bei Van Ness Ave.,
℡ 441-7479.
Mo.-Sa. 9-20 h, So. 10-18 h.
Bestseller zu 10-40 % Nachlaß.

B. Dalton,
200 Kearny St., bei Sutter St.,
℡ 956-2850.
Mo.-Fr. 9.30-18.30 h, Sa. 10-17 h.
2 Embarcadero Center, bei Sacramento St., zw. Front & Davis Sts.,
℡ 982-4278. Mo.-Fr. 9-19 h, Sa. 10-18 h.
Eine große Anzahl an Buchtiteln mit manchmal 25-35% Preisermäßigung! In der Kearny Street führt im Tiefparterre eine gute Auswahl an Computerliteratur, Software und Zeitschriften.

Drama Books,
134 9th St., bei Mission St.,
℡ 255-0604.
Mo.-Sa. 10-17 h
Wie schon der Name verrät, hat sich diese Buchhandlung auf Literatur über Film, Theater und Tanz verlegt. Neue und antiquarische Bücher.

European Book Company,
925 Larkin St., zw. Geary u. Post Sts., ℡ 474-0626.

Mo.-Fr. 9.30-18 h, Sa. 9.30-17 h. Sechs Häuserblocks vom Union Square. Auf zwei Etagen deutsche, französische und spanische Literatur, Zeitschriften und Zeitungen. Unter den deutschsprachigen Zeitungen Die Zeit, die FAZ, Die Welt, die Süddeutsche Zeitung, die Züricher Zeitung und die Bild. Deutschsprachige Zeitschriften sind: Spiegel, Stern, Bunte und mehrere Modezeitschriften. Riesennachteil: deutsche Zeitungen und Zeitschriften sind sieben bis zehn Tage alt. Die Züricher Zeitung und sämtliche französische Zeitungen kommen über Nacht. Nicht überrascht sein, wenn man, um auf dem laufenden zu bleiben, tief in die Tasche zu greifen hat. Der Spiegel kostet beispielsweise sage und schreibe $ 4.50!

Field's Bookstore,
1419 Polk St., zw. California und Pine Sts., ✆ 673-2027.
Di.-Sa. 11-18 h.
Esoterische Literatur. Hervorragende Auswahl und angenehme Atmosphäre.

Green Apple Books,
506 Clement St., bei 6th Ave., ✆ 387-2272.
Mo.-So. 10-22 h, Fr. u. Sa. 10-24 h.
Neben einer großen Auswahl an antiquarischen Büchern und genügend Zeit zum Stöbern Bestseller-

titel zu 25-35% Preisermäßigung. Neuerdings bietet Green Apple auch CD's an (s. Schallplatten).

Green Apple (A)

Mc Donald's Bookshop,
48 Turk St., Nähe Market St., ✆ 673-2235.
Mo., Di., Do. 10-18 h, Fr., Mi., Sa. 10.30-18. 45 h.
Mit Abstand bester Mc Donald's der ganzen Stadt. Hier haben wir so manche Stunde verbracht und uns durch ein Labyrinth von Regalen gezwängt. Der Laden ist vollgepackt mit alten Büchern, Zeitschriften und einer handvoll wirklich alter Platten. Hier findet man alte Ausgaben vom LIFE Magazin, National Geographic und alte Playboyhefte aus den 50igern Überall stapeln sich Bücher am Boden, die aussehen, als ob sie seit Jahrzehnten da lägen.

Auf den zweiten Blick

Lawrence Ferlinghetti, gebürtiger New Yorker und angeblich wegen des guten Weins nach Kalifornien gezogener Dichter der Beatnik-Generation, eröffnete 1953 sein erstes Geschäft, angeblich das erste, in dem Taschenbücher erhältlich waren und benannt nach dem Film von Charly Chaplin, das man wohl als berühmtesten Buchladen und Wiege der Beatnik-Bewegung in San Francisco bezeichnen darf. Er verfaßte selbst aufrührerische Gedichte und bis heute ist der Laden ein Treffpunkt von und für Literaten. Hier lasen *Jack Kerouac* und *Allen Ginsberg* (»Ich bin ein schwuler, mit Drogen experimentierender Jude aus kommuistischem Elternhaus«) aus Werken wie »Howl« (1957) und »On the Road« (1951), wahre Kultbücher der damals rebellierenden Jugend. Die beiden waren bereits als Studenten der New Yorker Columbia Universität Kumpel gewesen und hatten dort auch *Neil Cassidy* mit seinem verhängnisvollem Drang zu Vernügungsfahrten in geklauten Wagen kennengelernt (in »On the Road« zur Figur des Dean Moriarty verarbeitet). Ein weiterer im Bunde war der in Harvard graduierte Anthropologe *William S. Burroughs*, der sein apokalyptisches Weltverständnis in »Naked Lunch« niederlegte. Als der etablierten Gesellschaft zutiefst abgeneigter Saufkopf und Drogenliebhaber beeinflußte er Kerouac und Ginsberg nicht unwesentlich.

Kerouac prägte den Ausdruck Beatnik, der ein Mensch sei »aller Formen und Konventionen der Welt müde, so daß man uns eine geschlagene (beat) Generation heißen könnte.« Menschen waren durch Technik, Wissenschaft und Ideologien entseelte Wesen, die erst ihre eigene Identität durch Brechen mit allem Überkommenen wiederentdecken mußten. Mittel dazu waren Drugs, Sex and Rock'n'Roll, Alkohol und östliche Mystik, was nun leider auch mal selbstzerstörerische Kräfte freisetzte.

Die Beatnik-Bewegung war weder eine Mode – entgegen der landläufigen Meinung trugen ihre Jünger keine langen Haare – noch eine neue Lebensweise, sondern vor allem eine neue Form des Dichtens und Schreibens. *Norman Mailer*, der selbst nie im Westen wohnte, prägte den zweiten Namen für die Beatniks. Er schrieb: »Die einzige

Hip-Moral ... ist, das zu tun, was man fühlt, wann immer und wo immer möglich. Und deshalb beginnt die Schlacht zwischen Hipster und Square (Konservativen) mit einem Urkampf, in dem man sich selbst die Grenzen öffnet, denn das ist es, was man braucht.« Aus Hipster wurde später »Hippie«. »Hipster« selbst dürfte in Anlehnung an Elvis Presley (Elvis the Pelvis, Elvis das Becken) gebildet worden sein und zunächst mal für junge Leute mit Jeans und entsprechendem Gehabe und Werten gestanden haben.

Seinen Durchbruch hatte alles im Jahre 1955 in der Sixth Gallery, einer ehemaligen Garage des Fillmore East, als *Allen Ginsberg* bei einer öffentlichen Lesung seines Gedichts »Howl« die Hüllen fallen ließ und sein vor Obzönitäten strotzendes Werk also im Adamskostüm vortrug. Die Bande hatte das Spektakel sorgfältig und publikumswirksam in Szene gesetzt. Kerouac ließ fleißig Vier-Liter-Krüge Weins kreisen und beschrieb diese »Wahnsinnsnacht« in »Gammler, Zen und Hohe Berge« wie folgt: »In der Zwischenzeit standen Dutzende von Leuten in der verdunkelten Galerie herum und versuchten angestrengt, jedes Wort dieser erstaunlichen Dichterlesung zu erhaschen, während ich von Gruppe zu Gruppe zog, die Leute ansah und von der Bühne weg und jedem einen gluckernden Schluck aus dem Krug aufnötigte. Oder ich ging nach hinten, hockte mich rechts neben die Bühne und gab kleine Grunzer und beifällige Ja-Ja-Ja-Rufe oder sogar ganze erläuternde Sätze von mir. Niemand hatte mich dazu eingeladen, aber in der allgemeinen Fröhlichkeit wandte sich auch niemand dagegen. «

Zuhörern waren u. a. *Kerouac, Borroughs, Cassidy, Welsh* und *McClure. Ferlinghetti* veröffentlichte den Text unverzüglich, und dieser nahm bald Manifestcharakter an. Die Justiz verurteilte das Werk als obszön, und ließ es im selben juristischen Atemzug übrigens, wie H. Millers »Wendekreis des Krebses« und D. H. Lawrence »Lady Chatterleys Lovers« verbieten, milderte jedoch ihr Urteil später ab.

Bald wimmelte die Gegend, der North Beach, von quirligen Kaffeehäusern und Leuten in schwarzen Rollkragenpullovern und Jeans. Wegen der bald steigenden Mieten verzog die ganze Szene bald nach Haigth Ashbury. Einer der Hohepriester der Hippies war *Timothy Leary*, Ex-Harvard Psychologe, der eifrig mit Meskalin, aus einem aus dem mexikanischen Peyotl-Pilz stammenden Stoff, sowie dem aus

dem Mutterkorn isolierten Lysergsäurediäthylamid, kurz LSD, han-
tierte. Vorhergehende Forschungen und Experimente *Aldous Huxleys*
(»Die Pforten der Wahrnehmung«) und des Schweizers *Dr. Albert
Hoffmann* waren ihm aber unbekannt. 1963 wurde er unter der
Anschuldigung entlassen, Studenten Drogen verschafft zu haben, ver-
legte seine halluzinatorischen Tätigkeiten nach San Francisco und rief
mit seinem Verein »LSD« oder »League for Spiritual Discovery« zum
LSD-Genuß auf. Dort war bereits der Ex-College-Ringkämpfer *Ken
Kesey* zugange, allen bekannt als Verfasser des 1962 mit Jack Nicolson
verfilmten »Einer flog übers Kuckucknest« und leider weniger wegen
seines früheren aber höchst lesenswerten »Sometimes a Great Notion«
(Manchmal ein Großes Verlangen), beide als Taschenbuch bei
Rowohlt, das ebenfalls verfilmt wurde. Es war die Zeit zu der auch die
Beatles bald mit »Lucy in the Sky with Diamonds«, LSD, folgten und
Pink Floyd mit psychedelischen Lichtzauber. Es soll auch einige nette
Kinder gegeben haben, die auf den schönen Namen »Marie-Juana«
hörten. Kesey belud einmal einen ganzen grell bemalten Bus mit Stoff,
übergab Neil Cassady das Lenkrad, und ließ seine Bande von »Merry
Prankstern« oder »Acid-Heads« die segensreichen Stimmungsmacher
auf der Fahrt die Westküste entlang unter die Leute bringen. 1966 feierte Kesey in der Longshoremen's Hall ein drei Tage währendes Fest
mit zehntausend Leuten. Der Hauptveranstalter mußte gegen Ende
fluchtartig die Stadt wegen Besitzes von Marihuana verlassen,
während LSD immer noch nicht verboten war.

Ein Kennzeichen der ganzen Hippie-Kultur war auch die naive
Mystifizierung der Hell's Angels mit Orgien, der angeblichen Freiheit
im Geschwindigkeitsrausch, Saufgelagen und Terror, wie Tom Wolfe
sie beispielsweise beschrieb, ferner der »amerikanische Neger«, ein pri-
mitiver Naturbursche, der zwar viel gelitten hatte, aber sich durch
Gefühl, Solidarität und sexueller Potenz auszeichnete.

Während *Scott McKenzie* noch nach San Francisco einlud, war der
Niedergang schon längst im Gange. Die Drogen wurden härter, die
Problemfälle nahmen zu. Ein Jahr nach Keseys Fest, 1966, versam-
melten sich nochmal zwanzigtausend Leute zu einem friedlichen
»Be-In« im Golden Gate Park. Allein im Januar und Februar 1969
dann, zählte man in Haigth Ashbury siebzehn Morde, fast sechzig
Vergewaltigungen, knapp zweihundertzehn Überfälle und rund tau-

sendfünfhundert Einbrüche. In der Rennbahn von Altamont, am anderen Ufer der Bucht, spielten die *Stones* »Sympathy for the Devil«, während die von den Veranstaltern als Ordner angeheuerten und durch Bier im Wert von 500 $ beflügelten »Höllenengel« gleich zu Jaggers Füßen einen Schwarzen erstachen. Insgesamt kostete die Chose vier Menschenleben. Innerhalb weniger Stunden schlug eine Dealerbande aus Berkeley fünftausend Acidtrips los. Das menschliche Strandgut landete häufig in der Free Clinic in der Dalton Street, wo Ärzte und freiwillige Helfer es wieder unter bewundernswerter Aufopferung kostenlos aufpäppelten. Das waren die wahren Helden. Wo steckten die Gründer?

Neil Cassady starb an Suff und Drogen, Kerouac an einem Leberleiden, was ja auch seine Gründe hat, Kesey wartete in Oregon auf dem Hof seines Bruders eine dreijährige Bewährungsfrist ab und Ginsberg erholte sich in New York von einem Autounfall und lehrt heute an der Uni Literatur.

Allen Ginsberg und Gary Snyder veranstalteten etwas später das erste »be-in« im Golden Gate Park.

Die Hippiebewegung hat den Wandel der Zeiten im Vergleich zu den frühen Beatniks wesentlich schlechter überdauert. Die Protagonisten der Hippiebewegung waren nun mal keine Schriftsteller und hinterließen daher wenig Bleibendes. »Turn on, tune in, drop out« war der Wahlspruch. Kehrseite: wer kein »drop-out« war, war auch nicht »in«.

Wer dazu etwas lesen möchte: *Richard Brautigan* bildete in »A Confederate General from Big Sur«, die Hippiewelt ab.
1988 erlebte das Viertel einen bedeutenden Tag. Zwölf Straßennamen wurden zu Ehren von Schriftstellern und Künstlern geändert, die aus San Francisco stammten oder dort gearbeitet hatten. Darunter *Jack Kerouac*, einer der Päpste der Beat Generation, aber auch *Bob Kaufmann*, *Jack London*, *Dashiell Hammett*, *Mark Twain*, *Isadora Duncan* u. a.

Für Hinweise, die wir in der nächsten Auflage verwerten, bedanken wir uns mit einem Buch aus unserem Programm.

Marcus Books,
1712 Fillmore St., bei Post St.,
℡ 346-4222.
Mo.-Sa. 10-19 h, So. 12-17 h.
Seit 1960 eine ergiebige Auswahl
an Literatur von und über »Black
People«. Des weiteren Ansichts-
karten und Poster von schwarzen
Künstlern sowie Zeitungen, Zeitschriften, Karten und Flaggen.

Modern Times,
888 Valencia St. bei 20 th Street,
℡ 282-9246.
Schwerpunkt liegt auf Literatur,
Politik und Kunst, daneben
Bücher aus dem Bereich der Sozial-
wissenschaften.

Old Wives Tales,
1009 Valencia St., bei 21st St.,
℡ 821-4675.
Di.-Fr. 11-19 h, Sa. u. So. 11-18 h.
Buchhandlung mit hervorragendem Sortiment an Frauenliteratur.
Zu finden sind hier mit größter
Wahrscheinlichkeit Titel, nach
denen man andernorts vergeblich
gesucht hätte. Des weiteren Zeitschriften, Poster und Postkarten,
Anstecker mit überwiegend femi-
nistischen Slogans und Ohrringe.

La Pajarita,
3125 16th Str., zw. Valencia und
Guerrero St., ℡ 861-2209.
Tägl. 10-20 h.

Fundgrube für argentinische, brasilianische, chilenische, kolum-
bianische, mexikanische, peruani-
sche und spanische Zeitungen.
Obendrein eine begrenzte Auswahl
an Buchtiteln sowie südame-
rikanische und mexikanische
Landkarten.

Phoenix Books,
3850 24th St., Vicksburg St.,
℡ 821-3477.
Tägl. 10-22 h.
Phoenix hat sich auf amerikanische
Literatur verlegt. Eine Buchhandlung für Science Fiction Fans, daneben Platten, CD's, Kassetten,
neu und gebraucht. Großes Angebot an Computerliteratur.

San Francisco Mystery
Bookstore,
2475 24th St., zw. Diamond und
Castro. ℡ 282-7444.
Mi.-So. 11.30-17.30 h. Mystery
und Detektivgeschichten. Neue
und gebrauchte Bücher, von denen
einige längst vergriffen sind.

Tillman Place,
8 Tillman Place, zw. Post u. Sutter
Sts., ℡ 392-4668.
Di.-Sa. 9.30-17.30 h.
Versteckt sich in einem Gäßchen
und erinnert an ein Lebkuchen-
haus. Innendrin dementsprechend
eng, aber so gemütlich. Die Be-

sitzerin des Tillman Place, eine zierliche, ältere Frau, plaudert gerne mit ihren Kunden über dieses oder jenes Buch.

A Writer's Bookstore,
2848 Webster St., zw. Green u. Union Sts., ℃ 921-2620.
Mo.-Sa. 10.30-18 h, So. 10.30-17 h. Eine kleine Auswahl an Neuerscheinungen mit Preisermäßigungen bis zur Hälfte.

Comics

Comic Relief,
1597 Haight St., bei Clayton St., ℃ 552-9010.
Tägl. geöffnet.
Gemütlicher kleiner Comicladen mit Haight-Street Atmosphäre. Verkauft, kauft und tauscht neue und alte Comics.

City's Cards & Comics,
3448 Balboa St., bei 36th Ave., ℃ 752-8802.
Tägl. 11-18 h.
Gebrauchte und neue Comics, überwiegend neu und meist aus den USA, einige aus Japan und China. Preise zwischen $ 2-$ 3. 50.

Comics And Da-Kind,
1643 Noriega, zw. 23rd u. 24th Ave., ℃ 753-3037.
Mo.-Fr. 11-19.30 h, Sa. 11-19 h,

So. 11-17 h.
Vorwiegend amerikanische Titel. Einige japanische Comics in englischer Übersetzung verkauft.

Reiseliteratur

Rand McNally,
595 Market St. bei 2nd Street. ℃ 777-3131.
Mo.-Fr. 9.30-18 h, Sa. 10-16 h, So. geschlossen. Reiseliteratur und Kartenmaterial!

Postkarten

Does Your Mother Know,
4079 18th St., bei Castro St., ℃ 864-3160.
Tägl. 10-21 h.
Ausgefallene Postkarten, verrückte, ja freche T-Shirts und allerlei Schnickschnack im Castro District.

Avant-card, *338 Grant Ave., kurz vor dem Tor zu Chinatown, ℃ 433-4405.*
Gute Auswahl an Ansichts- und Glückwunschkarten.

Quantity Postcards,
1441 Grant Ave., zw. Green und Union St., ℃ 986-8866.
Postkarten aus dem 18. und 19. Jahrhundert.

TILT, *1427 Haight St., ✆ 255-1199. www.tiltpix.com/tilt/*
Wilde, witzige und ausgefallene Postkarten und Poster.

Show Biz, *1318 Grant Ave, ✆ 989-6744.*
Mo.-So. 10-18 h.
Show Biz ist eine wirkliche Fundgrube für Fotos von Film- und Rockstars. Unbedingt hingehen.

Cinema Shop, *606 Geary St, ✆ 885-6785.*
Mo.-So. 11-16 h.
Poster, Postkarten aus alten und aktuellen Kinofilmen.

Blumen & Topfpflanzen

Pottery & Floral World,
685 Brannan St., Ecke 6th St., ✆ 543-5455.
Mo.-Sa. 8-17 h, So. 11-17 h.
Freunde künstlicher Blumen werden ihre Freude haben. Sogar Blumen aus der tropischen Pflanzenwelt Hawais sind hier als Nachbildung verewigt. Außerdem findet man amerikanische Weihnachtsdekorationen, Körbe, Vasen, Geschenkpapier etc. zu günstigen Preisen.

Fortbildung
http://www.fortbildung-online.de

Silver Terrace Nurseries,
652 Brannan St., bei 6th, ✆ 543-4443.
Mo.-Sa. 6-15.30 h.
Obgleich es sich hier um einen Blumen- und Pflanzengroßmarkt handelt, könnte er dem Vergleich mit einem der europäischen Blumenmärkte leider nicht standhalten. Wer aber die hohen Preise der Floristen umgehen will, ist bei dieser Adresse richtig. Herrliche Auswahl an tropischen Blumen aus Hawaii.

Computer & Elektronik

Der Kauf elektrischer und elektronischer Geräte lohnt sich kaum in den USA. Die Preise für Walkmen, Recorder usw. liegen um einiges höher als in Deutschland. Dies gilt vor allem für die Geschäfte an den Brennpunkten des Fremdenverkehrs wie Fisherman's Wharf und Powell Street. Wer's trotzdem nicht nicht lassen kann, findet unten drei Adressen.

Man sollte sich jedoch vergewissern, daß das Gerät auch in Europa funktioniert. Amerikanische Fernseher, Videorekorder oder Videokassetten sind nicht kompatibel zum PAL-System, das die meisten europäischen Länder verwenden. Anders verhält es sich mit Computerpreisen. San Francisco und Umgebung (Silicon Valley) weisen nach wie vor die höchste Dichte an Computerherstellern, Händlern, Hard- und Softwarefirmen in den USA auf. Erstaunlicherweise merkt man aber in San Francisco selbst kaum etwas davon. Die besten Geschäfte befinden sich etwas außerhalb, oftmals in verträumten Kleinstädten wie Milpitas oder Sunnyvale. Es ist überaus schwierig, hier konkrete Preisbeispiele anzugeben, da sich die Preise fortlaufend ändern. Aber sie sind auf jeden Fall unschlagbar und liegen rund 20-40% niedriger als in Deutschland. Vier Firmen sind unten aufgeführt. Bevor man sich auf den Weg macht besser anrufen. Außerdem gibt es in San Francisco zwei Anzeigenmagazine, die kostenlos an Straßenständen aufliegen. Das eine ist die »Microtimes« (erscheint monatlich), das andere »Computer Currents« (erscheint alle zwei Wochen). Der Transport nach Europa ist natürlich ein Problem, aber fast alle Geschäfte übernehmen den Haus-zu-Haus-Versand mittels Privatpost (United Parcels, DHL oder Federal Express), wofür allerdings ca. $ 200 (20 kg) zu berappen sind. Ein fairer Preis, wenn man bedenkt, daß das Paket innerhalb von fünf Tagen vor der Haustür steht.

Elektronische Artikel

Good Guys,
1400 Van Ness Ave., bei Bush St.,
✆ 775-9323
Stonestown Gallery,
3201 20th Avenue, Nähe Winston Drive, ✆ 731-3700.
Mo.-Sa. 9-18 h.
Fernseher, Videorecorder, Radiogeräte, Camcorders, zu üblichen Preisen.

The Cannery (A)

Computer

Domino,
3400 Geary Blvd., bei Stanyan
✆ 668-9311.
Mo.-Sa. 9-17 h.
Kleiner Laden, der seinen Kunden
Computer nach eigenen Wünschen zusammenstellt und wirklich
fachmännisch berät. Ganz Mutige
können sich ihren Computer selbst
zusammenbasteln – unter Anlei-
tung eines Technikers natürlich!

Hi Tech USA,
981B Industrial Road, San Carlos,
CA 94070, ✆ (415) 508-8688,
1558 & 1562 Centre Pointe Drive,
Milpitas, CA 95035,
✆ (408) 262-8688.
Mo.-Fr. 9-18.30 h, Sa. 10-16 h.
Qualität zu den günstigsten Preisen, die wir je gesehen haben, eine
gute Auswahl – mit Ausnahme von
Laptops – und fachmännischer
Beratung. Die Anfahrt mit den
SamTrans-Bussen nach San Carlos
bzw. Milpitas beträgt rund 1,5
Stunden. Der Caltrain (Bahn)
nach San Carlos ist etwas schneller
und mit $ 2.90 doppelt so teuer.
Genauere Auskünfte für die Anreise im Visitor Information Center (s. Kap. »Fortbewegung«).

Computer Art,
424 Main St., Milpitas, CA
95035, ✆ (408) 946-7852.

Mo.-Fr. 9.30-18 h, Sa. 11.30-16 h.
Nette, geschäftstüchtige Japaner
schmeißen diesen Laden. Preisniveau wie in den High-Tech-Ge-
schäften (s. oben).

Foto

Sowohl Filme als auch Filment-
wicklung kommen in den USA
teurer zu stehen als bei uns. Es
empfiehlt sich wirklich, genügend
Filmmaterial einzupacken. Die
neongelb geschmückten Foto- und
Elektronikgeschäfte an der Market
Street zwischen 5th und 7th St.
werben mit Discountpreisen bis
zu 70%. Man sollte aber schon wissen, was die Kamera oder das
Objektiv in der Heimat kosten, um
mit den teilweise listigen Verkäufer
verhandeln zu können.
Hier einige seriöse Händler:

Adolph Gasser,
5733 Geary Blvd., zw. 21st und
22nd Avenue, ✆ 751-0145.
Mo.-Sa. 9-18 h.
181 2nd Street, zw. Mission u.
Howard St., ✆ 495-3852.
Mo.-Fr. 8.30-17.30 h, Sa. 9-17 h.
Auf der gegenüberliegenden Seite
des 2nd-St. Geschäfts liegt ein
Kundenparkplatz. Adolph Gasser
führt mit die größte Auswahl an
Fotoapparaten und kauft bzw. verkauft gebrauchte Kameras.

Brooks Camera,
45 Kearny St, bei Market St.,
✆ 392-1900.
Mo.-Fr. 8.30-18 h, Sa. 9.30-17.30 h.

Camera Boutique,
250 Kearny St., bei Bush St.,
✆ 982-4946.
Mo.-Fr. 10-18 h, Sa. 10-17 h.

Fromex One Hour Photo Systems,
1563 Polk St., bei Sacramento St.,
✆ 474-0162.
Mo.-Fr. 10-19 h, Sa. u. So. 10-18 h.
Filmschnellentwicklung.

Photographer's Supply,
576 Folsom St., zw. 2nd u. New Montgomery St., ✆ 495-8640.
Mo.-Fr. 8.30-17.30 h, Sa. 9.30-17 h.
Photographer's Supply hält alles auf Lager, was ein Hobbyfotograf oder ein Profi benötigt. Zentral gelegen. Preise bewegen im Durchschnitt ein Viertel unter dem Normalpreis.

S. F. Discount Camera,
33 Kearny St., zw. Post u. Market St., ✆ 392-1100.
Mo.-Sa. 9-18.30 h.

Film

Just film
1129 Folsom Street nahe 7th Street,
✆ 864-0665
Wie der Name erkennen läßt, wird hier Film verkauft. Seit mehr als zehn Jahren beliefert dieses von zwei deutschstämmigen Brüdern betriebene Geschäft die großen Fotografen der Stadt. In freundlicher und relaxter Atmosphäre wird man hier beraten, egal ob man eine Yosemitetour plant, eine Hochzeit ablichten will oder eine Rockband fotografieren möchte. Desweiteren gelten die Abzüge, die im just film Labor in Sausalito entstehen, als die besten in San Francisco.

Geschenke

Bead Store,
417 Castro St., zw. Market & 18th Sts., ✆ 861-7332.
Mo.-Sa. 11-18 h.
Marguerite McNally ist Inhaberin dieses kleinen, bunten Ladens voller Steine und Anhänger jeder Preisklasse. Auch Handwerk aus Lateinamerika.

Beans,
1733 Polk St., zw. Clay u. Washington St., ✆ 776-9292.
Mo.-Fr. 8-18.30, Sa. 9-18 h, So. 9-17 h.

Verrücktes und Ausgefallenes für die Küche. Der in San Francisco ansässige Japaner Jacques Terzian verwandelt beispielsweise ehemalige Schuhleisten in Nußknacker ($ 25). Kalifornischer Krimskram zu Yuppie-Preisen. Tassen, Salz- und Pfefferstreuer, Schälchen, Witzartikel ... tja und zu guter Letzt kann man inmitten dieses ausgefallenen Geschäftchens auch noch Kaffee oder Tee trinken, ein süßes Häppchen zu sich nehmen und natür-lich ... Bohnen kaufen.

Headlines,
838 Market St., zw. Fourth u. Fifth Sts., ✆ 956-4872.
Tägl. 9-22 h.
549 u. 557 Castro St., bei 18th St., ✆ 252-1280 bzw. 626-8061.
Tägl. 9-21 h.
2301 Chestnut Street
Mo.-Do 10-21 h, Fr., Sa. 10-23 h, So. 11-20 h
Höchst beliebt unter jungen Leuten. Sehr junge, oft verrückte Mode und ungewöhnliche Accessoires wie: Sonnenbrillen, Brillen, Gürtel, Lederwaren, ausgefallene Krawatten und Anstecker en masse. Überraschen Sie doch einen Freund, der Vegetarier ist, mit dem Anstecker (*button*): »I don't trust anyone, who doesn't drink beer or eat meat«. Des weiteren eine große Auswahl an Scherzartikeln und Postkarten.

Kinokuniya Stationery & Gifts
1581 Webster St., Japan-Center, 2. Stock, bei Post St., ✆ 567-8826.
So.-Do. 10.30-19 h, Fr. und Sa. 10.30-20 h.
Freundlicher Laden mit dreihundert Sorten japanischen Papiers auf Lager, für Schmuck, Handwerk, Bastelleien, Geschenke und andere Zwecke je nach Fantasie. Weiter eine große Auswahl an Origami-Papier, japanischen Kugelschreibern und Füllfederhaltern von $ 2.50 bis $ 250, japanische Postkarten, Geschenkverpackungen, Kalligraphiewerkzeug. Der Laden vermittelt einen Eindruck davon, welche Rolle Papier in der japanischen Gesellschaft spielt.

Townhouse Living,
1825 Post St., bei Webster St. im Japancenter, ✆ 563-1417. Tägl.
Japanische Kleinmöbel, Polster, Zierkissen und Bettwäsche mit japanischen Motiven, Lampen und kleine Geschenke.

Basic Brown Bear Factory,
444 De Haro St., zw. 17th und 18th St., ✆ 626-0781.
Mo.-Sa. 10-17 h.
Hier ist der Bär los! Der Besuch der Basic Brown Bear Factory ist für große und kleine Teddybärliebhaber ein Riesenspaß! Man darf sogar zuschauen, wie die Kuscheltiere angefertigt werden. Die Besit-

zer sind sehr kinderlieb und werden Ihrem Kind erlauben, einen Teddy auszustopfen. Sie können, neben anderen ausgefallenen Plüschtieren, beispielsweise einen Pilotenteddy oder einen Teddy mit englischer Bobbymütze erstehen. Preise von $ 15 für ein Entchen bis zu $ 60 für einen Riesenpetz.

Cost Plus Imports,
2552 Taylor St., bei Bay u. Northpoint Sts., ✆ 928-6200.
Mo.-Sa. 9-21.30 h.
Warenhaus mit Spezialitäten aller Herren Länder. Gleichgültig, ob es sich um Schweizer Schokolade, asiatische Fächer oder ägyptische Wandbehänge handelt: die Preise liegen teilweise niedriger als im Herkunftsland. Neben Touristen ist immer eine Menge junger Leute anzutreffen, die ihre Wohnung mit Cost Plus-Importwaren ausstaffieren. Cost Plus ist der Souvenirsupermarkt für Touristen. Einige Produkte sind etwas überteuert, was bei diesem Touristenansturm nicht verwundert, und die Masse der Artikel läßt doch etwas an Geschmack zu wünschen übrig. Man findet aber – neben jeder Menge Ramsch – hier und da kostbare Raritäten. Viel Spaß beim Einkaufsbummel rund um die Welt! Das Geschäft liegt übrigens an der Cable-Car-Endhaltestelle in der Taylor Street.

Fashion House and Gifts,
420 Grant Ave., zw. Bush u. Pine Sts., ✆ 788-0808.
Tägl. 9-22 h.
Fashion House and Gifts ist nur eines unzähliger Souvenirgeschäfte in Chinatown. Das Geschäft ist vollgepackt mit T-Shirts, chinesischen Fächern aus Seide oder Papier, Porzellanschüsselchen, Lampions u.a. mehr. Natürlich auch eine Menge Ramsch.

Main Line,
1928 Fillmore St., zw. Pine u. Bush Sts., ✆ 563-4438.
516 Castro St., bei 18th St., ✆ 863-7811.
Beide Mo.-Fr. 10-18 h, Sa. 10-20 h und So. 11-18 h.
Verrückte und originelle Geschenke; nicht immer ganz billig.

Naomi's Antiques to Go,
1817 Polk St. zw. Washington u. Jackson St, ✆ 775-1207.
Di.-Sa. 11-18 h.
Amerikanisches Porzellan, Geschirr von 1930 bis 1960.

Out of Hands,
1303 Castro St., bei 24th St., (Noe Valley), ✆ 826-3885.
Mo.-Sa. 10.30-18.30 h, So. 12-18 h.
Out of Hands führt Kunsthandwerk zeitgenössischer amerikanischer Künstler. Hier lassen sich mit

allergrößter Sicherheit schöne Mitbringsel für Freunde zu Hause finden. Handgewobene Schals und Tücher, Schmuck, geschnitzte Salat- und Obstschalen, Töpferei etc.

Panetti's,
3927 24th St., zw. Sanchez u. Noe St., ☎ 648-2414.
Mo.-Fr. 10-19 h, Sa. u. So. 10-17 h. Hier findet man für jeden etwas. Wie wäre es beispielsweise mit einem Kuhstuhl von dem in San Francisco arbeitenden Künstler Allie Morris? Die Rückseite des Stuhls ist per Pinsel mit dem schwarz-weißen Kuhkopf versehen, während die Rückansicht die Vorderseite des Stuhls ziert. Oder einem Yardbird: aus einer Schaufel und aus Drähten gebauter Vogel zum Preis von $ 100 bis $ 250. Viele kleine und ausgefallene Arbeiten, hauptsächlich von Künstlern der Stadt. Ein wirklich sehenswerter Laden, aber nicht immer billig.

Rose Quartz,
3900 24th St, Ecke Sanchez St., ☎ 282-6611.
Tägl. 11-18 h. Spezialisiert auf Ohrringe aller Art. Preise von $ 15-25.

> **Verlagsprogramm**
> **http://interconnections.de**

Global Exchange,
3900 24th St, Ecke Sanchez St., ☎ 648-8068.
Mo.-Fr. 11-19 h. Sa. 11-17 h. So. 11-18 h
Nichts ist unmöglich in San Francisco! Zwei benachbarte Garagen werden einfach in zwei Geschäfte umfunktioniert und ... schon rollt der Rubel. In der einen verkauft Yvette Chamberland Ohrringe aus aller Welt. Sagenhafte Auswahl! Preise zwischen 0.50 Cents und $ 150. Global Exchange ist ein sehenswerter Laden mit Kunst, Kitsch, Handwerk, Geschenke aus Lateinamerika und der Dritten Welt.

Planet Weavers Treasure Store,
1573 Haight St. zw. Ashbury und Clayton St., ☎ 864-4415.
Mo.-Fr. 11-19 h. Sa. 11-17 h. So. 11-18 h
In diesem von UNICEF betriebenen Laden gibt es Weltmusik, Bongos und australische Didgeridoos zu erstehen.

Silkroute Corp., (Marina Distrikt),
3119 Fillmore St., zw. Union u. Lombard St., ☎ 563-4936.
Mo.-Fr. 11-19 h, Sa. 11-18 h, Wer sich nicht weiter für typisch kalifornische Mitbringsel begeistert, aber Gefallen an Waren aus der »Alten Welt« hat, findet in Ab-

dul Ibrahimis Geschäft mit Sicherheit etwas. Teppiche, wunderbaren Schmuck, Tücher, Taschen, Kissen und Antiquitäten.

Kosmetik

**New York Cosmetic
& Fragrance Outlet,**
318 Brannan St., Ecke 2nd St.,
✆ *543-3880.*
Mo.-Fr. 11-17.30, Sa. 10-17 h. So. 12-17 h.
Dieses Outlet hat sich offensichtlich per Mundpropaganda schon einen Namen geschaffen. Ein Sicherheitsbeamter überwacht den ganzen Trubel. Ob Haarprodukte, Puder, Lidschatten, Lippenstifte (für $ 3. 50), Parfums – hier läßt es sich stundenlang ausprobieren und auswählen. Preise um 10-70% niedriger als im Einzelhandel.

**CTS California Theatrical
Supply Kryolan,**
132 9th St., zw. Howard u. Mission, ✆ *863-9236.*
Mo.-Fr. 11-15 h.
Ist der Teint zu blaß, die Nase zu spitz und die Stirn zu hoch? Kryolan beseitigt diese kleinen Schönheitsfehler im Handumdrehen. Nur wenige wissen, daß man keine Persönlichkeit aus Film oder Fernsehen sein muß, um sich hier mit

Schminkutensilien einzudecken. Federboas, Gumminasen, falsche Bärte, Glitterspray für das Haar und tolle Schminkfarben zu günstigen Preisen! Ist das Angestelltenteam gerade mit einer Operndiva oder einer Theatergruppe beschäftigt, darf niemand ungeduldig werden. Profis haben natürlich Vortritt.

Oceans of Lotions,
842 Cole St., zw. Carl u. Frederick St., ✆ *566-2326.*
Mo.-Fr. 10.30-18.30 h, Sa. 10-18 h, So. 12-17 h.
Oceans of Lotions führt exklusive Naturkosmetik aus mehreren Ländern der Welt. Deutschland ist mit Erzeugnissen von Weleda und Dr. Hauschka mit von der Partie. Die Preise sind leider auch nicht von Pappe. Aber da wir eh in der Nähe sind, sollten wir zumindest mal in diesen bezaubernden Laden hineinschnuppern.

Kunst & Kunsthandwerk

Flax's Warehouse,
1699 Market, Ecke Valencia St,
✆ *552-2355.*
Mo.-Fr. 9-18.30 h, Sa. 10-18 h.
Flax ist das Fachgeschäft für Künstlerbedarf mit den besten Preisen der ganzen Stadt. Es hat sich in einer billigen Gegend eingemietet

und wird als Selbstbedienungsladen betrieben. Sämtliche Marken 20-50% billiger als andernorts. Grumbacher Ölfarben kosten bei Flax beispielsweise ein Viertel weniger als in anderen Geschäften, und Bellini-Ölfarben sind gar um ein Drittel günstiger zu kriegen als anderswo. Ähnliches gilt für Pinsel, Bürsten, Papier und sogar für Ateliermöbel. Mastercard- und VISA-Kreditkarten werden angenommen.

Sonstiges & Kurioses

Balloon Lady,
1263 Howard St., zw. 8th u. 9th Sts., ℂ 864-3733.
Mo.-Sa. 8.30-17.30 h, So. 10-14 h. Große Auswahl an Ballons, in verschiedenen Größen und Formen: Herzen, Fische, Sterne, Tierköpfe. Und das zu jedem erdenklichen Anlaß wie Geburtstag, Hochzeit, Jubiläum, Party usw. Wer nichts Geeignetes findet, kann einen Ballon mit seiner eigenen Aufschrift bestellen. Der Preis hierfür beträgt $ 3.50 und aufwärts – einschließlich des Ballons natürlich. Die Ballon-Dame führt auch Grußkarten, Teddybären, Süßigkeiten und Juxgeschenke.

Au-Pair Box
http://www.au-pair-box.com

Tibet Shop,
1807 Polk St., bei Washington St., ℂ 982-0326.
Mo.-Fr. 10-18 h, Sa. 10.30-18 h, So. 13-17 h.
Ein Muß für Asienkenner und solche, die es werden wollen. Kleidung, Stiefel, Schmuck, Buddhastatuen u. v. a aus Tibet, Nepal, Bhutan, Indien und Afghanistan - zu mehr als fairen Preisen.

Bone Room,
1566 Solano Ave. bei Prevalto, ℂ 510-526-5252.
Mo.-Sa. 10-17 h, So. 10-16 h.
Skurriler kleiner Laden, vollgestopft mit Stierschädeln, Totenköpfen und allerhand Kleinknochen, roh und als Anhänger. Menschliche Zähne – und was für Prachtexemplare! – sind zu $ 2 zu haben. Daneben führt Skin & Bones auch eine große Auswahl an Steinen und sonstigen Anhängern. Sich aber vorsichtshalber das Schild am Eingang zu Herzen nehmen: »Diebstahl kann mit dem Tode enden«.

Star Magic,
4026 24th St., zw. Noe u. Castro Sts., ℂ 641-8626.
Mo.-Fr. 10-20 h, samstags 11-21 h, sonntags 11-19 h.
Ein winziger Laden, vollgestopft mit Literatur, Musik und Accessoires zum Thema Weltall. Lite-

ratur über Astronomie, Kristalle, Postkarten, Kalender und Poster mit Mondmotiven. Teleskope, Platten, Kassetten und CDs mit New Age-Musik, Prismen, Glitzersternchen und vieles mehr. Man findet hier natürlich die ausgefallensten Geschenke.

Psychedelic Shop,
1098 Market St., bei Jones u. Taylor St., ✆ 621-0357.
Mo.-Fr. 11-19 h.
Wer den Nostalgiemief der sechziger Jahre atmen will, der kann dieser Leidenschaft hier zur Genüge frönen. Ganze Patchouli-Schwaden ziehen aus dem Laden bis auf die Straße. Drin gibt es Hippie-Memorabilia wie Haight-Ashbury- und Janis Joplin-Poster, Pfeifen, T-Shirts mit psychedelischem Design und vieles mehr. Dieser Laden existiert seit den Sechzigern und ist weit über die Stadtgrenzen hinaus bekannt.

Lebensmittel

Canned Foods Grocery Outlet (SOMA),
1717 Harrison St., bei 15th St., ✆ 552-9680. Tägl. 8-20 h.
Kosmetikprodukte, Lebensmittel, gefroren oder in Dosen, Spirituosen, etc. Keine besonders angenehme Verkaufsatmosphäre.

Country Cheese
(Western Addition),
415 Divisadero, zw. Fell u. Oak St., ✆ 621-8130.
Mo.-Sa. 10-19 h.
Country Cheese hält eine wunderbare Käseauswahl aus aller Welt vorrätig, mit Importen aus Finnland, Norwegen, Dänemark, den Niederlanden, der Schweiz, Frankreich, Deutschland, Neuseeland usw. Eine willkommene Abwechslung nach dem gefärbten, geschmacklosen Plastikkäse. Noch erfreulicher aber sind die Preise. Das Pound kostet um die $ 3.50! Mal einen Preisvergleich zu einem Gourmet Store anstellen, denn nur dort ist Käse dieser Qualität erhältlich. Des weiteren gibt es Nudeln, Reis, Bohnen in allerlei Farben und Formen, Trockenfrüchte, Studentenfutter etc.

Kaffee und Tee

Fred's,
1326 Polk St., zw. Bush und Pine St., ✆ 673-0922.
Mo.-Sa. 9-18 h.
Kaffee, Tee und Gewürze aus aller Welt.

The Castro Bean
(Castro Distrikt),
415 Castro St., bei Market St., ✆ 552-0787.
Mo.-Sa. 8-20 h, So. 9-18 h.

Ein außerordentlich günstiger Standort im lebhaften Castro Distrikt. Große Auswahl an Kaffeesorten und allem, was zum Kaffeemachen dazugehört, zu Preisen, bei denen man gern zugreift.

Wochenmarkt

Farmer Markt,
auf dem United Nation Plaza, Market St., bei Mc Allister St., BART Station Civic Center.
Marktzeiten: Mi. u. So. 8-17 h.
Farmer aus der Umgebung bieten hier ihre Erzeugnisse zu attraktiven Preisen feil. Orangen, Äpfel, Nüsse, Rosinen, Salat, Pilze, Gemüse und Blumen. Fisch erhält man übrigens in einem der unzähligen Geschäfte in Chinatown.

Wein

D & M Liquor Co.,
2200 Fillmore Street bei Sacramento St., ✆ 346-1325
Mo.-Fr. 9.30-19.30 h, Sa. 7-18.30 h, So. 12-18 h.
Wohl die größte Auswahl an Weinen in San Francisco.

Naturkostläden

Rainbow Grocery Store
(Mission),
1745 Folsom St. bei 13th St., ✆ 863-0620.

Mo. bis Sa. 9-21 und So. 10-21 h.
Rainbow Grocery Store wurde von Anhängern einer Religionsgemeinschaft gegründet. Die Mitglieder des Kollektivs sind mittlerweile an keine bestimmte Religion mehr gebunden. Dieser große und weit über die Stadtgrenzen hinaus bekannte Naturkostladen führt neben Lebensmitteln wie Obst, Gemüse, Sojaprodukten, Erdnußbutter, Honig, Müslis, Studentenfutter, Käse, Säfte, Brot usw., auch Naturkosmetik, Bekleidung, Küchenartikel, eine Apotheke mit homöopathischer Arznei, Bach Flower Remedies und Lektüre über Naturkost, Yoga etc.

Die Rainbow-Kundschaft besteht aus »Körneressern« jeglichen Alters und jeglicher Hautfarbe und macht den Besuch dieses Naturkostladens immer zu einem Erlebnis. Auch ein kleiner Deli (Delikatessenladen, Schnellimbiß) ist angeschlossen, wo man sich mit Salaten, Sandwiches oder Suppen kräftigen kann. Samstags Brot vom Vortag zum halben Preis. Interessantes Schwarzes Brett, mit Angeboten für Zimmer, Jobs, Yogakursen. In und um den Laden herrscht auch ein recht lebhaftes politisches Treiben. Sogar die Kassenbons sind teils sloganiziert.

Au Naturel (Upper Market),
2370 Market St., bei Castro St.,
✆ 431-9963.
Mo.-Sa. 11-20 h, So. 11-18 h.
Kleiner Naturkostladen mit be-
merkenswerter Auswahl an Naturkosmetik. Ebenso Lebensmittel,
Saftbar, Lektüre, gute Beratung
und eine Apotheke, daneben Bach
Flower Remedies und California
Flower Essences. Die Bach Flower
Essences sind im Rainbow Store
allerdings für weniger Geld erhältlich.

The Nature Stop,
1336 Grant Ave., bei Green St.,
✆ 398-3810.
Mo.-Fr. 9-21 h, Sa. /So. 10-20 h.

Schallplatten, CDs
Allgemeines Sortiment

Borders Books and Music
(Union Square*)*,
Ecke Powell/Post Street, ✆ 399-
1633.
Mo.-Mi. 9-23 h, Do. -Sat 9-24 h,
So. 10-21 h
Riesenauswahl an Bücher und
CD's, lange Öffnungszeiten, zen-
trale Lage und gute Preise. Musik-
programm im zweiten und dritten
Stock. An den mehr als 50 Abhör-
plätzen liegen nicht nur Neuer-
scheinungen -, sondern auch Alben
aus den 70-und 80ern. Außerdem

hat Borders den Ruf den besten
Zeizungsstand in San Francisco zu
besitzen.

Virgin Megastore (Downtown),
2 Stockton Street bei Market Street,
✆ 397-4525. www.virginusa.com
Mo.-Do 8-23 h. Fr. und Sa. 8-23 h.
Bei seiner Eröffnung im September
1995 machte der Virgin Megastore
nicht nur durch die Anwesenheit
Cindy Lauper's auf sich aufmerksam, sondern auch durch die
Ankündigung der größte Musikge-
schäft der USA zu sein. In der Tat
hält dieser Laden mit seinen mehr
als hundert Abhörplätzen eine riesige Auswahl an CD's, Videos,
CD-ROM's und Büchern bereit.

Tower Records,
Columbus, bei Bay St.,
✆ 885-0500.
Tägl. 9-24 h.
Eins der weltweit größten Plat-
tengeschäfte. Neue Platten, Kassetten und CDs.

Wherehouse Records,
1300 9th Ave., bei Irving St.,
✆ 564-5600.
Mo.-Sa. 10-21 h, So. 10-18 h.
3301 Geary Blvd., bei Parker St.,
✆ 751-3711.
So.-Do. 10-22 h, Fr. /Sa. 10-23 h.
Die Wherehouse-Plattengeschäfte
nehmen mit Tower Records die

wichtigste Stellung für Platten in der Stadt ein. Gute Auswahl an allen erdenklichen Musikrichtungen auf Platten, Kassetten und CDs. Hier gibt es mehr CDs als Platten. Wherehouse vermietet außerdem noch Filmvideos.

Star Magic,
4026 24th St., zw. Noe u. Castro Sts., ℂ 641-8626.
Tägl. 11-20 h.
Star Magic führt neben Literatur über Astronomie und Science Fiction und einer unglaublichen Auswahl an Klimbim rund um die Sternenkunde eine kleine Palette an New Age-Musik auf Platten, Kassetten und CDs.

Sortimentsplattenläden

BPM Music Factory, *573 Hayes St., ℂ 487-8680, F. 487-8683.*
Mo.-Sa. 10-18 h, So. 11-16 h.
Kleiner Plattenladen, der die DJ's aus San Francisco mit House, Techno und Drum'n bass versorgt.

Frequency -8, *1816 Haight St., bei Stanyan ℂ 221-4142, F. 221-4143. www.frequency-8.com*
Mo.-Sa. 12-20 h, So. 13-18 h.
Neuerscheinungen aus dem Bereich Trance und Techno.

Hog on Ice,
1630 Polk St., ℂ 771-7909.
Mo.-Sa. 11-20 h, So. 11-18 h.
Gebrauchte Bücher und Platten zu Discountpreisen. New Age und esoterische Music

Rough Trade,
695 Third Street, bei Townsend, ℂ 543-7091.
Mo.-Sa. 10-19 h, So. 10-16 h.
Attraktive Auswahl (neu und gebraucht) an Alternative Rock, Hardcore, Industrial Music und Reggae.

Discolandia La Casa de Los Discos,
2964 24th St., bei Harrison u. Alabama Sts., ℂ 826-9446.
Mo.-Sa. 11.30-20 h, So. 11.30-18 h.
Für alle Salsa- und Sambaliebhaber eine großartige Entdeckung! Man kann sich die Platten vor dem Kauf anhören, was in den San Franciscoer Plattenläden leider eher selten anzutreffen ist.

Star Classics,
425 Hayes St bei Gough St., ℂ 885-2818.
Tägl. 10.30-18 h.
Außschließlich neue CDs und Kassetten aus dem Bereich der Klassik an.

Taiyodo,
1737 Post St., bei Webster St.,
✆ *885-2818.*
Tägl. 10.30-18 h.
Auf japanische Musik spezialisiertes Plattengeschäft im Japancenter.

Aus Zweiter Hand

Amoeba Music, *2455 Telegraph Ave., Berkeley.* ✆ *510-549-1129.*
Mo.-Sa. 10-23 h, So. 10-20 h.
Riesenauswahl (neu und gebraucht) an Music aller Stile. Amoeba Music wurde zum fünften Mal in Folge von Bay Guardian und zum besten Plattenladen der Bay Area gewählt. Außerdem findet man hier Fillmore-Konzertposter aus den 60ern.

Bay Area Records and Tapes,
1444 Polk St., zw. California u. Pine Sts., ✆ *441-0777.*
Mo.-Sa. 10-23 h, So. 11-23 h.
Ganz heißer Tip! Liebhaber seltener, oder spaßiger Unterhaltungsmusik werden in diesem Plattengeschäft im siebten Oldiehimmel schweben. Sie finden hier Klassiker wie »Serenade to a Princes«, eine Sammlung berühmter Hits aus Filmen mit Grace Kelly. Ob man's glaubt oder nicht: hier gibt es das Souveniralbum von Marlene Dietrich mit Schnulzen wie: »You go to my head« oder »You've got that look«.

Schon jahrelang vergeblich nach einer Platte mit Bing Crosby's frühesten Hits wie: »Blue of the Night« gesucht? Louis Armstrong, King Oliver Creole's Jazz Band und andere. Man verscherbelt hier des öfteren seltene, alte Scheiben aus Privatsammlungen für $ 9. 95, obwohl der Wert einiger dieser Raritäten schon heute auf über $ 150 geschätzt wird!

Haight Fillmore Book Gallery,
518 Haight St. bei Fillmore Street.
✆ *861-2989.*
Tägl. 10-22 h.
Gebrauchte Platten. Große Auswahl an Salsa und Jazz.

Grooves, *1797 Market Street bei Valencia.* ✆ *436-9933.*
Di.-So. 11-19 h.
Ausschließlich LP's, Sammlerstücke aus Rock, Jazz, Blues. Daneben gute Auswahl an Acid-Jazz.

Rocket Records, *1377 9 th Ave., zw. Irving & Judah St,* ✆ *664-2324.*
Mo.-Fr. 11-21 h, Sa. 10-21 h, So. 11-19 h.
Neue und gebrauchte CD's, Importe und Sammlerstücke.

Reckless Records (Haight),
1401 Haight, bei Masonic St.,
✆ *431-3434.*

Mo.-Sa. 10-22 h, So. 10-21 h.
Reckless führt gebrauchte CD's
und Platten mit Schwergewicht auf
Pop und Rhythm & Blues. Daneben allerhand Krimskrams rund
um die Musik wie T-Shirts, Poster,
Sticker, Magazine und Musikvideos.

101 Music, (North Beach),
1414 Grant Ave, zw. Union u.
Green St., ℰ 392-6369.
So.-Do 11-23 h. Fr. u. Sa. 11-24 h.

Green Apple Records
(Richmond),
520 Clement St., zw. 6th u. 7th
Ave., ℰ 386-6128.
Mo.-Do. 9.30-23 h, Fr.-So. 9.30-
24 h.
Der unlängst von Green Apple auf-
gekaufte Plattenladen Revolver Records bereichert das Sortiment dieses Buchladens und verlängert den
Besuch um eine Stunde. Angeboten werden gebrauchte neue Platten und CD's: Blues, Jazz, New
Wave, Klassische Musik, Reggae,
Rock und Rock-A-Billy.

Recycled Records,
1377 Haight St., bei Masonic St.,
ℰ 626-4075.
Mo.-Sa. 10-22 h, So. 10-20 h.
In diesem Plattenladen im Herzen
des Haight-Ashbury Districts herrscht immer Hochbetrieb. Und das
aus einem guten Grund, da er mit
die größte Auswahl an Oldies

sämtlicher Musikrichtungen führt.
Fundgrube für neue und gebrauchte Platten.

Record Finder,
258 Noe Street, bei Market Street.
ℰ 431-4443.
Mo.-Sa. 11-20 h, So. 11-19 h.
Mekka für alle, die nach Jazz, Blues
und Soul Oldies fahnden! Über
hunderttausend Titel harren der
Käufer. Neue und gebrauchte
Scheiben zu unschlagbaren Prei-
sen. Auf der gegenüberliegenden
Straßenseite liegt übrigens das Café
Flore, eines der gemütlichsten
Cafés der Stadt.

Streetlight,
3979 24th Street, zw. Sanchez und
Noe St. (Noe Valley). ℰ 282-3550.
Mo.-Sa. 10-22 h, So. 11-20 h.
2350 Market St., zw. Noe und
Castro St., ℰ 282-8000.
Mo.-Sa. 10-22 h, So. 11-20 h.
Die Streetlight-Plattenläden sind
besonders beliebt und bekannt für
eine Spitzenauswahl an Platten zu
passablen Preisen. Ob neu oder gebraucht, Streetlight an der Marketstreet bietet auf zwei Stockwerken
Rap, Jazz, Maxisingles, Rock und
Pop sowie Musikvideos.

Verlagsprogramm
http://interconnections.de

Tower Outlet
660 Third Street bei Townsend,
✆ 957-9660.
Mo.-Sa. 10-18 h, So. 11-17 h.
Große Posten an Classic, Hip Hop,
Funk und Rock, die in den anderen
Tower Läden nicht verkauft wur-
den, werden hier verramscht.

Schmuck und Uhren

General Bead,
637 Minna St., zw. 7th und 8th
St., ✆ 621-8187.
Di.-Sa. 10-18 h. So. 13-16 h
Nicht den Kopf hängenlassen,
wenn das Geld dieses Mal nicht für
den Diamantring gereicht hat! Es
gibt noch Hoffnung. General Bead
ist das Reich der Perlen. Hier finden Geschickte genügend Material, um selbst Schmuck zu fertigen.
Perlen aus Japan, der Tschechoslo-
wakei, Österreich, Afrika, Indien
und anderen Ecken der Welt, hergestellt aus Holz, Ton, Keramik,
Plastik, Metall usw. füllen den
Laden. Oder wie wär's mit ein paar
edlen Steinchen wie Saphir, Ame-
thyst, Topas? Der eigenen Kreati-
vität sind keine Grenzen gesetzt.

**Azevedo Juwelers & Gemnolo-
gists INC.,** *210 Post St., 3. Stock,*
Raum 321, Ecke Grant Ave.,
✆ 781-0063.
Di.-Sa. 10-17.30 h.
Seit über fünfzig Jahren bietet Azevedo eine herrliche Palette an Dia-
manten, Edelsteinen, Goldschmuck
und Perlen für anständige Preise
(ab $ 500) wohl der Grund dafür,
daß sich der Laden seit Jahren einer
zahlreichen und treuen Stamm-
kundschaft erfreut.

Zeitgeist, *437 B Hayes Street bei*
Gough Street, ✆ 864-0185.
Di.-Sa. 12-18 h.
Nicht nur der Name, sondern auch
einer der Besitzer stammt aus
Deutschland. Carsten Marsch hat
sich mit seinem Partner auf die
Reparatur und den Verkauf alter

Schmuckverkäufer **(A)**

Stand- und Armbanduhren spezialisiert. Marken wie Omega, Le
Courtier und Bulova bei $ 200-
300.

Cresalia Jeweliers,

*111 Sutter, zw. Montgomery und
Kearny, ✆ 781-7371.*
Mo.-Sa. 9.30-17.30 h.
Juweliergeschäft seit 1912 mit eine
guter Auswahl an Schmuck,
Uhren, Geschirr und Tafelsilber
von Marken, wie Artcarved, Kre-
mentz, Concord, Movado, 18 K
Concord Collection, Lenox, Gor-
ham, Reed & Barton, Lunt, Wallace, International Kiertk, Stieff,
Seiko etc. Preise um ein Viertel bis
zur Hälfte unter den normalen.

Small Things Company,

*760 Market St., im Phelan Gebäu-
de, Suite 860, ✆ 397-0110.*
Mo.-Fr. 10-16 h, samstags nur
nach Absprache.
Ein besonderes Geschenk ist gewünscht? Hier wird man unter
einer großen Auswahl an Diaman-
ten, Perlen, Jade, Gold- oder Sil-
berschmuck mit allerhöchster
Wahrscheinlichkeit ein Stück
ergattern, das dem eigenen Geschmack und Geldbeutel entspricht. Mit $ 15 ist man dabei.
Die Preise liegen 30-40% unter
denen vergleichbarer Mitbewerber.

Zwillinger & Co.,

*760 Market St., bei Grant Ave.,
Phelan Gebäude, Suite 800,
✆ 392-4086.*
Mo.-Sa. 9-17 h
Dieses Juweliergeschäft ist seit über
sechzig Jahren in Familienbesitz.
Die Sicherheitsvorkehrungen am
Eingang erinnern an einen riesigen
Banksafe. Wir raten, sich für den
Besuch dieses noblen Ladens in
Schale zu werfen, will man nicht
aus der Rolle fallen. Reelle Preise
für Spitzenqualität.

Jewelry Plaza,

*948 Market St., zw. 5th und 6th St.,
✆ 397-5258.*
Mo.-Sa. 10-18 h.
Große Auswahl an Uhren und
Schmuck zu attraktiven Preisen.

Wholesale Jewelers Exchange,

323 Geary St., ✆ 391-4068.
Mo.-Sa. 10-18 h.

Sportgeschäfte

Copeland's Sports,

*901 Market St., bei 5th St.,
✆ 495-0928.*
Mo.-Sa. 10-21 h, So. 11-19 h.
Neben Kaplan's Surplus and
Sporting Goods, nur einige Haus-
türen entfernt, ist Copland's Sports
der Superlativ eines Sportgeschäfts.
Sportfans finden hier einfach alles:

von einer Riesenauswahl an Sport-
schuhen über Sporttaschen, Baseballschläger, Gewichte und allen
erdenklichen anderen Folterwerk-
zeuge und Accesoires. Preise im
mittleren Bereich, stets Sonderangebote.

Kaplan's Surplus & Sporting Goods,
*1055 Market St., zw. 6th u. 7th
Sts., ✆ 863-3486.*
Mo.-Sa. 9.30-18 h, sonntags
geschlossen.
Günstige Jeans und Lederjacken.
Eine Levi's 501 kostet sage und
schreibe $ 20. Riesenauswahl an
Leder- und Fliegerjacken.

Rainbow Factory Store,
*300 Folsom St., Ecke 4th St.,
✆ 777-9786*
Mo.-Fr. 10-17.30 h, Sa. 10-17 h
Tanzbekleidung, Badeanzügen etc.
Tiefpreise durch Direkteinkauf
beim Hersteller.

The North Face Factory Outlet,
*1325 Howard St., zw. 9th u. 10th
Sts., ✆ 626-6444.*
Tägl. geöffnet, aber wechselnde
Zeiten.
Das Fachgeschäft für Frauen, Kinder und Männer, die zu den Fri-
schluftsportlern gehören! Regenbekleidung, Daunenjacken, Dau-
nenwesten, Wollhemden, Woll-
pullover, Parkas, Wanderschuhe,

Stiefel, Schlafsäcke, Zelte, Lang-
laufskier und noch massenhaft weitere Artikel zu 20-50% Preisermäßigung!

S. O. H. Skates on Haight,
*1818 Haight St., bei Shrader,
✆ 752-8375.*
Mo.-Fr. 12-19 h, Sa. u. So. 10-19 h.
S. O. H. Skates off Haight,
*40 Page St., bei Gough St.,
✆ 244-9800. Tägl. 10-18 h.*
So, jetzt das Gefälle der Hügel
genutzt und die Einkäufe etwas
flotter erledigt, ein paar Räder unter die Schuhe geschnallt und dann
Hals- und Beinbruch bis zu S. O.
H. an der Haight Street mit seiner
unerhörten Auswahl an Inline-Ska-
tes und Skateboards! Das S. O. H.
Warenhaus an der Page Street führt
keine Rollschuhe, aber Skateboards, T-Shirts und vieles mehr.

Top Golf,
*59 Grant Ave., bei Geary St.,
✆ 788-2812. Tägl. 10-18 h.*
Top Golf führt eine große Auswahl
für Golfer. Wir möchten ferner alle
Foot- und Baseballfans auf dieses
Geschäft aufmerksam machen, da
es T-Shirts und Jacken u. a. des hie-
sigen 49ers (Forty-Niners) Teams
in allen Größen und zu ehrlichen
Preisen auf Lager hat.

Bike Messenger (A)

Fahrräder

Ein Fahrrad stellt trotz der vielen Hügel ein gutes Fortbewegungsmittel dar. Allerdings sollte man in jedem Fall einen Helm tragen. Einen wirklichen Preisvorteil bei amerikanischen Marken wie Cannondale, Specialized oder Marin erzielt man allerdings erst bei High-Endbikes. Gegen geringe Gebühr verpacken die im folgenden genannten Geschäfte, sodaß man sie problemlos mit ins Flugzeug nehmen kann. Man sollte sich jedoch vorher bei der Fluggesellschaft über die Gebühr kundig machen.

Pacific Bicycle,
1161 Sutter St., zw. Polk u. Larkin St., ✆ 928-8466.
Mo.-Fr. 11-20 h, Sa. 10-17 h, So. 12-17 h.
Räder der Marken Cannondale und Specialized, Bekleidung und Zubehör für den Radsportler. Waren aus Italien, Japan und den USA.

Valencia Cyclery,
1077 Valencia Street zw. 21 st und 22 nd St., ✆ 550-6600
Mo.-Sa. 10-18 h, So. 10-16 h.
Die wohl größte Auswahl an Mountain-Renn und Trekkingbi-

kes in der Stadt. Freundliches Personal. Valencia Cyclery führt folgende Marken: Schwinn, Specialized, Trek, Nishiki und GT.

Lombardi Sports,
1600 Jackson Street Ecke Polk.,
℃ 771-0600
Mo.-Sa. 10-18 h, So. 10-16 h.
Angesichts der Tatsache, daß in der Nähe keine geeignete Teststrecke für Räder existiert, schleppen die Angestellten von Lombardi Sports das Rad aufs Dach, wo man es fernab vom Straßenverkehr in Ruhe probefahren kann. Doch keine Angst – das Dach ist von Mauern umgeben.

Motorräder

Dudley Perkins Harley Davidson,
66 Page Street zw. Franklin u.
Gough St., ℃ 703-9494
Auch wenn das Geld diesmal nicht reicht; das große Angebot an kuriosen Maschinen macht den Besuch beim ältesten Harley Davidson Dealer der Welt allemal lohnenswert.

Campingausrüstung und Vermietung

Folgende Geschäfte verkaufen und vermieten Campingausrüstung, wie Zelte, Schlafsäcke, Rucksäcke, Gaskocher, Plastikbehälter, Kühltaschen, Anglerausrüstung, teilwei-

se sogar Skiausrüstung. Am besten vorher telefonisch Erkundigungen über die Preise einziehen.

Dave Sullivan's Sport Shop,
5323 Geary Blvd., zw. 17th und
18th Ave., ℃ 751-7070 F. 751
2960.
Mo.-Fr. 8.30-21 h, Sa. 9-18 h,
So. 9-17 h

G & M Sales *1667 Market St., bei*
Gough St., ℃ 863-2855.
Mo.-Fr. 9.30-18 h, Sa. 9-17 h, So.
11-16 h
In der Umgebung:
In Berkeley ist eine Reihe von Sportgeschäften angeschlossen, die auch Sport- und Campingausrüstung vermieten. Sich immer genau den Weg beschreiben lassen.

North Face,
1238 5 th Street bei Gilman, Berkeley, ℃ 510-526-3530.
Mo. u. Do. 10-19 h, Di.-Sa. 10-18 h,
sonntags 11-17 h.
Langlaufskiausrüstung!

California Adventures,
2301 Bancroft, zw. Dana und Ellsworth, Berkeley, ℃ 510-642-4000.
Mo.-Do. 10-18 h

Marmot Mountain Works,
3049 Adeline St., bei Asby Ave.,
Berkeley, ℃ 510-849-0735.

Mo.-Do. 10-20 h, Di.-Sa. 10-18 h,
So. 11-17 h

Musikinstrumente

Drum world, *5016 Mission bei*
Geneva Street., ✆ 334-7559.
Mo.-Fr. 10-19 h. Sa. 10-18 h.
Gute Auswahl an Becken und klei-
nen Trommeln

Haight Ashbury Music Center,
1540 Haight Street bei Ashbury
Street, ✆ 863-7327 Mo.-Fr. 11-19 h,
Sa. 12-18 h
Hier finden Musiker, speziell
Rockmusiker ihre Traumgitarren,
Saxophone etc.

North Face,
15 Lafayette Street, bei Mission
Street, *✆ 552-3310. Mo.-Sa 11-18 h.*
Gebrauchte Gitarren, darunter
Gibson, Martin und Gretsch.

Stoffe

Fabric Factory Outlet,
101 Clement St., bei 2nd Ave.
✆ 221-4111.
Tägl. 10-18 h.

Gunne Sax,
LTD. Outlet, INC.
Stoffe für festliche Kleider. Siehe
Kapitel »Damenbekleidung«.

Fabric Outlet,
2109 Mission St., zw. 17th und
18th Sts., ✆ 552-4525.
Mo.-Sa. 10-18 h.
Großes Sortiment an Stoffen und
Nähmaterial zu herabgesetzten
Preisen.

Mandarin Fashions
Seide aus Chinatown, s. Kap.
»Damenbekleidung«.

City of Shanghai,
519 Grant Ave., bei Pine St.,
✆ 982-5520.
Mo.-Sa. 9.30-17 h.
Die Familie Wong führt seit 1950
chinesische Seide, Antiquitäten
und Porzellan ein. Liebhaber und
Kenner werden an den Ballen fei-
ner Seide in den Glasvitrinen ihre
Freude haben. Seidenstoffe in allen
Farbnuancen! Als Kunde befindet
man sich bei Frau Wong in feinster
Gesellschaft. Die Fotos berühmter
Kunden hängen im Ladenraum.
Dazu zählen so betuchte Promi-
nente wie Grace Kelly, Scheich Fai-
sal II aus dem Irak, Gregory Peck,
Fleetwood Mac, Ballettgrößen aus
Rußland und viele mehr. Einen
Kimono kann man sich hier
maßschneidern lassen.

Britex Fabrics,
146 Geary St., zw. Stockton u.
Grant St., ✆ 392-2910.
Mo.-Fr. 9.30-18 h, Do. bis 20 h.

Dienstleistungen

Im Gegensatz zu unserer eher servicedesorientierten Gesellschaft wird einem in Amerika von jeder Seite freundliche Hilfe angeboten. Diese hat natürlich auch ihren Preis. Vorschläg für Trinkgelder im Kapitel *Tips von A-Z.*

Ärzte und medizinische Versorgung

Notruf Krankenwagen: 911

Apotheke mit Nachtdienst:

Walgreen Drugstore,
135 Powell Street (Union Square),
✆ 391-4433.
Mo.-Sa. v. 8-24 h u. So. in der Zeit v. 9-20 h.

Krankenhäuser

Buena Vista Women's Services, Inc.,
2000 Van Ness Ave., bei Broadway,
✆ 771-5000.
Ein erster Besuch kostet zwischen $ 45 und 65.

Central Aid Station,
Health Department, City of San Francisco, 50 Ivy St., Civic Center,
✆ 558-5432.
Kosten je nach Art der Behandlung $ 12-50, was um einiges billiger kommt als in einer Privatpraxis.

Haight Ashbury Free Medical Clinic,
558 Clayton St., Ecke Haight St.,
✆ 431-1714.
Kostenlose AIDS-Tests in einer Sechswochenfrist.
Bei Drogenüberdosis: ✆ 621-2014;
bei Notfällen: ✆ 621-0140;
für Frauen: ✆ 221-7371.
Bei allgemeinen Fragen wende man sich an die Haight-Ashbury Vermittlung: 621-6211.

Lyon Martin Clinic,
2480 Mission St., bei 21st St.
✆ 641-0220.
Krankenhaus für Frauen.

Pacific Medical Center,
2333 Buchanan St., ✆ 563-4321.
Medizinische und therapeutische

Behandlung für homosexuelle Männer. Ebenso Rechtsberatung.

Pregnancy Consultation Center,
1801 Bush St., bei Octavia St.,
✆ 567-8757.
Kostenloser Schwangerschaftstest und Beratung. Di.-Sa. 8.30-16.30h.

Krankenhäuser mit Rund-um-die-Uhr-Notaufnahme:

San Francisco City and County Hospital,
1001 Potrero Avenue, bei 22nd St.,
✆ 821-8200.

University of California
San Francisco Medical Center, Parnassus Ave., bei 3rd Ave, ✆ 476-1037.

Deutschsprachige Ärzte

Dr. Wolfgang Linnenbach,
2325 Ocean Ave., Suite 2, ✆ 587-0800.
Erreichbar mit Muni K, Sprechstunde Mo.-Frei 9-16 h. (Internist)

Dr. Hartwig Sonnenberg,
760 Market Street, Suite 446,
✆ 421-4608. Freitagnachmittags geschlossen

Dr. med. Ralph Alexander,
(Internist),
450 Sutter Street, Suite 2326,
✆ 392-0500

Dr. med. Henning Bauer (Gynäkologe),
4141 Geary Blvd., Suite 309,
✆ 387-7907

Dr. med. Melvin Bertr
(Augenarzt),
2400 Clay Street, ✆ 433-1600

Dr. med. Erich Habelt
(Zahnarzt),
2033 Taraval Street, ✆ 665-8397,
Nähe des Union Square, ✆ 421-3708.

Dr. med. Ingrid Arden
(Zahnärztin),
2001 Union Street bei Buchanan Street, ✆ 292-7200 oder 741-2941
Vertrauenszahnärtzin der deutschen Botschaft

Notrufnummer der Zahnklinik:

Werktags: ✆ 986-5845; nachts und an Wochenenden: 421-1435.

Babysitter

Babysitter vermitteln das Visitor's Bureau oder die Hotels. Ein bekannter Vermittlungsdienst ist:

Temporary Tot Tending,
2217 Delvin Way, ✆ 355-7377,
nach 18 h 871-5790.

Fotografieren

Reparatur

Metro Camera Service,
32 Mason Ecke Market Street,
✆ *421-3551*
Rasche Hilfe bei defekten Apparaten

Schnellentwicklung

The Blow-Up Lab,
34 Dore, ✆ *861-1200* und:
Sun Photo 1 Hour Lab,
2141 Lombard Street, ✆ *922-2960.*
Filme, wie erwähnt, besser von zu Hause mitbringen, da sehr teuer.

Gamma Photographic Lab,
351 9th Street zw. Harrison und Folsom Street, ✆ *864-8155*
Gutes Labor für Schwarzweiß-Entwicklungen.

Fotokopien

Print 1,
1540 Market St., bei Van Ness Ave., ✆ *552-0100.*
Mo.-Sa. 9-18.30 h.
Eine Kopie für 5 Cents!

Fortbildung
http://www.fortbildung-online.de

Friseure

International Academy of Precision Haircutting,
1702 Washington St. ✆ *474-1133.*
$ 10 für Schnitt durch einen fortgeschrittenen Schüler. Bei Wettbewerben bezahlen die Modelle nichts. Termine stets telefonisch vereinbaren.

Gerard Gary Int. Advanced Haircutting Seminars,
2519 Van Ness Ave, bei Union St., ✆ *441-1156.*
Eine Woche pro Monat werden Modelle gesucht, die von Friseuren im Rahmen ihrer Weiterbildungskurse einen Schnitt verpaßt bekommen. Man muß sich frühzeitig anmelden und sich auf eine zweistündige Sitzung gefaßt machen. Der Haarschnitt richtet sich nicht unbedingt nach dem neuesten Trend, sondern berücksichtigt auch Gesichtsform und Haarstruktur des Modells. Als solches sollte man sich mit einem neuen Stil anfreunden können. Kostenlos.

Marinello School of Beauty Culture,
133 Powell St. ✆ *781-7085.*
Diese Kosmetikschule sucht ausschließlich weibliche Modelle für ihre Schüler. Hier bestimmt einzig und allein das Modell den Haarschnitt. Di.-Sa. 9.30-16 h, Sa. 8-11 h.

Miss Marty's School of Beauty and Hairstyling,
278 Post St. ✆ 781-7950.
Di.-Sa. 9.30-16 h.
Nur Mut! Sie erhalten einen kostenlosen Haarschnitt von einem Anfänger. Für einen Haarschnitt von einem fortgeschrittenen Figaroeleven werden $ 10 berechnet.

Fax

Faxen läßt es sich fast von jedem Kopiergeschäft. Ein zentral gelegenes ist:

Copymat,
505 Sansome, Financial District, ✆ 421-2327 bzw. 120 Howard/South of Market, ✆ 957-1700.

Stadtrundfahrten

Diverse Veranstalter (Tourcompanies) bieten Fahrten, sowohl innerhalb der Stadt und seiner Umgebung, als auch zum Yosemite Nationalpark, Napavalley oder nach Montrey an.

Super Sightseeing Tours,
Pier 9, Suite 1, *✆ 777-2288,*
F. 362-7818. Erwachsene: ca. $ 28,
Kinder: ca. $ 12
Die etwa dreieinhalbstündigen Stadtrundfahrten beginnen täglich um 10 h

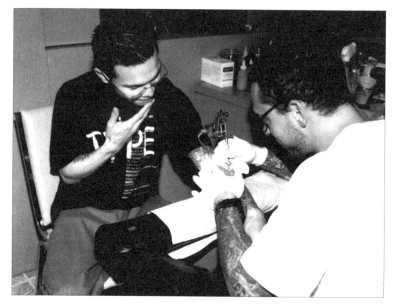

Tattoo (A)

Gray Line Tours,
✆ 558-7373. www.graylinesan-
francisco.com. Abfahrt tägl. 10 und
14.30 h. Erwachsene: ca. $ 30,
Kinder: ca. $ 15. Reservierung
erforderlich.
Tour startet an der Ecke First St.
und Mission St. Stationen dieser
dreieinhalbstündigen Rundfahr-
trundfahrt sind u. a. das Civic Center, Old Mission Dolores, der Golden Gate Park, die Golden Gate
Bridge und das Cliff House.

Tätowierung und Piercings
Wer in diesem Jahr mal nicht mit
einem Hardrockcafé-T-Shirt heim-
kommen möchte, findet in Tätowierungen und Piercings ein sowohl originelles, als auch dauerhaf-
tes Andenken. Wer noch nicht
weiß, ob ein Tattoo das richtige für
ihn ist, schaut sich mal im Tattoo
Museum um (s. Museen).

Body Manipulations,
254 Fillmore Street bei Haight Street, ✆ 621-0408. Tägl. 12-18.30 h.

Ed Hardy's Tattoo City,
722 Columbus Avenue zw. Filbert
Street u. Greenwich Street, ✆ 433-
9437. Mo.-Sa. 12- 20 h, So. 12-19 h.

Lyle Tuttle Tattooing,
841 Columbus Avenue bei Green-
wich Street, ✆ 775-4991. Mo.-Do.
12- 21 h, Fr., Sa. 12-22 h, So. 12-
20 h
Einer der bekanntesten Künstler
auf diesem Gebiet. Am besten vorher einen Termin ausmachen.

222 Tattoo SF,
222 8th Street bei Natoma Street,
✆ 255-8222. Mo.-Fr. 12- 18 h,

Tickets

Eintrittskarten für die verschieden-
sten Veranstaltungen sind u. a. an
folgenden Stellen erhältlich:

Tix Bay Area,
Ecke Stockton St. u. Union Square,
✆ 433-7827.
Di.-Do. 11-18 h. Fr. und Sa. 11-
19 h
Hier bekommt man fast jede Eintrittskarte, u. a. auch ermäßigte
und oftmals zum halben Preis, für
Musik, Tanz und Theater. Der
Nachteil bei den verbilligten Karten: es gibt sie nur für ausgewählte

Veranstaltungen und für einen
kurzfristigen Termin, meist am selben Tag.

BASS Ticket Centers,
4 Embarcadero Center u Waren-
haus, 835 Market St.,

3COM Park,
8 Meilen südl. v. S. F., Bayshore
Freeway, Route 101
SF Giants Ticket Office (Baseball),
✆ 467-8000;
49ers Ticket Office (Football),
✆ 468-2249.

Giants Dugout,
170 Grant Ave., ✆ 982-9400.

Waschsalons

Brain Wash (SoMa),
1122 Folsom Street bei 7th Street,
✆ 861-3663
Tägl. 7.30-22.30 h.
Während die Wäsche in der
Maschine schleudert, kann man
sich mit Essen, Lesen oder dem
Beobachten von Leuten die Zeit
vertreiben.

Essen & Trinken

San Francisco bietet allen Gourmets eine breite Palette vorzüglicher Restaurants mit Gerichten aus aller Herren Länder. Weltpolitik, die anstehende Lohnerhöhung oder der neueste Flirt sind der Begutachtung eines neueröffneten Restaurants durchaus ebenbürtig und liefern immer Gesprächsstoff. Da debattiert man, ob die Nudeln (Pasta) bei Franco frischer sind als bei Luigi, ob die Pekingente bei Chang Lee knuspriger ausfällt als bei Tung Ling und ob das Sashimi Restaurant im Castro District den Fisch delikater präsentiert, als das am Union Square. Für viele finanzkräftige, alleinstehende San Franciscaner – diese Spezies findet man hier übrigens massenhaft vor – ist es eine Art Sport, die neuesten Restaurants abzuklappern, um beim nächsten Treff mit den

Freunden mitzureden. Eine wahre Food-Groupie-Kultur, deren Gesprächsstoff aufgrund der täglich aus dem Boden schießenden Restaurants nicht so bald versiegen wird. San Francisco besitzt nach einer Statistik des städtischen Gesundheitsamtes sage und schreibe 4200 Restaurants!

Die Stadt an der Golden-Gate-Brücke zählt neben New York und New Orleans zu den kulinarischen Hochburgen der USA. Diese drei großen Damen des nordamerikanischen Kontinents kämpfen mit Unterstützung ihrer vielfarbigen Bevölkerungsgruppen gegen das Vorurteil an, man verderbe sich in den USA nur den Magen. Diese Städte beherbergen eine Vielfalt ethnischer Gruppen, die ein Potpourri internationaler Küche bieten. Doch San Francisco war stets einen Schritt voraus. 1849, im Jahr des Goldrausches, eröffnet hier das erste französische Restaurant in den USA. Das legendäre »Poulet d'Or« wurde sehr bald von Goldgräbern, die ihre liebe Not mit der französischen Aussprache hatten, in »Poodle Dog« umgetauft.

Um 1855 berichteten ausländische Journalisten von amerikanischen »dining rooms«, englischen »lunch houses«, französischen »cabarets«, spanischen »fondas«, deutschen »Wirtschafts«, italienischen »osterie« und chinesischen »chow-

chows«. San Francisco war seit jeher eine weltoffene Stadt – ebenso international geben sich die Restaurants dort. In den letzten Jahrzehnten bevölkerten zunehmend Einwanderer aus Mittelamerika, Südamerika und dem Orient die Stadt mit der Folge, daß die Zahl an entsprechenden Restaurants schier unübersichtlich wurde. Wer auf gutes und preiswertes Essen Wert legt, sollte asiatische, mexikanische und thailändische Restaurants ansteuern. Das Faszinierendste an der kulinarischen Weltreise ist für uns, neben den verschiedenen Gerichten, der unmittelbare Kontakt mit Leuten aus aller Welt. Im eleganten Khan Toke Thai House sitzt man nach thailändischer Sitte auf Kissen am Boden. In japanischen Restaurants hört man die zustimmenden »Hei Hei« Zurufe des japanischen Personals. Im Golden Dragon wird man mit Chinesen Jack Lee's Nudelsuppen genießen oder sich in der mexikanischen Cadillac Bar von der quirligen Stimmung anstecken lassen. Wer bei der Lektüre einer vietnamesischen Speisekarte ratlos bleibt, mache sich nichts daraus. Wo bleibt die Abenteuerlust? Man beobachte die flinken Handbewegungen japanischer Köche, die freundlichen thailändischen Bedienungen. Vielleicht können Sie ja erraten, wovon der Witz gehandelt hat, den die chinesische Großmama an ihre Tochter weitergab. Wählen Sie zwischen der meditativen Atmosphäre des, von Zen-Bhuddisten geführten, Vegetarierrestaurants Greens, der Flippie-Stimmung im Café Horse Shoe Café an der Haight Street oder der Neon-Coca-Cola Beleuchtung in einem winzigen chinesischen Restaurants in Chinatown.

Man hat allen Grund zur Vorfreude, aber nie vergessen, daß viele Unternehmen nicht von einheimischen Kunden, sondern lediglich von durchreisenden Touristen leben. Wir haben Verständnis für die Individualisten unter den Lesern, die gerne auf eigene Faust losziehen und nicht ständig in einem Reiseführer blättern wollen. Wer aber einigermaßen sichergehen will, keine Enttäuschungen zu erleben, finanziell oder von der Kochkunst her, folge unseren Ratschlägen zu Lokalen, die per Mundpropaganda unter Kennern wohlbekannt sind und auch auf eine Kundschaft zugeschnitten sind, die nicht mit den Ghettis verwandt sein muß, also durchaus verdauliche Preise verlangen.

Adressen, Telefonnummern und Öffnungszeiten sollte man telefonisch überprüfen, bevor man mit knurrendem Magen loszieht. Freitags und samstags ist eine Tischvorbestellung unbedingt vonnöten. Trinkgeld ist in amerikanischen

Restaurants eine Selbstverständlichkeit, da die Bedienung im Preis nicht inbegriffen ist. Lassen wir 15-20% der Endsumme auf dem Tisch zurück, so liegen wir goldrichtig. Wer kein Trinkgeld gibt, bringt damit zum Ausdruck, daß er mit dem Essen und/oder dem Service völlig unzufrieden war. In Fast-Food-Restaurants, Cafés oder in Restaurants, in denen man von einer Theke aus bedient wird, ist ein Trinkgeld unüblich. Noch etwas: leider schließen viele Restaurants in San Francisco recht früh, in der Regel zwischen 22.30 und 23 h. Wer ausgiebig tafeln will, sollte spätestens gegen 21.30 h das gewünschte Lokal aufgesucht haben. In den meisten Restaurants werden die Gäste von der Bedienung an den Tisch geleitet. Fast alle Restaurants haben einen Nichtraucherteil. In vielen, besonders den »feineren«, wird die Bedienung die jeweiligen Tagesmenüs *(specials)* aufzählen. Vorzuziehen sind Restaurants, die ihre Tagesmenüs auf einer gesonderten Seite in der Speisekarte oder auf einem Schwarzen Brett bekannt geben. Man kann sich eh nicht alles merken und scheut sich meist, nach den Preisen zu fragen, so daß häufig böse Überraschungen zu erleben sind.

Nachdem man also einige Zeit gewartet hat, *to stand in line*, wird man zum Tisch geleitet mit den Worten: *this way, please.*
Erscheint man abends, so wird man eventuell nach der Tischvorbestellung gefragt, *Did you make a reservation?*, was man gegebenenfalls mit *Yes, my name is Becker, party of three,* z.B. beantwortet. Wer nicht gebucht hat, wird vielleicht gebeten, sich auf die Warteliste zu setzen: *It'll be a quarter of an hour. D'you want me to put your name down?* Die Wartezeit läßt sich in der Regel an der Bar überbrücken, wo man dann bei Freiwerden eines Tisches gerufen wird. Abends, nun einmal am Tisch, wird die Frage folgen: *Would you care from anything from the bar?*

Weine sind entweder *dry* oder *sweet* bzw *on the sweet side*; Hochprozentiges kommt *with (no) ice*, bzw. *on the rocks* oder *blended*, also mit schaumig geschlagenem Eis. Bestellt werden sie für *right away*, sofort, oder *with our meals*. Wem nach mehr dürstet, verlange *another drink* oder *another round* für alle.

Entrées sind Hauptspeisen; *Appetizer* ist die Vorspeise. Fast immer wird Wasser zu den Mahlzeiten gereicht.

Bei der Zubereitung von Fisch und Fleisch gilt's folgendes zu beachten: *boiled* ist gekocht, *broiled* gebraten, *fried* fritiert und meist auch paniert, *sauteed* gedünstet, *grilled* gegrillt und *coated* im Schlafrock. Steaks präsentieren sich

»Mels drive in« (A)

rare, medium rare, medium oder *well done.* Bestellt man ein Hauptgericht, so wird die Bedienung sich erkundigen, ob bzw. welche Suppe man wünsche, worauf man beispielsweise fragt *What is your soup today?*

Wer fürchtet, daß sein Salat z.B. in Soße, *dressing*, ertränkt werde, bestelle diese *on the side*, also getrennt. Pommes sind *French fries*; und häufig sind *baked potaoes*, z.B. mit *chives*, Schnittlauch und *sour cream*, saurer Sahne.

Im Laufe der Mahlzeit wird die Bedienung sich erkundigen *How well are you doing?*, worauf die Antwort lautet *Fine, thank you* oder *Could I have some more ..., please?*

Wem nichts anderes einfällt als *good*, gibt zu erkennen, daß das Aufgetischte gerade noch genießbar sei. Angemessen wären *delcious, excellent, great* usw. Wer auf die Frage *Would you like some more ...* entgegnet: *No thank you, I've had enough*, sagt, daß er die Nase voll habe, aber nicht daß er satt sei, was mit *No thank you, I've finished* auszudrücken gewesen wäre.

Gegen Ende folgt *Is there anything else you want?*, *What about a dessert?*, worauf man mit *Yes, I would like a ...* oder *I try ..., please,* antwortet. Wünscht man zu zahlen, so fragt man *Could we have the check, please?*, wobei die Bedienung sich erkundigen wird, ob sie für alle, *on*

Restaurants (nach Arten)

Hier noch einige nützliche Wörter:

lox	ger. Lachs	clams	gr. Muscheln
salmon	Lachs, Salm	clam chowder	Muschelsuppe
seafood	Meeresfrüchte	lobster	Hummer
sole	Scholle	trout	Forelle
bass	Barsch	veal	Kalb
snapper	Zackenbarsch	lamb	Lamm
gbcod	Kabeljau	pork	Schwein
halibut	Heilbutt	beef	Rind
tuna	Thunfisch	ham	gekochter
mackerel	Makrele		Schinken
swordfish	Schwertfisch	bacon	Schinkenspeck
shellfish	Schalentiere	chicken	Hühnchen
shrimps	Garnelen	turkey	Truthahn
oysters	Austern	duck	Ente
crabs	Krebse u.	venison	Wild
	Krabben	prime rib	gedünst.
prawn	Steingarnele		Hochrippe

one check, oder getrennt, *on separate checks*, auszustellen sei. Das Trinkgeld (tip) läßt man auf dem Tisch liegen und zahlt am Ausgang an der Kasse. Das Wort stammt übrigens aus der Zeit des ersten Londoner Kaffeehauses, Lyons, in dem die eiligen Londoner Geschäftsleute einen gewissen Obolus in einen Kasten warfen, »to improve promptness« – um die Geschwindigkeit des Bedientwerdens zu erhöhen, also. Also ... guten Appetit! Die im folgenden angegeben Preise beziehen sich auf ein Hauptgericht ohne Berücksichtigung des Trinkgeldes:

ohne	unter $ 5
$	unter $ 10
$$	unter $ 15
$$$	$ 20 und mehr

Fischlokale (Seafood)

Da San Francisco unmittelbar am Pazifik liegt, sollte man glauben, die Annahme, überall in der Stadt und insbesondere am Fisherman's Wharf gute Fischrestaurants zu finden, sei gerechtfertigt. Dem ist leider nicht so. Gerade am Fisherman's Wharf bieten die meisten Restaurants gefrorenen oder zerkochten Fisch. Sich also nicht

Mexian Bar

North Beach Cafe

Pancho Villa Taqueria

China Town

Cable Car

Ashbury Bus

Streetcar

wundern, wenn die in diesem Führer aufgelisteten Fischlokale sich nicht unbedingt in Innenstadtnähe befinden. Niemand scheue sich nachzufragen, ob das gewünschte Gericht frischen Fisch enthält.

Pacific Café,

7000 Geary Blvd., bei 34th Ave., ✆ 387-7091.
Mo.-Do. u. So. 17-22 h, Fr. u. Sa. 17-23 h.
Ein gutes Stück von der Stadtmitte entfernt, gehört zu den Insideradressen. Viele schwören darauf, daß es die fantastischsten Fischgerichte weit und breit zubereite. Von der Einrichtung her nicht gerade schick, aber urgemütlich, so daß eine Tischvorbestellung unumgänglich ist. Unglücksraben, die dies versäumten und infolgedessen auf das Freiwerden eines Tisches etwas warten müssen, reicht man zur Entschädigung fürs Schlangestehen gratis Wein. $$

Hayes Street Grill,

320 Hayes St., zw. Franklin St. und Gough St., ✆ 863-5545.
Lunch Mo.-Fr. 11.30-15 h, Dinner Mo.-Sa. 17.30-22 h.
Gegenüber dem Opernhaus (Eingang Hayes St.) liegt das Hayes St. Grill Restaurant, von dem man ebenfalls behauptet, daß es mit den besten Fisch in der Stadt zubereite. Die Besitzer sind im Bund mit Paul Johnson, der durch seine Veröffentlichungen in Zeitungen und einem Buch über Fischgerichte in der Stadt längst als Fachmann auf diesem Gebiet anerkannt ist. Seine Fischer beliefern Hayes St. Grill täglich mit frischem Meeresgetier. Nun, Spitzenqualität hat seinen Preis! Es handelt sich um einen in Yuppiekreisen ziemlich populären Edelschuppen. Hayes Street Grill ist ebenfalls bekannt für knusprige Pommes Frites, French Fries. Reservierung ist unbedingt erforderlich. $$-$$$

Castagnolas,

286 Jefferson, bei Jones, ✆ 776-5015.
Mo.-Fr. 8-23 h. Sa. 8-22 h
Den unzähligen Restaurants am Fisherman's Wharf entströmen Wohlgerüche, denen nur schwer zu widerstehen ist. Wie erwähnt, gehen im Großen und Ganzen nur Touristen am Fisherman's Wharf essen, weil sämtliche Reiseführer sich kaum die Mühe machen, Insiderrestaurants aufzuspüren. Ok, wir befinden uns jetzt aber an besagtem Ort, haben einen Bärenhunger und unsere rauchenden Fußsohlen streiken für die nächsten zwei Stunden.

Nun, es gibt noch Hoffnung! Castagnolas ist eine der rühmlichen Ausnahmen. Die Fischgerichte schmecken sehr lecker, das mit dem Essen servierte Sauerteigbrot »is smoking« (Slang für Spitzenklasse) und die Preisliste kann nicht mit einem Postleitzahlenverzeichnis verwechselt werden. $$$.

Scott's Seafood,
2400 Lombard St., Ecke Scott,
✆ 563-8988,
3 Embarcadero Center,
✆ 981-0622.
So.-Do. 11.30-22.30 h, Fr. u. Sa. 11.30-23 h.
Scott's Seafood ist weniger bekannt für seine Küche als für die Atmosphäre. Will man eine Menge schicker Leute sehen, Trubel um sich haben und seinen Appetit auf Fisch stillen, sollte man sich umgehend auf den Weg zu Scott's Seafood machen. $$

Pizzerias

Vicolo,
201 Ivy St., bei Franklin St., in einer Gasse hinter Hayes Street Grill, ✆ 863-2382.
Tägl. 11.30-23.30 h.
Dan »Ruby« Rubenstein war Taxifahrer in Chicago, bevor er nach San Francisco zog, dort mit Verdruß feststellte, daß niemand eine so gute Pizza zubereitete wie er selbst und daraufhin über ein Jahr mit verschiedenen Teigarten und Zutaten experimentierte, bis er, von seiner Kunst endlich über-

zeugt, diese der Öffentlichkeit nicht länger vorenthielt. Jetzt mußte er nur noch einen Geschäftspartner finden, einen von der finanzkräftigen Sorte, versteht sich. Tatsächlich gelang es ihm, eine betuchte Dame von seinem Talent zu überzeugen. Nicht nur die Pizza weicht von allem bisher Gesehenen ab. Wollen wir's mal so ausdrücken: Vicolo ist eine kalifornische Yuppie-Pizzeria. Also bitte nicht alte Holztische, schummrige Beleuchtung und italienisches Gezeter aus der Küche erwarten. Nein, nein, die Wände bei Vicolo's sind pink, mit einer Art an die Wand geklatschtem Wellblechimitat, der dem Laden seine besondere, etwas zu sterile, Note verleiht. Muß man denn noch erwähnen, daß Vic's Superpizza selbstverständlich ihren stolzen Preis hat?! $$

Panhandle Pizza,
2077 Hayes Street, ✆ 750-0400.
Tägl. v. 11.30-21 h. Riesige dampfende Pizzas, gut belegt. $

Pasquales,
700 Irving St., bei 8th Ave.,
✆ 661-2140
Tägl. 12-0.30 h, Fr. und Sa. bis 2 h. Weder kalifornische Eleganz, noch Neonkrimskram, noch besonders ausgeflippte Gäste, aber stets eine Riesenpizza. Beim Bringdinst kön-

nen Kunden sichergehen, die gewünschte Pizza zur verabredeten Zeit noch heiß zu erhalten. Ein paar Haustüren entfernt, an der Fulton Street, liegt die Grapevine Bar, beliebt bei den Schwarzen in diesem Stadtteil. Pasquales an der Irving Street liegt in der Nähe des Golden Gate Parks. $-$$

Cybelle's,
1000 Bush, bei Jones St.,
✆ 885-6830,
2105 Chestnut St., bei Steiner St.,
✆ 563-0620,
203 Parnassus, bei Stanyan St.,
✆ 665-8088,
719 14th St., zw. Church u.
Sanchez Sts., ✆ 431-1722.
So.-Do. 11-23 h, Fr. u. Sa. 11-24 h. Prima Pizzas zu vernüftigen Preisen. Auch Lieferung ins Hotel. $$

Schnellimbiß

Hot and Hunky,
4039 18th St., bei Castro St.,
✆ 621-6365.
So.-Do. 11-24 h, Fr. u. Sa. 11-1 h,
1946 Market St., bei Duboce,
✆ 621-3622.
So.-Do. 11-23 h, Fr. u. Sa. 11-24 h. Motto: »17 ways to fix a burger«. Saftige, Burgers zu angemessenen Preisen. Lasse sich ein jeder überzeugen, daß diese Fleischklöpse nichts mit dem Billigfutter von McDingsda zu tun haben. Poster

und Fotografien von *Marilyn Monroe* tapezieren die Niederlassung an der 18th Street. $

Bill's Place,
2315 Clement St., zw. 24th und
25th Ave., ✆ 221-5262
So.-Do. 10-22 h, Fr. u. Sa. 10-23 h. Die Hamburger und Milkshakes bei Bill's sind so beliebt, weil sie mit Sorgfalt und Können zubereitet werden. Geboten wird ein idyllischer kleiner Hinterhof, in dem sich jeder von den Strapazen der Großstadt erholen wird. Wundervoll kitschige und geschmacklose Einrichtung, so daß man kaum seinen eigenen Augen traut, mit Kristalleuchtern und Plastikstühlen in einem Raum. Aber trotzdem mangelt es Bill's Place nicht an Zulauf, und man wird sich als Kunde in bester Gesellschaft befinden. Studieren wir die Gesichter berühmter Gäste, deren Konterfeis die Wände zieren. $

The Hamburger Mary's Organic Grill,
1582 Folsom St., bei 12th St.,
✆ 626-5767.
Tägl. 10-1.30 h. Sowohl das Essen als auch der Service sind nicht besonders erfreulich, deshalb erwähnen wir ausschließlich das Ambiente. Es wird geprägt durch eine Sammlung von Puppen, Federboas und allerlei

Krimskrams aus den letzten 80 Jahren.

Without Reservation,
460 Castro St., zw. 18th u. Market St., ✆ 861-9510.
Tägl. 7.30- 2.30 h.
Nur Glückspilze werden einen Tisch am Fenster ergattern. Dies ist aber eine der bequemsten Möglichkeiten, einen Eindruck vom Treiben in dieser Männerwelt zu gewinnen. Das Restaurant liegt direkt an der Castrostreet, der Hauptstraße im Schwulenviertel. Sogar die Bedienung dieses Restaurants läßt Castrogefühle aufkommen. Das Restaurant selbst ist ständig gut besucht, und das nicht nur wegen seiner interessanten Lage sondern wegen des guten Essens. So mancher wird anhand dieser Hamburger, Cheeseburger, Pommes etc. gezwungen sein, seine negativen Vorurteile bezüglich amerikanischer Hamburger zu überdenken. Großzügig bemessene Portionen! Das Abendessen kommt mit Suppe und Salat daher. $

Max's Opera Café,
601 Van Ness Ave., bei Golden Gate Ave., ✆ 771-7300.
Tägl. 11.30-23 h.
Sandwiches, die im Gedächnis bleiben, von einem trällernden Kellner serviert! Dennis Berkowitz, der aus New York stammende Inhaber dieses Restaurants, ließ diese alte Tradition des singenden Kellners wiederaufleben. Die fast fünfzig Angestellten des Restaurants hat er unter sechshundert Musikstudenten ausgewählt. Max's ist das Heim der in New York so berühmten jüdischen Deli Sandwiches. Spezialität des Hauses: New York Peppercorn Pastrami, Pizelle Fromage, eine pizzaähnliche Kreation überbacken mit Schweizer Raclette, amerikanischem Monterey Jack, italienischem Fontina Käse und bayrischem Blue Cheese sowie Spinatsalat.

Preise auf höherem Niveau, aber dennoch angemessen. Die Sandwiches sind superb, eine Augenweide, die Portionen großzügig, und man wird in dem eleganten Opera Café eine Menge interessanter Leute zu Gesicht bekommen. Viele Besucher kommen gerade aus der Oper oder sind auf dem Weg in eine der Kinovorstellungen des, im selben Gebäude untergebrachten, Opera Plaza Kinos. $

David's Deli,
474 Geary St., zw. Mason u. Taylor Sts., ✆ 771-1600.
Mo.-Fr. 7-13 h, Sa. u. So. 8-13 h.
Typisches jüdisches Deli-Restaurant in der Nähe des Union Square mit leckeren Sandwiches. $

Quincey's,
1408 Market St., bei Grove St.,
✆ 626-7912.
Mo.-Fr. 11-14.30 h, Sa. u. So.
geschlossen.
Wie aus den Öffnungszeiten ersichtlich, handelt es sich bei Quincey's um ein Sandwichgeschäft, das lediglich von den in der Umgebung arbeitenden Angestellten lebt, die sich hier zum Lunch einfinden. $

Salmagundi's,
2 Embarcadero Center, zw. Battery
u. Sacramento Sts., ✆ 982-5603,
Mo.-Fr. 11-21 h, Sa. 11.30-16.30 h,
442 Geary St., zw. Mason u. Taylor
Sts., ✆ 441-0894,
Tägl. 7.30-23 h,
Salmagundi's gelten als Suppenprofis der Stadt. Es handelt sich dabei um eine elegantere und gemütlichere Fast-Food-Kette. Täglich darf zwischen drei frisch zubereiteten Suppen gewählt werden. Die Süppchen haben es wahrhaftig in sich und werden auch halb Verhungerte für die nächsten Stunden stärken. Ein Lunchspecial mit Suppe (ohne Nachschöpfen) und einem Sandwich angeboten. $$

Snookie's Cookies,
560 Sacramento St., zw. Sansome
und Montgomery St., ✆ 788-1878.
Tägl. 6-19 h.
Lohnende Adresse für ein günstiges Frühstück oder ein Lunchsandwich. Zwanzig Sorten Sandwiches stehen zur Wahl, darunter eins mit Krabbensalat, das jedem in Erinnerung bleiben wird. Daneben Cookies (Kekse) und vierzehn verschiedene Muffins. $

La Mediterranee,
2210 Fillmore St., Ecke Sacramento
St., ✆ 921-2956, Mo.-Fr. 11-22
h, Sa. 10-23 h,
288 Noe St., bei Market St.,
✆ 431-7210.
Di.-Do. 11-22 h, Sa. 11-23 h.
Kleines Restaurant mit Leckerbissen aus dem Nahen Osten und Griechenland bei entsprechendem musikalischen Hintergrund. $

Soulfood
(Küche der Schwarzen)

Powell's Place,
511 Hayes St., bei Octavia,
✆ 863-1404.
Tägl. 8-24 h.
Zugegeben, die Einrichtung glänzt nicht gerade durch Luxus - man glaubt in einem der vielen Plastik-Fast-Food Restaurants gelandet zu sein – aber der Schein trügt. Powell's Place ist eines der wenigen Soulfood Restaurants der Stadt, und man ist sich über einen Punkt einig: hier gibt's die knusprigsten Hähnchenschlegel der Stadt. Gleichgültig, um welches Gericht es sich handelt, jeder wird den

Laden zufrieden verlassen. Nicht übel das *Cornbread*, ein leckeres Maisgebäck der traditionellen Soulfoodküche.

An den Wänden Fotografien berühmter Gospelsinger, da der Inhaber, Mr. Emmit Powell, selbst ein bekannter Gospelsänger ist. Die Atmosphäre bei Powell's ist sehr entspannt. Man glaubt sich in der Küche einer schwarzen Großfamilie, wo jeder jeden kennt, lebhaft die neuesten Ereignisse der schwarzen Gemeinde beredet und das sehr herzlich und laut. $

Fish & Chicken Shack,
808 Divisadero St., bei Mc Allister St., ℰ 346-1944.
Mo.-Do. 8.30-21.30 h, Fr. u. Sa. 8.30-22.30 h, So. 8.30-19 h.
In dieser Gegend wohnen überwiegend Schwarze, darunter Alice Walker, Autorin des Films »Color Purple« (erschien bei uns im Kino als »Die Farbe Lila«) und Dennis Glover, einer der erfolgreichsten schwarzen Schauspieler, zu sehen in den Filmen »Silverado«, »Der einzige Zeuge« und »Nelson Mandela«. Das Restaurant ist etwas armselig eingerichtet, aber man kriegt hier gute Soulfood, und auch die Pommes sind nicht übel. $

Steakhäuser

Original Joe's,
144 Taylor St., bei Eddy St.,
ℰ 775-4877. Tägl. 10.30-1. 45 h
Bei Original Joe's ist ein Metzger mit nichts anderem als der Zubereitung und Aufbewahrung von Steaks beschäftigt, für die dieses Restaurant sich einen guten Ruf geschaffen hat. Stadtbekannt ist Joe's Hamburger Steak, aber auch die Hamburger, Pommes Frites und Salate sind nicht zu verachten. Jeder wird bei Joe satt. Dieses Restaurant ist seit Jahren dafür bekannt, daß es reichliche Portionen zu vernünftigen Preisen bietet. In diesem Stadtteil bewegt man sich am sichersten mit einem Taxi. $

Harris,
2100 Van Ness Ave., bei Pacific St.,
ℰ 673-1888.
Mo.-Sa. 11.30-14 h und 17-23 h, So. 16-22 h.
Ann Harris, die Inhaberin dieses Restaurants füllt diesen Posten wirklich bestens aus. Sie war Besitzerin der Harris Ranch in Coalinga, des zweitgrößten Rinderzuchtbetriebes der Welt, und zudem eine ehemalige Broadwaypersönlichkeit. Die über Mesquiteholzkohle gegrillten Steaks sind ein Genuß. Preislich bewegen wir uns in diesem für eine Million Dollar umgebauten Restaurant allerdings auch auf gehobenem Niveau. $$$

Taquerias

> Hier einige nützliche Wörter:
>
> *Burrito*
> weiche Teigtasche gefüllt mit Reis
>
> *Quesedilla*
> mit Käse und Bohnen gefüllte Weißbrottaschen
>
> *Guacamole*
> Avocadocreme
>
> *sour cream*
> saure Quarkcreme
>
> *hot, spicy*
> scharf

La Cumbre,
515 Valencia St., bei 16th St.,
✆ 863-8205. Tägl. 11-22 h.
Bei La Cumbre herrscht durchgehend Hochbetrieb. Wenn man als Kenner San Franciscos noch nie von La Cumbre gehört hat, muß man hinter dem Mond leben. In dieser familienbetriebenen Taqueria gibt es die besten Burritos. Mama hackt die Steaks, Papa und Tochter füllen die dampfenden Fladen je nach Wunsch mit Reis, Steak, Rindfleisch, Zwiebeln, Hot Sauce – sich nicht den Mund verbrennen! – und Guacamole, der Avocadocreme. Großmama kassiert den Zaster.

Das Ergebnis? Wer hier getafelt hat, ist für den Rest des Tages satt!
$

La Taqueria,
2889 Mission St., bei 25th St.,
✆ 285-7117.
Tägl. 11-20 h.
Obwohl diese Taqueria vorwiegend »Food to go« verkauft, hat sie sich mit ihren schmackhaften Burritos einen Namen erworben. Eine Variante: nicht mit Reis gefüllte Burritos.

El Faro,
2399 Folsom St., bei 20th St.,
✆ 647-3716,
Tägl. 7-19 h,
82 1th St., bei Market St.
✆ 495-4426,
Tägl. 6.30-19 h,
1200 Polk St., bei Sutter St.,
✆ 771-9700.
Mo.-Sa. 8-21 h, So. 8-20 h.
Die Qualität der El Faro Burritos kommt an die der anderen genannten Taquerias nicht heran. El Faro ist so etwas wie eine Fast-Food-Taqueria. Dafür erfreulich niedrige Preise.

!WA-HA-KA!,
1459 Folsom St., bei 11th St.,
✆ 861-1410 und 2141 Polk Str.
bei Broadway ✆ 775-1055 und
1980 Union Street bei Buchanan
✆ 775-4145
Tägl. 11-23 h
Gute mexikanische Küche. Die Filliale an der Folsom Street eignet sich hervorragend für einen kleinen

Snack vor dem Abfeiern im SoMa Distrikt. $

Vegetarische Restaurants

Green's at Fort Mason,
Buchanan St. & Marina Blvd.,
✆ *771-6222.*
Lunch Di.-Sa. 11.30-14. h, So. 10-14 h, Dinner Di.- Do. 17.30-21.30 h, Sa. 18-21.30 h, So. 18-20. 15 h.
Von Zen-Buddhisten geführtes Feinschmeckerlokal mit derartig herzhaften und würzigen Gerichten, daß man schwören könnte, es handle sich nicht um vegetarische Speisen. Die Atmosphäre bei Green's ist natürlich sehr diskret und gedämpft, fast ein wenig steif. Die prachtvolle Aussicht auf die Bucht und die Golden-Gate-Brücke lädt in der Tat zur Meditation ein. Die San Franciscaner lieben das Ausgefallene, so daß man deshalb unbedingt einen Tisch vorbestellen muß. Die Chancen, einen Platz für das Mittagessen zu erhaschen, stehen ungemein besser. Green's ist fürs Abendessen meist tagelang ausgebucht. $$$

Real Good Karma,
501 Dolores St., bei 18th St.,
✆ *621-4112.*
Mo.-Sa. 11.30-15 h u. 17.30-23 h, So. 11-15 h, 17.30-22.30 h.
Real Good Karma wurde in den sechziger Jahren von einer Hippiegruppe gegründet und hat sich über all die Jahre kaum verändert. Einrichtung wie auch Zusammenstellung der Speisekarte (gewollt) unkonventionell. Ein bißchen Neonbeleuchtung in Pink, jede Menge Hängepflanzen, kunterbuntes Mobiliar, japanische Lampions und, ach ja, ein Klavier, das leider nur ab und an erklingt. Die Gerichte werden Gourmets zufriedenstellen. Japanisches Tempura mit fünf verschiedenen Gemüsesorten, Gerichte mit Tofu, griechische Salate, Honigeis etc. $

Vegi Food,
1820 Clement St., bei 19th Ave.,
✆ *387-8111.*
Di.-Fr. 11.30-15 h u. 17-21 h, Sa. u. So. 11.30-21 h, Mo. Ruhetag.
Betont ruhige Atmosphäre in dem Vegetarierrestaurant mit seinen acht Tischen. Klassische Musik ist im Hintergrund zu hören, und ein feiner Räucherstäbchenduft durchzieht das Lokal. Vegetable Deluxe (vier Pilzsorten, zwei Fungussorten, Tofu, Gluten) oder Sweet-sour walnuts. Dieses Restaurant verwendet weder Eier, noch Knoblauch, Zwiebeln oder MSG, Monosodiumglutamat, das die Chinesen so lieben und auf das zahlreiche Europäer allergisch reagieren. $$

Millenium,
246 McAllister, zw. Hyde u. Larkin
Sts. im Gebäude des Abigail Hotels,
✆ 487-9800.
Di.-Fr. 11.30-14.30 h u. 17-
21.30Uhr.
»Ich wußte vorher, daß es gesund
ist, aber das es auch gut schmeckt
wußte ich erst nachher,« schrieb
ein Kritiker. Auch wir möchten
niemandem dieses Aha-Erlebnis
vorenthalten und empfehlen dieses
Restaurant uneingeschränkt (für
etwas größere Geldbeutel). $$

All You Knead,
1466 Haight St., zw. Masonic u.
Ashbury Sts., ✆ 552-4550.
So.-Do. 8-23 h, Fr. und Sa. 8-24 h.
All you Knead ist für die flippige
Haight-Street-Gegend ein recht
eingerichtetes Restaurant. Weißge-
deckte Tische, ein mit Steinfliesen
ausgelegter Fußboden, zwei wild
blubbernde Aquarien und eine
bauchige Jukebox verleihen diesem
großräumigen Lokal eine eigen-
willige Note. Die Speisekarte bietet
eine breite Palette an vegetarischer
Küche. Ob Quiches, Pizzen oder
Salsas, die Home Grown Food
Leute fabrizieren alles selbst. $

Sacred Grounds,
2095 Hayes, bei Cole, ✆ 387-
3859. Tägl. 9-22 h.
Die Frischluft im Golden Gate
Park macht bärenhungrig. Also auf

ins Sacred Grounds Café, nur zwei
Blocks vom Eingang des Golden
Gate Parks. Diese »Heiligen Jagd-
gründe« sind ursprünglich eine
Hippiegründung und zogen zu-
nächst mal Naturkostler an. Die
Einrichtung besteht ziemlich un-
konventionell aus ein paar selbst
zusammengeklopften Tischen aus
Redwoodholz und einigen Mö-
beln, die andere Leute eher in den
Garten stellen würden. Man be-
stellt die Suppe, das Sandwich, den
Salat etc. am Tresen, von wo man
nach Anruf dann das Bestellte
abholt. Das benutzte Geschirr stel-
le man bitte in die Plastikwanne
links vom Tresen. Freitagabends
lesen Dichter aus ihren gesammel-
ten Werken, oder Solomusiker/-
künstler treten auf. Nicht erstau-
nen, wenn das mitgeführte Hau-
stierchen einer Zuhörerin z.B. kein
Schoßhündchen, sondern auch
mal eine Schlange ist. Be what you
are – eine prominente Anhängerin
dieser Philosophie namens Janis
Joplin wohnte übrigens gleich um
die Ecke in der Cole Street. $

Amazing Grace,
216 Church St., bei Market St.,
✆ 626-6411.
Mo.-Sa. 11-22 h, So. Ruhetag.

Restaurants (nach Ethnien)

Wein: Ist für uns ein Glas Wein
lediglich etwas, was wir einfach

gerne während des Essens zu uns nehmen, aber nicht mehr, so lassen wir uns keine teuren Flaschen aufschwatzen. In vielen Restaurants ist das reine Profitmacherei. Den Chardonnay zu 20 $ hat das Restaurant im Großeinkauf für acht Dollar eingekauft. Zu bedenken gilt, daß preiswerte kalifornische Weine besser sein können als überteuerte französische Importe. Viele Restaurants gestatten ihren Gästen, ihre eigene Flasche Wein mitbringen. Für das sogenannte Corkage Privilege sind meist um die $ 5. Also bitte immer vorher anrufen, um sicher zu gehen, daß dies gestattet ist.

Draper & Esquin,
655 Davis Street, ✆ 397-3797.
Liquorbarn, *550 Northpoint, bei Taylor Street, ✆ 441-5946.*
Mo.-Fr. 10-20 h, Sa. 9-20 h, So. 10-19 h.
Gelegenheit zu Weinproben.

Amerikanische Restaurants

Jack's,
615 Sacramento St., bei Montgomery St., ✆ 986-9854.
Mo.-Sa. 11.30-15.30h u. 17.30-21.30h, So. 16.30-21.30h.
Jack's ist einzigartig in San Francisco. Teilt man am Eingang den schweren grünen Vorhang und tritt ein, so hat man das zwanzigste

Jahrhundert verlassen. Kaum etwas hat sich geändert seit der Zeit, als die Kunden 1864 noch ihre Rechnung mit etwas Goldstaub zu begleichen pflegten. Über die Jahre hat Jack's berühmte Persönlichkeiten wie *Präsident Hoover, General Douglas Mc Arthur Jack London* und *Ernest Hemingway* verköstigt. Qualität zu passablen Preisen. Besonders empfehlenswert die Suppen. $

Max's Diner,
311 3th St. bei Folsom, ✆ 546-0168. F.546-9231
Mo.-Do. 11-23 h, Fr. 11-1 h, Sa. 11.30-1 h, So. 11.30-23 h.
Das Motto dieses Restaurants heißt: »Everything you always wanted to eat«. Max's Diner ist sehr populär, was man spätestens dann merkt, wenn man nach einem leeren Tisch Ausschau hält. Man fühlt sich in das Amerika der fünfziger Jahre zurückversetzt. Die Jukebox dröhnt; der Platz ist mit jeder Menge Neon und Chrom verziert. Ein idealer Ort, um allerlei interessante Gestalten zu beobachten. $

Pier 23 Café,
Pier 23 an der Fishermann's Wharf, ✆ 362-5125
Lunch Mo.-Fr. 11-14.30 h, sonntags Brunch
Seit den vierziger Jahren ist Pier 23 eine wohlbekannte Bar, berühmt

für die herrliche Aussicht auf die Bucht, die Oakland Bay Bridge und Treasure Island. Seit 1984 tischen Peggy Knickerbocker und Flicka McGurrin leckere Gerichte zur Mittagszeit auf. Besonders die Angestellten des umliegenden Financial Districts machen von diesem Angebot regen Gebrauch. Die Speisekarte wechselt ständig.

Leckermäuler werden sich an hervorragenden Chocolat Brownies mit Schlagsahne gütlich tun. Chocolate Brownies ist ein Schokoladenkuchen und ein überall bekanntes Dessert. $

John's Grill,
63 Ellis St., bei Powell St.,
✆ *986-0069.*
Mo.-Sa. 11-22 h. So. 17-22 h
Bevor Californian Cuisine in Mode kam und viele Kunden, die sich gerne zu den Trendsettern zählten, zu Restaurants wie Café Americain, Square One etc. abwanderten, gehörte John's Grill zu den beliebtesten Restaurants der Stadt. Heute zählt man es zu den guten traditionellen Restaurants, da es die Atmosphäre des alten San Francisco bewahrt hat. Unter den vielen berühmten Persönlichkeiten, die im Laufe der Jahre hier getafelt haben und deren Konterfeis die Wände zieren, war ein Schriftsteller, der inzwischen mehr oder weniger zum Aushängeschild

des John Grill's Restaurants wurde: *Dashiell Hammett* (1894-1961). Er schrieb Kriminalgeschichten, wovon mehrere verfilmt wurden. Die berühmteste Verfilmung ist »Die Spur des Falken« (Der Malteser Falke) von *John Houston* mit *Humphrey Bogart* als Detektiv Sam Spade, Prototy des hartgesottenen, zynischen Einzelgängers, in der Hauptrolle, Vorbild für Raymond Chandlers Philip Marlowe oder Ross Macdonalds Lew Archer. Ein Bild von *Dashiell Hammett*, den den Krimi in diesem Restaurant niederschrieb, hängt im Treppenaufgang zum zweiten Stock. *André Gide* lobte nach der Lektüre von »Bluternte« die Dialoge in seinen Tagebuchaufzeichnungen als einem Hemingway oder Faulkner würdig. Die Wände der zweiten Etage schmücken Aufnahmen aus dem Film. Einrichtung und Atmosphäre versetzen einen tatsächlich zurück in die dreißiger und vierziger Jahre. Die Speisekarte führt neben der Dashiell Hammet Story eine ganze Latte schmackhafter Gerichte auf. Durchaus angemessene Preise, aber nicht gerade niedrig. Man behalte dieses Lokal, übrigens äußerst zentral gelegen, für einen besonderen Abend im Auge. $$

Au-Pair Box
http://www.au-pair-box.com

Kimball's,

300 Grove St., bei Franklin St.,
℗ 861-5555.
Tägl. 11.30-14.30 h und 17-21 h.
Im Herzen des Civic Center in
einem Backsteingebäude gegenüber der Davies Hall stellt dieses
Restaurant eine richtige Institution
in San Francisco dar und wurde
kürzlich renoviert. Es ist das
Stammlokal der San Franciscan
Jazz Society, so daß Jazzfreunde
sich auf eine Livedarbietung freuen
dürfen. Die Speisekarte verschafft
einen Überblick über die her-
kömmliche amerikanische Küche.
Lassen wir uns also im eleganten,
von Bogenfenstern umrahmten,
Speiseraum im zweiten Stock nieder. Ballettfreunden sei nicht ver-
schwiegen, daß der berühmte Mik-
hail Baryshnikov Gast bei Kim-
ball's war. $$

Mission Rock Café,

817 China Basin, bei 3rd St.,
℗ 621-5538.
Mo.-Fr. 8-15.30 h, Sa. u. So. 9-16 h.
Das Mission Rock Café, ein belieb-
tes Restaurant für das Lunch, liegt
zwar etwas fern der Stadtmitte, ist
aber stets gut besucht, da die Ter-
rasse bei schönem Wetter eine
überwältigende Aussicht auf die
Bucht, Oakland und die Oakland
Bay Bridge beschert. Es wäre keine
schlechte Idee, nach einem Besuch
des Esprit Outlets hier zu Mittag

einzukehren. Vom Esprit Outlet
zum Mission Rock Café läßt's sich
gut laufen. $

Bull's Texas Café,

25 Van Ness Ave., bei Market St.,
℗ 864-4288.
Mo.-Do. 11-22 h, Fr. u. Sa. 11-23 h,
So. 16-22 h.
Amerikanisches Restaurant im
Texas-Stil mit lauter Geräuschku-
lisse. Man ist noch auf der anderen
Straßenseite und schon fallen dem
Besucher die neonreklameverzier-
ten Fensterscheiben des Bull's ins
Auge. Bei Betrachtung der rustika-
len Einrichtung erinnert man sich
unwillkürlich an die Bonanzaseri-
en. Die legendäre Ponderosa Farm
befindet sich übrigens in Nord-
kalifornien. Ponderosa ist die Be-
zeichnung für eine Kiefernart. Das
war genügend Bonanza-Trivia.

Die Speisekarte listet Cajun-
Gerichte aus Louisiana, Deftiges
aus Texas und herzhafte Speisen
aus Mexiko auf. Auf der Karte kön-
nen Kundige ihre texanischen
Sprachkenntnisse erweitern. $

Blue Light Café,

1979 Union St., bei Buchanan St.,
℗ 922-5510.
So.-Mi. 18-23 h, Do. u. Fr. 18-24 h.
Ein weiteres Restaurant, das
Gerichte aus New Orleans und Te-
xas auf seiner Speisekarte führt.
Boz Scaggs Restaurant präsentiert

sich schick, ganz im Stil der Union Street. Boz Scaggs ist ein Rockstar aus San Francisco, und man bezeichnet ihn gerne als den amerikanischen Steve Winwood. Man wird in den Lederpolstern des Blue Light Café nicht nur in den Genuß der auf Mesquite-Holzkohle gegrillten Speisen kommen, sondern auch noch gute Rockmusik hören. Leider ist die Folge für diesen Luxus kräftiger Aderlaß. Wer sein Geld lieber zu einer anderen Gelegenheit ausgiebt und trotzdem eines dieser Trendsetterrestaurant kennenlernen möchte, ordere doch einfach einen Cocktail an der vornehmen Bar. $$

Kalifornische Restaurants

Californian Cuisine wurde 1971 im berühmten Restaurant »Chez Panisse« in Berkeley kreiert und ist seit seiner Geburtsstunde ein umstrittenes Thema. Der Schwerpunkt kalifornischer Küche liegt auf der Verwendung frischer Zutaten aus der Umgebung, die durch Anwendung verschiedener Kochkünste und Zuhilfenahme von Rezepten aus aller Welt zu einzigartigen kulinarischen Kompositionen zusammengestellt werden. Inwieweit die Ergebnisse den Gaumen verwöhnen oder nicht, darüber gehen die Meinungen stark auseinander. Mit Sicherheit aber handelt es sich um Gerichte, von

denen nur wenige gehört haben. Die California Cuisine Restaurants, wie das The Stinking Rose oder Square One, um nur zwei bekannte Repräsentanten aufzuführen, sucht überwiegend die junge finanzkräftige Elite auf. Das hat seinen Grund. Die Yuppies sind die Trendsetter, und wenn es ein Wort gibt, das in Kürze das Phänomen der »Californian Cuisine« am besten umschreibt, dann ist es »trendy«. Mindestens alle zwei Jahre pfeift der Modewind in eine andere Richtung, und wer »up to date« sein will, der weiß, welches Restaurant gerade am populärsten ist. Um einige Beispiele zu nennen: wenn vor kurzem Räucherfisch und Kaviar der letzte Schrei waren, so tobten sich zwei Jahre später die Köche dieser neuesten Kochrichtung an italienischen Rezepten aus. Wer etwas auf sein Image hielt, mußte also mindestens einmal im Basta Pasta, dem Ciao oder im Prego getafelt haben. Momentan konzentriert sich die California Cuisine auf die Küche Mexikos und den amerikanischen Südwesten (Arizona, New Mexico, Texas etc).

Das Zuni-Restaurant, benannt nach einem Pueblo-Indianerstamm im Südwesten der USA, ist momentan eines der Toprestaurants. «The Stinking Rose«, das mit raffinierten Knoblauchgerichten keine Langeweile in Sachen California Cuisine aufkommen läßt, gehört zweifelsohne dazu. Also, Exotik um jeden Preis. Das ist wortwörtlich zu nehmen.

Fog City Diner,
1300 Battery St., Ecke Lombard St., ℰ 982-2000.
Tägl. 11.30-23 h, Fr. u. Sa. 11.30-24 h.
Während des Zweiten Weltkriegs wurden in diesem Gebäude Marinesoldaten beköstigt. Heute steht die Küche für rund 450 Zivilisten pro Tag unter Volldampf. Die Besitzer des Fog City Diners tüftelten drei Jahre an der Umgestaltung der Räumlichkeiten, und zwar mit Erfolg. Sich selbst überzeugen! Übrigens: möge sich dieses Gedicht von Nachspeise niemand entgehen lassen! Butterscotch Sundae (Vanilleeis mit Butterscotchsirup und gerösteten Pecannüssen). $$

Stinking Rose,
325 Columbus St., bei Broadway St., ℰ 781-7673.
Tägl. 11-24 h.
Dieses Restaurant hat mit dem ehemaligen Café Americain nicht nur die Anschrift gemeinsam; auch die Mannschaft, das Ambiente und die Kundschaft blieben größtenteils gleich. Das Café Americain war in seinen besten Zeiten *der* Trendsetter schlechthin und typischer Ausdruck der eigenwilligen Eßkultur

San Franciscos. Was viele wahrscheinlich durch die Namensgebung bereits vermuteten, wird am Eingang zur Gewißheit: es dreht sich (fast) alles um Knoblauch. Kunstvoll angebrachte Knoblauchzöpfe zieren das Schaufenster, und die Speisekarte läßt keinen Zweifel aufkommen, daß man sich nach dem Besuch dieses Restaurants von seinen Mitmenschen irgendwie unterscheiden wird. Spaß beiseite – ob in Salaten, Pastas, Fisch- und Fleischgerichten: Knoblauch wird natürlich nur vorsichtig eingesetzt, und dazu reicht man süffige Weine. $$

Zuni's,
1658 Market St., zw. Franklin u. Gough Sts., ℰ 552-2522.
Di.-Fr. 7.30-24 h, Sa. u. So. 9-23 h.
Nach einem Indianerstamm in New Mexico benannt, weist dieses Lokal eine gelungene Einrichtung im rustikalen Stil der Südstaaten auf. Was die Gerichte angeht, so können wir garantieren, daß noch niemand etwas Derartiges gegessen haben. Dieser ausgefallene Stil ist insbesondere unter den Yuppies beliebt. Wer zur »in-crowd« zählen will, hat in Kalifornien schon mit saftigen Preisen zu rechnen. Die Portionen werden übrigens bescheiden ausfallen. Mal den Mississippi Mud Cake kosten, ein besonders leckeres Dessert. $$

Pluto's,
3258 Scott Street bei Chestnut St.,
✆ *7-PLUTOS.*
Tägl. 11.30-22 h. Fr., Sa bis 23 h
Eine Wand in diesem modern eingerichteten Restaurant enthält lauter Adjektive, die das Essen beschreiben. Unsere Auswahl lautet:
reichlich, preisgünstig und lecker.
Die Atmosphäre ist durch die reiche Marinagegend etwas yuppiela-
stig, aber nett. Die Salatbar wird
dem Motto dieses Lokals gerecht:
»Fresh food for a hungry universe!«
$

Lulu,
816 Folsom Street bei 4 th Street,,
✆ *495-5775.*
So.-Do. 11.30-14.30 h u. 17.30-
22.30 h, Fr. Sa. 11.30-14.30 h u.
17.30-23.30 h. Café für Frühstück
v. 7-11 h geöffnet.
Im SoMa Destrikt gelegen, mit seiner Mischung aus kalifornischer,
italienischer und französischer
Küche eines der beliebtesten der
Stadt. Als Vorspeise empfehlen wir
fritierte Artichockenherzen mit
Parmesankäse oder gröstete Kasta-
nien in weißem Trüffelhonig. $-$$

Für Hinweise, die wir in der nächsten Auflage verwerten, bedanken
wir uns mit einem Buch aus unserem Programm.

Karibische Restaurants

Miss Pearl's Jam House,
601 Eddy Street bei Larkin.
℧ *775-5267*
Di.-Do. 18-22 h, Fr, Sa. 18-23 h,
So. 17-21 h.
Nach einigen dieser farbenfrohen
Cocktails ist man so benebelt, daß
man sich kaum daran erinnert, was
man gegessen hat. War es ein gebratenes Hähnchen oder die caribi-
schen Tapas? Und war da nicht der
Schauspieler Keanu Reeves an der
Bar, der im banachbarten Phoenix
Hotel übernachtete. Wir wissen es
nicht! $$$

Cha Cha Cha Café (Karibisch),
1805 Haight St., bei Shrader St.,
℧ *386-5758.*
Mittagessen Mo.-Sa. 11.30-16 h,
Abendessen Mo.-Do. 17-23 h, Fr.
7.30-23 h, So. 17.30-22 h.
Wundervolles, knallbunt und frech
eingerichtetes, kleines Restaurant
an der Haight Street. Karibische
Gerichte zu günstigen Preisen. $-$$

Chinesische Restaurants

Wie erwähnt, zählt die chinesische
Bevölkerung San Franciscos mit
dreizehn Prozent der Einwohner
neben jener New Yorks und Van-
couvers zu den größten chinesischen Gemeinden außerhalb Asiens. Die Kochkünste jeglicher chinesischer Provinz sind hier vertreten. Wer preiswert essen gehen will
und offen für exotische kulina-
rische Erfahrungen ist, sollte sich
ab und zu mal ein chinesisches
Restaurant gönnen. Man kann für
$ 6 gut und ausgiebig essen. Die
meisten chinesischen Restaurants
sind schlicht, ja oft nüchtern eingerichtet, wovon sich niemand
abschrecken lassen sollte. Chinesische Mahlzeiten werden in den
meisten Lokalen, mit Ausnahme
der Mandarin Restaurants, zwang-
los eingenommen, oder wie man
hier sagt: *family style.* Sämtliche
Gerichte, mit Ausnahme der
Suppe, kommen zur selben Zeit
auf den Tisch. Nachspeisen sind in
China unüblich. Man verzehrt
süße Häppchen meist im Laufe des
Nachmittags zu einer Tasse Tee.
Zu einer chinesischen Mahlzeit
trinkt man in der Regel grünen
Tee, Schwarztee oder Oolong Tee.
Tee hilft, die beim Kochen verwendeten Öle zu verdauen. Beim
Tsingtao handelt es sich um chinesisches Bier. Es waren Deutsche,
die vor rund hundert Jahren Bier-
brauereien in China einführten.
Man wird feststellen, daß das
Tsingtao sich allemal mit den
amerikanischen Biersorten messen
kann. Tsingtao paßt insbesondere
zu den scharfen Hunan- und Sze-
chuangerichten.

Kanton: die meisten Chinesen in
San Francisco stammen aus der

Provinz Kanton. Kanton liegt im Süden Chinas, in dem nahezu tropisches Klima herrscht. Die Gerichte beinhalten deshalb oft Tomaten, grüne Paprika, Ananas, Erdnüsse, etc. Einige Gerichte enthalten auch den für Westler ungewohnten »bean-curd«, reinen Joghurt mit Bohnengeschmack. Die Saucen sind leicht und unaufdringlich im Geschmack.

Mandarin: der Begriff Mandarin wird häufig mißverstanden. Mandarin bezieht sich weder auf eine chinesische Region noch auf einen besonderen Kochstil, sondern beschreibt ein festgelegtes Niveau an Qualität, Eleganz und Großzügigkeit der Speisen. Die Gerichte am Kaiserhof zu Peking wurden nach einem bestimmten festgelegten Zeremoniell zubereitet und serviert. Die für diesen Dienst ausgesuchten Köche mußten in der Lage sein, traditionelle Gerichte aus allen Regionen des Reichs zuzubereiten, damit der Hof mit den besten Speisen geehrt werden konnte. So bietet ein Mandarin Restaurant, wenn es seinem Namen gerecht werden will, eine ellenlange Speisekarte mit Gerichten aller Provinzen. Des weiteren sollte sich ein Mandarin Restaurant durch besonders elegante Einrichtung und gehobenen Service von anderen chinesischen Lokalen abheben.

Peking: die Gerichte der Peking Restaurants zeichnen sich durch leichte, aber geschmackvolle Soßen aus. Man verwendet häufig Lamm- und Rindfleisch. Klöße *(dumplings)* ersetzen oft Reis, da in dieser Gegend viel Weizen angebaut wird.

Szezuan und Hunan: die Restaurants dieser Regionen sind berühmt-berüchtigt für die Verwendung des teuflisch scharfen »fagara« Pfeffers. Nach Verzehr dieser Gerichte hat man sich auf einen feuerspeienden Mund und einen rauchenden Bauchnabel gefaßt zu machen. Da die Szezuan-Provinz im Landesinneren Chinas liegt, herrschen auf der Karte Fleisch- über Fischgerichte vor. Einen vortrefflichen Ruf hat sich die Hunanküche durch geräuchertes Fleisch, Schinken und schwarze Bohnen erworben.

Yuet Lee (Cantonese),
1300 Stockton St., bei Broadway,
✆ *982-6020,*
3601 26th St., ✆ *550-8998.*
Tägl. außer dienstags 11-24 h. Warum ist das Restaurant in der Stockton Street von morgens bis abends überfüllt? Es liegt gewiß weder am Reklameschild am Eingang – der Name Yuet Lee prangt auf einer ganz normalen Coca Cola Reklame – noch am zentralen Standort oder an der Einrichtung. Ganz

im Gegenteil, man glaubt vielmehr in einem Flughafenterminal gelandet zu sein! Nun, was bleibt noch übrig? Die Speisen, genau! An ihren freien Tagen besuchen Kellner und Köche anderer chinesischer Restaurants Yuet Lee. Sam Yu ist der Chefkoch und unter seinesgleichen hoch anerkannt. Für wenig Geld kann jeder noch zu später Stunde seinen knurrenden Magen beruhigen. $

House of Nanking,

919 Kearny St., zw. Jackson St u. Columbus., ✆ 421-1429.

Tägl. 16-22 h.

In welcher anderen Stadt staut sich vor einem unscheinbaren, billigst eingerichteten Lokal eine vier Meter lange Menschenschlange? San Francisco ist wirklich einmalig. Das House of Nanking ist zur Zeit eines der gefragtesten Restaurants am Ort. Die kleinen Räumlichkeiten und die kurze Öffnungszeit machen den Besuch aber zu einer Art Leidensweg. Zu bewältigen ist nicht nur die Wartezeit von mindestens einer halben Stunde auf der Straße – hat man es dann endlich geschafft, muß man auch noch sein Essen eingequetscht auf einem Platz einnehmen, der es kaum erlaubt, die Ellbögen abzuwinkeln. Ist auch diese Aufgabe bewältigt, meldet sich wahrscheinlich das Gewissen zu Wort und man über-

läßt seinen Platz unverzüglich dem nächsten in der Reihe. Unsere Leser seien versichert: die Warteschlange ist ein Qualitäts-Gradmesser. $

Hunan,

924 Sansome St., bei Broadway, ✆ 956-7727

Tägl. 11.30-22.30 h

Diana und Henry Chung lernten sich als Schüler in der Haupstadt Hunans, Ch'ang-Sha, kennen. Hunan ist eine chinesische Provinz mit sehr fruchtbarem Boden und, wie man sagt, mit vor Kraft strotzenden Männern. Ob das stimmt, wissen die Götter. Geschichtlich erwiesen ist aber, daß es die Hunan-Armee war, die während des Zweiten Weltkrieges dem japanischen Einfall Einhalt gebot, und daß Mao Tse-tung ein Sohn Hunans war. Die Küche Hunans ist berühmt für ihre herzhaften und scharfen Speisen. Lieblingsgewürz der Chungs ist der feurige Faragapfeffer aus Hunan, dem man nachsagt, er sei so stark, daß man ihn nicht zu pflücken brauche ... er laufe von alleine. Vom Feld in die Stadt! Unsere Hunanküche in San Francisco ist in einem großen funktionalen Raum untergebracht, was uns nicht stört: wir kämen wieder, auch wenn die Chungs in einer Flugzeughalle kochen würden. Lassen wir uns auf keinen Fall den geräucherten Schinken *(Smoked Ham)* entgehen! Henry räuchert den Schinken nach Anweisungen seiner Großmutter fünf Tage über Hickoryholz und Oolong Teeblättern. Angefangen haben Diana und Henry mit ihrer Kochkunst in einem Restaurant in der Kearny Street. Da es aber so winzig war, oder wie die Amerikaner zu sagen pflegen »just a hole in the wall«, eröffnete das Ehepaar das Hunan an der Sansome Street. $$

Golden Dragon,
816 Washington St., bei Grant Ave., ℂ 398-3920.
Tägl. 8-24 h.
Ein knurrender Magen spät abends beim Schlendern durch Chinatown? Also los, auf ein Nudelgericht bei Golden Dragon! Auch zu vorgeschrittener Zeit herrscht hier immer noch reger Betrieb. Jack Lee ist der chinesische Nudelprofi dieser Stadt. Lassen wir uns überraschen, was er mit seinen Nudeln, selbstverständlich eigenhändig

zubereitet, so alles aus dem Kochtopf zaubert. Wählen wir zwischen Tomato Beef Chow Mein, ein Klassiker des Chinesenviertels, Garnelen mit Chinese Greens and Noodles und andere Köstlichkeiten mehr. $

Yet Wah (Mandarin),
Pier 39, Fishermann's Wharf, Gebäude M Level 2 ℂ 434-4430.
Tägl. 10-23 h.
2140 Clement St., bei 22nd Ave., ℂ 387-8040. Tägl. 10-22 h.
Wie bereits erwähnt, bieten die meisten chinesischen Restaurants gute Gerichte zu annehmbaren Preisen, während die Einrichtung oft zu nüchtern ausfällt. Wer eine elegante Atmosphäre nicht missen und dennoch preisgünstig essen möchte, versuche die Yet Wah Restaurants. Es handelt sich um Mandarin Restaurants, deren Speisekarten bis zu vierhundert Gerichte auflisten und deren Einrichtung an Atmosphäre nichts zu wünschen übrigläßt. $

Chinatownshop

Kum Moon,
2109 Clement St., bei 22nd Ave.,
℗ 221-5656.
Tägl. 11-21 h.
Ein weiteres chinesisches Restaurant, das auch auf Ambiente hält. Die Einrichtung wird aber niemanden vom Hocker reißen. Drücken wir es mal so aus: man hat sich wirklich arg viel Mühe gegeben, aber es kann dem Luxus in Rot des Yet Wah trotzdem nicht das Wasser reichen. $

Cam Hung
(Chin., Vietnam., Korean.),
294 Turk St., bei Leavenworth St.,
℗ 441-2608. Tägl. 10-22 h.
Zwar nicht die feinste Gegend, und das Lokal kann man nur als schlicht bezeichnen, aber der Weg lohnt sich, vor allem zu den Lunchspecials. Das Essen ist wirklich zu loben, und das Personal aufmerksam und freundlich. Mal die Korea Noodle Soup mit Nudeln, Meeresfrüchten, Gemüse und scharfen Gewürzen versuchen. Für alle, die kein scharfes Essen vertragen, gibt es genügend Alternativen, und auf Wunsch wird das gewünschte Gericht ohne Schärfe zubereitet. Tee und Wasser kostenlos. Sehr empfehlenswert. $

Chung King,
606 Jackson St., bei Kearny St.,
℗ 986-3899.
Tägl. 11.30-22 h.
Nicht zuviel erwarten. Es handelt sich lediglich um ein winziges, mit Laternen ausgeleuchtetes Räumchen in Chinatown, in dem der Besitzer Chi Wei Wang mit Hilfe seiner Frau und seiner Tochter Gerichte nach Mandarin- und Szechuan-Art auftischt. Und bitte nicht fluchtartig das Restaurant nach Lektüre der Speisekarte verlassen, in der obskure Gerichte, wie »Ants climbing a tree« etc. auftauchen. Keine Sorge: obgleich die chinesische Küche in den Augen eines Europäers häufig haarsträubende Speisezusammenstellungen kennt, enthält dieses Gericht keine gegrillten oder gefüllten Ameisen, sondern lediglich Hackfleisch mit gerösteten Sesamkörnern und Gemüse, das in Salatblätter gerollt auf den Tisch kommt. Zu den Spitzenreitern der Familie Wang zählen des weiteren General Cho's Chicken (Hühnerfleisch gewürzt mit Chili, Ingwer und Knoblauch) und Bun-Bun Chicken Salat. $

Ton Kiang,
3148 Geary Blvd., ℗ 752-4440,
5827 Geary Blvd., bei 22nd Ave.,
℗ 386-8530. Tägl. 11-22 h.
Das Ton Kiang Restaurant unterscheidet sich rein äußerlich nicht von anderen Chinarestaurants.

Was bei Ton Kiang die Küche verläßt, ist allerdings im Vergleich zu vergleichbaren Lokalen einzigartig. Hakka ist eine nordöstliche Region in der Provinz Kanton und bedeutet auch »Besucher«. Hakkas waren Nomaden, die sich vor fünfhundert Jahren in der Provinz Kanton niederließen. Sie entwickelten aufgrund ihrer Lebensführung eine ganz eigene Kochkunst, die sich mit keiner anderen in China vergleichen läßt. Die Hakka-Küche kocht mit Reiswein. Spezialität: Steamed Prawns, also gedämpfte, große Garnelen. $

Dim Sum Restaurants

Dim Sum: in Hong-Kong und Umgebung nimmt man am Mittag oder Nachmittag kleine Häppchen mit Tee zu sich. Dabei handelt es sich um pikante Spezialitäten, wie gefüllte Klößchen, Krabbenrollen, gefüllte Hühnchen, Gebäck u. a. Man nennt das Dim Sum, was »berühre das Herz« bedeutet. Da Dim Sum nur zur Mittagszeit in sogenannten Teehäusern gereicht wird, empfiehlt sich Spätaufstehern ein Dim Sum Lunch auch als orientalisches Frühstück. Bedienungen rollen auf Handwagen eine endlose Parade chinesischer Spezialitäten an den Tisch. Die Gäste deuten mit dem Finger auf die Speise, die ihre Neugierde erweckt hat. Der Preis errechnet sich an-

hand der leeren Schälchen auf dem Tisch. Entgegen dem allgemeinen Glauben befinden sich die besten chinesischen Restaurants nicht unbedingt in Chinatown. In den letzten Jahren ziehen immer mehr Chinesen in das Richmond-Viertel, da Chinatown aus allen Nähten platzt. So eröffneten einige der besten chinesischen Restaurants in der Geary Avenue und Clement Street, den größten Straßen des Richmond Districts.

Yang Sing,

427 Battery St., bei Washington St.,
✆ *781-1111*
49 Stevenson St., bei 14th St.,
✆ *541-4949.*
Mo.-Fr. 11-15 h, So. 11-14.30 h. Henry und Judy Chan sind die Besitzer des Yang Sing. Das Restaurant in der Battery Street ist unter der Woche meist hoffnungslos überfüllt. Am besten dieses Yang Sing an einem Sonntagmittag aufsuchen. Henrys Familie führte seit 1956 ein Dim Sum Restaurant in San Francisco. Henry und sein Koch Wang Tang reisen ein- bis zweimal pro Jahr nach Hong Kong, um sich in der Heimatstadt des Dim Sum nach neuen Ideen und Tendenzen umzusehen. Im Yang Sing sind täglich zwanzig Personen mit der Zubereitung der Speisen beschäftigt. $$

Tung Fong,
808 Pacific Ave., bei Stockton St.,
℃ *362-7115.*
Mo, Di, Do.-So. 9-15 h, mittwochs geschlossen.
Weit bekannt und sicherlich eines der besten Dim-Sum-Restaurants. Große Auswahl, zahlreiche chinesische Familien kommen hierher. $

Sun Hung Heung,
744 Washington St., in der Nähe v. Grant St., ℃ *982-2319.*
Geöffnet 11.30 h bis Mitternacht, tägl. außer dienstags. $

Deutsche Restaurants

Schroeder's,
240 Front St., bei California St.,
℃ *421-4778.*
Mo.-Fr. 11-21 h.
Bei Schroeder's geht's etwas handfester zu. Hier werden die wilden Vorstellungen der amerikanischen Mehrheit bezüglich good old Germany schon eher erfüllt. Eine Armee von Bierkrügen hat sich im Laufe der Zeit angesammelt, und fesche Blasmusik schmettert aus den Boxen. Schroeder's existiert seit 1893 und wurde im Financial District zur Tradition. Herzhafte Gerichte vom Holsteiner Schnitzel bis zum German-Style Frankfurter Würstchen, das in den Augen der amerikanischen Gäste Baseballschlägerausmaße aufweisen muß.

Kulinarischer Höhepunkt des Hauses ist Huckleberry Squares. Die Rezeptur dieser Nachspeise wird streng geheimgehalten. Lassen wir uns überraschen! $$

Suppenküche,
601 Hayes Street bei Laguna.,
℃ *252-9289.*
Tägl. 17-22 h. Sonntagsbrunch: 10-15 h
Die langen Bänke aus hellem Holz und die weißgetünchten Wände verleihen dieser Gaststätte bayrische Wirtshausatmossphäre. Nicht nur das Interieur, sondern auch die deutschen Gerichte wie Sauerbraten mit Preiselbeeren oder Jägerschnitzel mit Spätzle machen es bei jungen San Franciscanern so beliebt. Im Gegensatz zu so vielen Restaurants in der Stadt, kommt man hier schnell mit dem Tischnachbarn ins Gespräch und bleibt nach dem Essen, um einige der insgesamt 20 Fassbiere oder ein täglich wechselndes Dessert zu probieren. $-$$

German Cook,
612 O'Farell Street zw. Leavenworth und Hyde Street, ℃ *776-9022.* Mo.-Fr. 11-21 h.
Bei Gerichten wie Wiener Schnitzel mit Sauerkraut oder Sauerbraten mit Reibekuchen fühlen sich viele Deutschstämmige und ehemals in Deutschland stationierte

Soldaten sehr wohl. Dies liegt nicht zuletzt an dem gemütlichen Ambiente, in dem diese Speisen serviert werden. Ständig wechselndes Tagesgericht ca. $ 7. $

Französische Restaurants

Französische Restaurants sind in diesem Buch im Vergleich zu asiatischen und lateinamerikanischen Lokalen zahlenmäßig schwach vertreten. Dies aus einem simplen Grund: die meisten französischen Schlemmertempel sind sündhaft teuer.

La Quiche,
550 Taylor St., bei Geary St.,
℗ *441-2711.*
Tägl. 11.30-14.30 h und 17.30-22 h.
Kleines, französisches Bistro, spezialisiert auf Quiches und Crêpes. Die mit Käse, Schinken, Spinat oder Ratatouille gefüllten Crêpes munden köstlich, und die Preise sind wirklich zu verkraften. $

La Bergerie,
4221 Geary St., zw. 6th und 7th Ave., ℗ 387-3573.
Di.-Sa. 17-22 h.
Kleines, liebevoll eingerichtetes Restaurant. Frische Blumen und Kerzen schmücken die zierlichen, altrosa eingedeckten Tische. Die Atmosphäre ist locker, und die

Gäste dürfen sich zum Essen gerne ausgiebig Zeit nehmen. Es handelt sich um eine prima Adresse zum Auftakt eines besonderen Abends. Der herrlich französische Akzent der Chefin wird diese Stimmung noch untermalen. Preise im Vergleich zum üblichen Preisniveau französischer Restaurants in San Francisco verhältnismäßig niedrig. Deliziöse Gerichte und zuvorkommende, liebenswürdige Bedienung. Mit Sicherheit ein guter Tip. $$

Emerald Garden,
1550 California St., zw. Larkin u. Polk St., ℗ 673-1155.
Mo.-Fr. 11.30-14.30 h u. 17 -23 h, Sa. 17-23 h.
Der Innenarchitekt des Emerald Gardens hat eine bewundernswerte Arbeit geleistet, indem er eine kleine Gasse in ein geschmackvoll eingerichtetes kleines Restaurant verwandelte. Auf bereichernde Details wie Pflanzen, Gemälde und Kerzen hat man nicht verzichtet. Nettes Personal, leckerr Gerichte; man fragt sich lediglich, wo bei diesem Platzmangel alle diese Köstlichkeiten hergezaubert werden. Preise durchaus erschwinglich. Neben dem Restaurant liegt der besten Kinos der Stadt, La Lumière. $$

Verlagsprogramm
http://interconnections.de

Griechische Restaurants

Stoyanof's,
1240 9th Ave., zw. Lincoln Ave. u.
Irving St., © 664-3664.
So, Di.-Do. 10-21 h, Fr. u. Sa.
10-22 h, Mo. geschlossen.
Bei den Stoyanof's wird sich jeder rasch wohlfühlen, denn diese Familie verwöhnt seit Generationen hungrige Mäuler. Diese Familie verwöhnt seit Generationen hungrige Mäuler. Man hat vom Restaurant aus Einblick in die Küche und kann Mama und Papa Stoyanof beim Kochen zuschauen. Sohn Angelo und seine Frau bedienen die Gäste. Bei schönem Wetter können diese in dem lauschigen, baumbepflanzten Innenhof tafeln. Sie werden spätestens nach den ersten Happen merken, daß hier Profis am Werk sind. Den in der Moussaka verwendeten bulgarischen Fetakäse fliegt man aus New York ein, und die Weinessigblätter der Dolmanas werden von einer armenischen Familie in Fresno bezogen. Die Fische liefert ein Fischer aus der Nachbarschaft. Spezialitäten sind Moussaka, Chicken Kokinisto (gebratenes Hähnchen in Tomatensauce, gewürzt mit grünem Pfeffer, frischem Oregano, Dill und Lorbeerblättern) nach einem Rezept von Großvater Stoyanof, der ein Restaurant in Istanbul führt. Opa ist gut und gerne an die 90 Jahre alt. Roast Leg of Lamb (Greek Style). Vorspeisen: Greek Combination Plate: Cheese Borak, Dolmana (gefüllte Weinessigblätter), Tarama Saluta (roter Kaviar mit Zitrone und Olivenöl), Fresh Fish Salad und Meliyama Saluta (mild gewürzte Auberginen). Nachtisch: Homemade Baklava (leichtes Gebäck mit Walnüssen, Honig und Zimt). $$$

Indische Restaurants

Vor ein paar Jahren gingen in San Francisco die indische Küche und ihre Restaurants werbewirksam durch die Medien. Trotzdem konnte sie sich nie so richtig durchsetzen, wie etwa die thailändische, die italienische oder gar die chinesische, was vielleicht daran liegen mag, daß die indische Bevölkerung weniger stark vertreten ist als z.B. die chinesische. Eventuell steht der Run auf die indischen Restaurants aber noch aus.

Reis und scharf – das sind wohl die Leitmotive der indischen Küche, obwohl die Schärfe oftmals der westlichen Schmerzgrenze angepaßt wird. Wirklich lecker das frische indische Fladenbrot in seinen Arten Chapati, Nan, Paratha. Dahl ist ein Linsenbrei. Zum Trinken gibt's Tee (Chai) oder Lassi, einer Mischung aus Milch und Yoghurt. Das Essen wird eigentlich mit der rechten Hand in den Mund geschöpft, was in den indischen Restaurants San Franciscos aber unüblich ist.

Maharani,
1122 Post St., bei Van Ness Ave.,
✆ *775-1988.*
Lunch tägl. 11.30-14.30 h, Dinner 17-22 h.
Spezialität des Maharani ist die Moghul-Küche, die traditionell nicht so scharf kocht wie die übrige indische Küche. Auch hier die Wahl zwischen mehreren vegetarischen Gerichten. Eines der besten Restaurant der Stadt. $$

North India,
3131 Webster St., bei Lombard St.,
✆ *931-1556.*
Lunch Mo.-Fr. 11.30-14.30, Dinner tägl. 17-22.30 h, So. 16.30-22 h.
Vor kurzem zum besten indischen Restaurant der Stadt gekürt. Bietet alles, was der indische Magen begehrt: frische Seafood poultry, Lammgerichte, frisches Fladenbrot ...Große Auswahl an vegetarischen und nicht vegetarischen Gerichten. Eher gehobeneres Ambiente, was sich auch auf die Preise niederschlägt. Viele Touristen. $$

Zante Pizza Indian Cuisine,
3489 Mission St., bei Cortland St.,
✆ *821-3949.* Indische Küche tägl. ab 17 h.
Zugegeben, Zante liegt etwas

außerhalb, und der Name ist auch nicht gerade ansprechend. Ja, Zante verkauft auch *Pizza to go* und das zu ganz attraktiven Preisen. Aber ab 17 h wird der Pizzaofen zum Brotofen umfunktioniert, der herrliches Nan, Chapati oder das Kabuli-Nan mit Nüssen und Rosinen hervorzaubert. Lamm Curries, Tandoris (Fleischgerichte), reiner Lassi oder Mango Lassi stehen zur Auswahl. Wie wär's z.B. mit einem ausgiebigen Maharaja Mahl. Die Einrichtung ist zwar nicht gerade urindisch, aber gemütlich. $

Italienische Restaurants

Die italienische Küche in San Francisco unterscheidet sich von italienischen Restaurants in New York, Boston oder Philadelphia. Das Gros der italienischen Bürger in San Francisco stammt aus Norditalien, während die meisten Italiener aus Rom, Neapel und Sizilien sich an der Ostküste der USA niederließen. Die norditalienische Küche ersetzt im allgemeinen Olivenöl durch Butter. Eine der beliebtesten Saucen für Nudelgerichte ist der aus Genua stammende »Pesto« mit frischem Basilikum, fruchtigem Olivenöl, Knoblauch und würzigem Parmesan. Die meisten und darunter die besten italienischen Restaurants sind in »Little Italy« im North Beach Distrikt zu finden.

Basta Pasta,
1268 Grant Ave., bei Vallejo St.,
℃ 434-2248. Tägl. 11.30-1 h.
Die Inhaber, Bruno Orsi und
Lorenzo Petroni, haben sich mit
drei sizilianischen Fischern zusam-
mengetan, die täglich frischen
Fisch liefern. Die Fischgerichte
sind ein Gedicht! Mal das Filet of
sole Mugnaia (schneeweißes Fisch-
filet, golden überkrustet mit einer
nach Zitrone duftenden Butter-
sauce) oder Cioppino Livornese,
die Fischsuppe des Hauses, ver-
suchen. $$

E'Angelo's,
2234 Chestnut St., bei Pierce St.,
℃ 567-6164. Di.-So. 17-23 h.
Unübertroffener Renner dieser
kleinen, gemütlichen Trattoria ist
Lasagne Bolognese. Die Atmos-
phäre bei Kerzenlicht verführt
geradezu zu einem vertraulichen
tête-à-tête. $-$$

Capp's Corner,
1600 Powell St., Ecke Green St.,
℃ 989-2589. Tägl. 11.30-2.30 h.
Bei Capp's fühlt man sich so richtig zu Hause. Es handelt sich um
einen Familienbetrieb mit allem
italienischen Drum und Dran.
Etwas kitschig, aber wen stört's
schon? Ein berühmter Sohn dieser
Stadt zählt zu Capp's Stammkun-
den: Joe DiMaggio, Ex-Base-
ballheld der USA und Ex-Ehe-

mann von *Marilyn Monroe*. Joe
Capp und Joe DiMaggio wuchsen
in North Beach auf und sind alte
Bekannte. Die Musik im Hintergrund rangiert von klassischen
Mandolinenweisen über O Sole
Mio bis zu That's Amore von Dean
Martin und wird Gäste während
des Menüs mit seinen fünf Gängen
bei Laune halten. Wem beim
Gedanken an Dean Martin die
Spaghetti im Halse stecken bleiben, tröste sich damit, daß nicht
nur die Musik herrlich altmodisch
ist, sondern auch die Preise. $

Gold Spike Restaurant,
527 Columbus Ave., bei Green St.,
℃ 421-4591.
17-22 h, Fr. u. Sa. 17-22.30 h.
Mittwochs geschlossen.
Man glaubt in einem auf dem Kopf
stehenden Kuriositätenmuseum
gelandet zu sein! Das Golden Spike
Restaurant ist nicht nur wegen seines wilden Einrichtungsstils, sondern auch wegen der Spezialität des
Hauses stadtbekannt: Crab Cioppino (italienische Fischsuppe). Nur
Freitag abends (15. Nov. bis 15.
Mai). Man kremple die Hemdsär-
mel hoch, esse mit den Fingern
und störe sich nicht an dem Lärm
im Saal . Der gehört einfach dazu!
$$

Little Joe's,
523 Broadway St., bei Columbus
Ave., ✆ 982-7639.,
Mo.-Do. 11-22.30 h, Fr. u. Sa.
11-23 h, So. 12-22 h.
Franco Montarellos Restaurant
nicht gleich wieder den Rücken
kehren, wenn die Leute Schlange
stehen. Schließlich hat das seinen
guten Grund! Das Essen ist prima,
die Portionen sind generös, die
Preise niedrig. Francos Motto ist:
»There's always a line, rain or
shine.« Franco hätte Seiltänzer,
Feuerschlucker, Jongleur oder
Akrobat werden können. Das in
seiner Küche herrschende Chaos
weckt in der Tat Zirkuserinne-
rungen: die Köche bei Franco
jonglieren vor den Augen der
Kundschaft mit einer Armee von
Bratpfannen, und die Hitze der
Flammen – erzeugt durch Hinzu-
gabe von Wein – spürt man oft bis
an die Theke. Little Joe's ist ein
Lieblingstreff der Taxifahrer. $$

U.S. Restaurant,
431 Columbus Ave., bei Stockton,
✆ 362-6251.
Di.-Sa. 6-21 h.
Das U.S. Restaurant liegt genau an
der Grenze zwischen Chinatown
und Little Italy. Dementsprechend
interessant ist es, die vorbeiflanie-
renden Fußgänger zu beobachten.
Die Atmosphäre dieses familien-
betriebenen Restaurants erinnert
an eine italienische Arbeiterküche

der vierziger Jahre. Traditionelle,
einfache Gerichte, aber lecker und
mit mütterlicher Großzügigkeit
verteilt, so daß bei Mrs. Borzanis
Portionen einfach mal der eine
oder andere kapitulieren wird. $$

Pasta Pomodore,
655 Union St., ✆ 399-0300.
Mo.-Do. 11-23 h, Fr. u. Sa. 11-24 h,
So 12-24 h. Keine Kreditkarten.
Dieses Nudelhaus bietet leckere
Pasta für die man anderswo das
Doppelte zahlen würde. Besonders
empfehlenswert: die Gnocchi in
Gorgonzolasauce. $

Il Pollaio,
555 Columbus Ave., bei Union St.,
✆ 362-7727.
So.-Do. 11.30-21 h, Fr. u. Sa.
11.30-22 h.
Ein Minirestaurant mit Minipreisen, das sich auf Grillgerichte verlegt hat! Hier findet man die günstigsten Grillhähnchen der Stadt.
Ein wahrer Glücksfund in der allgemein überteuerten North Beach
Ecke. $

La Traviata,
2854 Mission St., zw. 24th u. 25th
St., ✆ 282-0500. Di.-So. 16-
22.30 h.
Eines der besten italienischen
Restaurants mit barmherzigen
Preisen. $-$$

Washington Square Bar & Grill,
1707 Powell St., bei Union St.,
© 982-8123.
Lunch Mo.-Sa. 11.30-15 h, Dinner So.-Do. 18-23 h, Brunch So. 10-15 h.
Jeder kennt Washington Square Bar & Grill! Es handelt sich um eines jener Restaurants, die man aufsucht, um zu sehen und gesehen zu werden oder um daheim erzählen zu können, daß man an diesem berühmten Platz gespeist hat. Man genießt eine herrliche Aussicht auf den Washington Square Park, nach dem dieses, 1973 eröffnete, Restaurant benannt ist. Joan Baez erwähnt den Park in ihrem Song »Diamonds and Rust«. Also, ein berühmtes Restaurant, von berühmten Leuten frequentiert. Die Gelegenheit, mit Journalisten, Bestsellerautoren und Politikern der Stadt die köstlichen Gerichte zu genießen, schlägt sich leider mal wieder auf die Preise nieder. $$

Japanische Restaurants

Die japanischen Restaurants in San Francisco zählen zur Spitzenklasse in der Welt. Man muß allerdings die richtigen Adressen kennen, da zwei Arten japanischer Restaurants in San Francisco existieren: die für Touristen und die für Einheimische. Zum Verständnis der japani-

Sushizubereitung (A)

schen Küche muß man sich die herausragende Rolle von Fisch vor Augen halten. Fisch oder andere Meeresfrüchte gehören fast zu jeder Mahlzeit. Japaner sind in der Tat wahre Fachleute in der Fischzubereitung. Es gibt deshalb keine japanischen Fischrestaurants im eigentlichen Sinn. Sojabohnenprodukte (Miso, Tofu und Shoyu), Seetang, Gemüse, Reis und Früchte sind weitere Hauptzutaten japanischer Küche. Ein Hauptaugenmerk liegt auch auf der Präsentation der Gerichte – eine Kunst für sich. Die erreichen den Tisch in kleinen, aber kunstvoll hergerichteten Portionen.

Mit Sushi und Sashimi Bars bezeichnet man Restaurants, die sich auf die Zubereitung von rohem Fisch verstehen. Sushi ist der Begriff für alle Gerichte, die Reis, rohen Fisch und/oder Gemüse beinhalten. Sashimi-Gerichte sind kunstvoll zubereitete, rohe Fischhäppchen mit Sojasauce und Wasabe, einer feurigen, grünen Meerrettichpaste. Der Gedanke, rohen Fisch zu vertilgen, läßt vielen Gästen aus dem Westen die Haare zu Berge stehen, obwohl unser Matjeshering ja nun auch nichts Anderes ist. Die wenigen Mutigen unter unseren Lesern werden mit Freude feststellen, daß das Sashimi weder nach Fisch riecht noch schmeckt, sondern vielmehr an ein zartes Stück Kalbfleisch erinnert.

Man beginnt eine japanische Mahlzeit in der Regel mit warmen Sake (Reiswein) und trinkt bis zum Ende der Mahlzeit Tee oder Bier. Berühmt sind die japanischen Suppen. Udon ist eine Art Nudelsuppe mit Gemüse, Fleisch, usw. Soba besteht aus einer Sojasauce, in die man dünne kalte Nudeln tunkt und anschließend unter gut hörbaren Schlürfgeräuschen zu sich nimmt. Daran, daß Japaner die Suppen nicht wie bei uns löffeln, sondern schlürfen, wird man sich gewöhnen müssen. Je lauter die Geräusche, desto mehr bringt der Japaner zum Ausdruck, daß es ihm schmeckt. Ramen ist eine übergroße, besonders gewürzte Udon.

Kintetsu Restaurant Mall,
im Japancenter 1581 Webster St., bei Post St.

Das Japanhaus bietet eine gute Gelegenheit, japanisches Essen kennenzulernen. Also mal einen Japantag einlegen, durch Japantown und das Center geschlendert und zu einem Lunch in einem der kleinen oder größeren Restaurants der Kintetsu Restaurant Mall eingekehrt. Das Japancenter befindet sich mitten in Japantown und beherbergt auf zwei Stockwerken eine Vielzahl japanischer Geschäfte und Restaurants sowie ein Kino. Typisch für japanische Restaurants ist die Auslage, die alle Gerichte in

Plastik präsentiert, so daß jeder bereits vor dem Eingang sieht, was kulinarisch als auch preislich zu erwarten ist. $$$.

Sanppo,
1702 Post St., bei Buchanan St.,
℡ 346-3486.
Di.-Sa. 12- 22 h, So. 15-22 h.
Mr. und Mrs. Suzuki sind die Besitzer des Sanppo, das sich seit Jahren großer Beliebtheit erfreut. Das kleine Restaurant in Japantown bietet Platz für fast fünfzig Gäste und läuft ständig auf Volldampf. Warum? Den Suzukis gelingt es bis heute, den Balanceakt zwischen Qualität und angemessenen Preisen zu meistern.

Hervorragende traditionelle japanische Gerichte sind Tempura, in leichtem Eierteig gebackene Gemüsesorten und Garnelen, Chicken Teriyaki, gegrillte Hähnchenschlegel, serviert in einer köstlich süß-sauren Glasur aus Soja, Honig etc., Nasu Hamaiyaki, Rindfleisch und japanische Aubergine mit Ingwer, Lemon Steak, in Butter gebratenes Rindfleisch und Gemüse, überzogen mit einer Sojasauce, der Orangen- und Zitronensaft beigefügt wurde. $$

Zaoh's,
1555 Mission St., bei Van Ness
Ave., ℡ 431-3930.
Mo.-Fr. 11-14.30 und 17-21 h, Sa.

17-21 h.
Eine unserer Lieblingsadressen. Das Restaurant ist winzig klein, freundlich ausgeleuchtet und mit viel Geschmack stilvoll eingerichtet. Platz nehmen kann man an einem der wenigen Tische oder vom Tresen aus dem Besitzer und Hilfskoch beim Kochen zuschauen. Die Speisekarte ist seit neuestem zweisprachig. Welch glorreiche Idee! Wirklich exquisite Gerichte, so daß niemand Zaoh's enttäuscht verlassen wird. Bewundernswert immer wieder die geschmackvolle Darbietung der Speisen. Das Hauptgericht begleiten Suppe und Reis. Zu unseren Lieblingsgerichten gehören Beef Don Burri, Beef Teriyaki, Chicken Teriyaki und Tempura. Zu Zaoh's zufriedenen Kunden zählen natürlich eine Menge Japaner sowie auch viele Amerikaner. Nur selten sind hier Touristen anzutreffen. $$

Peko (Richmond),
1824 Irving St., zw. 19th u. 20th
Ave., ℡ 564-7800.
Mo.-Sa. 11.30-23 h, So. 15-23 h, Cocktail Lounge tägl. 20-2 h.
Wer Sushi mag, aber das übliche schnieke Yuppiepublikum meiden möchte, liegt bei hier richtig, denn die Bar bietet in ihrem gemütlichen Billardsaal ein familiäres Ambiente. Peko, die Besitzerin, war Sängerin in Osaka und unterhält ihre Gäste,

wenn sie gute Laune hat, mit Songs wie »Stardust« und »New York, New York« auf japanisch. $$$

Kabuto,
5116 Geary Blvd., bei 15th Ave.,
℃ *752-5652.* Di.-Sa. 18-1 h.
Hervorragendes Sushi zu gehobenen Preisen. Geräumiges Restaurant mit langen Öffnungszeiten. $$$

Lateinamerikanische Restaurants

Der Mission-Distrikt bildet das Herz der lateinamerikanischen Bevölkerung und Kultur in San Francisco. Dort finden sich mexikanische, nicaraguanische, salvadorianische, kubanische Restaurants etc. Lateinamerikanische Speiselokale bieten im Verein mit chinesischen und thailändischen Restaurants die günstigsten Preise.

Alejandro's (Peruanisch),
1840 Clement St., bei 20th Ave.,
℃ *668-1184.*
So.-Do. 17-23 h, Fr. u. Sa. 17-24 h, So. 16-23 h.
Alejandro nimmt seinen Beruf wahrhaft ernst. Bevor er das Restaurant eröffnete, nahmen 37 geladene Mitglieder der Sociedad Gastronomica an seinen sorgfältig gedeckten Tischen Platz. Diese Herren sowie Alejandro selbst ge-

hören einem Kreis südamerikanischer Gourmets an. Die Kollegen müssen mit Alejandro's wirklich zufrieden gewesen sein, so daß die Initialen »S. G.« auf der Speisekarte prangen. Unbedingt mal die Paella Valenciana und Zarzuela Mariscos versuchen, eine Fischsuppe nach spanischem Rezept. Übrigens: Barbara Streisand ist so überzeugt von diesem Lokal, daß sie hier des öfteren anzutreffen ist. Alejandro ist nicht nur ein guter Koch, sondern beweist auch einen sicheren Geschmack Antiquitäten betreffend, so daß die Einrichtung daher einen gelungenen stilvollen Rahmen abgibt. $

El Zarape (Mexikanisch),
3349 23rd St., zw. Mission und Valencia St., ℃ *282-1168.* Di.-So. 11-22 h.
Kleines, eher nüchtern eingerichtetes Restaurant, 1967 von Francisco und Celia Vega eröffnet. Wir raten zu Chicken Mole Poblano, einem vor dreihundert Jahren von spanischen Nonnen in Mexiko erfundenen Gericht. Francisco fährt regelmäßig nach Tijuana, die mexikanische Grenzstadt, um Zutaten für seine Rezepte zu besorgen. $$

Cadillac Bar (Mexikanisch),
324 Minna St., zw. Mission u. Howard Sts., ℃ *543-8226.*

Mo.-Do. 11-23 h, Fr. u. Sa. 11-24 h. Bekannt als quirligstes und lärmerfülltestes mexikanisches Restaurant der Stadt. Vielleicht ist das Lokal deshalb in einer kleinen Gasse zwischen nachts leerstehenden Bürohäusern versteckt. Ab 19 h spielen schnauzbärtige Gitarristen auf und das halbe Lokal kreischt mit, was eine Unterhaltung mit dem Gegenüber meist nur mit Mühe und Not zuläßt. Die Kellner lassen häufig das Geschirr auf den Tischen stehen, grabschen stattdessen nach allen möglichen und unmöglichen Restaurantutensilien und unterstützen die Musiker lautstark oder bitten auch mal die weiblichen Gäste um ein Tänzchen.

Sogar die Lektüre der Speisekarte bereitet Vergnügen. Schon gewußt, daß ein Hamburguesa ein Gringo Burger ist, oder wie wär's mit einem Pollo Loco, einem verrückten Huhn? Das Essen ist, Spaß hin, Spaß her, ein Genuß. Die Preise fallen wegen der zahlreichen Yuppiegäste ziemlich happig aus, aber der Spaß lohnt sich. Unbedingt mal eine Margarita trinken; die gehört einfach dazu und mundet vorzüglich! $

La Rondalla (Mexikanisch), *901 Valencia St., bei 20th St.,* *℅ 647-7474.* Tägl. außer montags 11.30-3.30 h. Unsere Leser werden im La Ron-

dalla mit allergrößter Wahrscheinlichkeit die einzigen Gringos sein, da fast ausschließlich Latinos dieses Restaurant besuchen. Wer nicht in der Lage ist, seinen Wünschen in spanischer Sprache Ausdruck zu verleihen, hat sich auf Probleme bei der Verständigung gefaßt zu machen. Aber keine Sorge, die Mexikaner beweisen in der Regel viel Humor und nehmen sich Zeit. Bei La Rondalla feiert man gerne. Das ganze Jahr hindurch ziert Weihnachtsschmuck das Restaurant. Sie können hier bis tief in die Nacht mit den Mariachi-Musikern – Sie wissen schon, die Ay-ay-ay-ayh und La Cucaracha Helden – und dem Rest des Lokals feiern.

Die Gerichte fallen wirklich authentisch aus. Die Hauptspeisen begleiten Guacamole, also Avocadocreme, Reis, Bohnen und Salat. $

Leticias (Upper Market), *2247 Market St., bei Sanchez St.,* *℅ 621-0441.* Mo.-So. 11-15 h u. 17.30-22.30 h. Mexikanisches Restaurant, insbesondere von jungen Leuten und Schwulen besucht. $

Don Ramon's (SoMa), *225 11th St., zw. Howard u. Folsom St., ℅ 864-2700.* Mo.-Fr. 11-14 u. 17-21 h, Sa. u. So. 17-22 h.

Tommys Joint (A)

Brainwash (A)

Don Ramon's stellt mehr oder weniger die amerikanische Fassung eines mexikanischen Restaurants mit überwiegend amerikanischen Gästen dar. Das Restaurant ist mit einer Menge Puppen aus Pappmachee ausstaffiert. Die tacos, tortillas, enchilladas und insbesondere die Suppen munden ausgezeichnet. Erschwingliche Preise. $

Thailändische Restaurants

Thailändische Lokale schossen vor wenigen Jahren wie Pilze aus dem Boden. Inzwischen ist der Boom etwas abgeflacht, aber die thailändische Küche hat seither einen hervorragenden Stellenwert in der Gastronomie der Stadt. Man ißt sehr preiswert in Thai-Restaurants. Da Thailand zu den Hauptreisproduzenten in der Welt zählt, verwundert es nicht, daß eine typische thailändische Mahlzeit mit einer großen Schüssel Reis einhergeht. Viele thailändische Gerichte sind teuflisch scharf *(hot)*. Vorsichtige scheuen sich daher nicht, die Bedienung nach den milderen Gerichten auf der Speisekarte zu fragen. Da die thailändische Küche auch von Indien beeinflußt wurde, enthalten viele Speisen Kokosnußmilch und Erdnußbuttersaucen. Ananas sind ebenfalls ein wichtiger Bestandteil.

Just Thai,
1532 Howard St., zw. 11th u. 12th Sts., ✆ 431-3113.
Mo.-Fr. 10-20 h, Sa. 11-15 h.
In diesem kleinen, bescheiden eingerichteten Restaurant ist besonders um die Mittagszeit viel los, da die in der Umgebung arbeitenden Leute hier ihr Lunch einnehmen. Just Thai bietet gute Gerichte zu Niedrigpreisen. Die besonders scharfen Speisen sind auf der Speisekarte mit einem Sternchen versehen. Abends ist der Besuch des Just Thai weniger zu empfehlen, da die Gegend um Howard Street nach Feierabend verhältnismäßig verlassen und finster ist. Preise: $

Manora's,
3226 Mission St., bei 28th St., ✆ 550-0856.
Tägl. 17-22 h.
Madame Passarin Prassl benannte ihr kürzlich eröffnetes Restaurant nach ihrer Tochter. Bis zu dessen Eröffnung kochte sie nur für ihre Familie. Ihre Kochkunst wird mittlerweile von vielen Leuten hoch geschätzt. Manora's ist ein gutes Stück von der Stadtmitte entfernt, ist aber stets gut frequentiert. Der mit einem roten Teppich ausgelegte Fußboden, die Spiegel an den Wänden und die mit weißen Tischtüchern eingedeckten Tische tragen zu der gediegenen Atmos-

phäre in Manora's bei. Wir raten zu Tischvorbestellung für den Abend. $$

Neecha,
500 Haight St., bei Fillmore St.,
℗ 861-2550,
2100 Sutter St., bei Pierce St.,
℗ 922-9419.
Tägl. 16-23 h.
Das Restaurant in der Haight Street wurde in einer Ausgabe der San Francisco Chronicle als bestes Thai-Restaurant in San Francisco und Umgebung genannt. Der Artikel prangt stolz am Fenster dieses Restaurants. Als Spezialität des Hauses gelten die scharfen Currys. $

Racha's Café,
771 Ellis St., bei Polk St., ℗ 885-0725.
Mo.-So. 11-21.30 h.
Mit dem Sierra Club und dem Acorn's Bookstore in einem elegant renovierten Backsteingebäude im Civic Center. Eines der ältesten Thai-Restaurants der Stadt. Heute gehört Racha's insbesondere zu den Lieblingsrestaurants der schicken Lunchcrowd aus dem Rathaus. Wer sich mit diesen Leuten nicht an der Eingangstür quetschen will, wird tunlichst vorher reservieren.
Das Restaurant ist sehr »kunstvoll« eingerichtet. Racha's ist berühmt für schmackhafte Suppen und Nudelgerichte. Ein traditionelles

thailändisches Süppchen ist Thai-Tom-Yum-Koong, ein würziges Gebräu mit Garnelen, Tomaten, Zwiebeln und Pilzen.

Khan Toke Thai House,
5937 Geary Blvd., bei 24th St.,
℗ 668-6654.
Tägl. 17-23 h.
Khan Toke Thai House wird jeden Kunstliebhaber und Gourmet begeistern. Er wird gleich bei Betreten des Restaurants seiner Schuhe entledigt und von einem freundlichen Kellner an den Tisch geführt. Also aufgepaßt, was man mal wieder für Socken trägt. Gäste werden entweder an einem mit Sitzkissen umgebenen Tischchen speisen oder an einem Tisch, unter dem Platz für die Füße eingelassen ist. Die Bedienung trägt traditionelle Kleidung, die vor rund hundert Jahren Mode war.

Schmackhafte Gerichte, gereicht in wunderschönem Geschirr. Mal das gute, würzige Siam Ale, ein Bier, kommen lassen. Die Preise liegen in diesem kleinen Palast selbstverständlich etwas höher, sind aber angebracht. Samstags sind ab 20.30 h klassische Tanzdarbietungen aus Thailand mitzuerleben! $$

Thep-Phanom
(Haight Fillmore),
400 Waller St., © 431-2526.
Tägl. 17-22 h.
Kleines, elegant eingerichtetes
Thai-Restaurant mit dem Ruf, die
schärfsten Gerichte zu zaubern.
Alle, die es scharf mögen, sollten
sich also Gang Keo Wans Künsten
anvertrauen.

Vietnamesische Restaurants

Eine vietnamesische Mahlzeit ist
ein kulinarischer Genuß, den niemand sich entgehen lassen sollte.
Wie die Chinesen, Japaner und
Koreaner essen die Vietnamesen
mit Eßstäbchen. Die vietnamesische Küche ähnelt der thailändischen sehr, fällt aber milder aus.
Man würzt hauptsächlich mit Ko-
riander, Limonenblättern, Minze
und Basilikum.

Tu Lan,
*8 6th St., bei Market St., © 626-
0927.*
Mo.-Sa. 9-21 h.
Man erzähle mal einem San Franziskaner, daß man in der 6th Street
in einem Restaurant vorzüglich
gespeist habe. Er wird einen entweder für verrückt erklären oder ist
selbst ein Kenner des Tu Lan. Sie
werden Tu Lan so rasch nicht wieder vergessen. Was für eine Entdeckung! Die meisten Leute in San
Francisco schlagen einen großen
Bogen um die 6th Street, da sie zu
den schmuddeligsten Straßen
gehört und das Zuhause vieler
Alkoholiker und Obdachloser ist.
Das Ergebnis eines verantwor-
tungslosen Sozialsystems.

Tu Lan hebt sich rein äußerlich
in keiner Weise von seiner Umgebung ab. Man wird höchstwahr-
scheinlich das erste Mal ver-
sehentlich daran vorbeimarschie-
ren, weil man etwas Repräsenta-
tiveres erwartet. Das Restaurant
nimmt mit der Küche den Raum
eines Zugwaggons ein. Bei Be-
trachtung der nackten Wände, ver-
einzelt behangen mit dem seltsam-
sten Zierrat, drängt sich der Gedanke auf, daß es sich um zurück-
gelassene Souvenirs zufriedener
Kunden handeln muß.

Während man seine Hanoi-Style-
Nudelsuppe einnimmt, beobachte
man die Köchin, wie sie mit einer
unglaublichen Geschwindigkeit
eine Schwadron von Töpfen und
Pfannen unter Kontrolle hält und
nebenher auch noch lebhaft mit
einigen vietnamesischen Gästen
plaudert. Selten erlebt man eine
dermaßen entspannte Atmosphäre
zwischen so verschiedenen Menschen. Ein Cowboytyp mit Hawai-
ihemd – man glaubt, seinen Gaul
draußen wiehern zu hören – setzt
sich mit der größten Selbstverständlichkeit neben einen krawat-
tenbewaffneten vietnamesischen
Geschäftsmann. Die verbleibenden

Plätze am Tresen werden wenig später von zwei jungen Studenten und einem molligen schwarzen Transvestiten eingenommen. Die Gerichte sind hervorragend, die Portionen nur schwer zu bewältigen und die Preise lächerlich niedrig.

Wir verbrachten ganze drei Stunden im Tu Lan und glauben, selten dem Geheimnis der Anziehungskraft San Franciscos so nahe gekommen zu sein. Tsingtao, das chinesische Bier, ist ganz ausgezeichnet und kommt einem deutschen Bier allemal näher, als ein amerikanisches Beck's- oder Heinecken Bier.

Golden Turtle, *2211 Van Ness Ave., zw. Broadway und Vallejo Sts., ℂ 441-4419.*
Di.-Do. u. So. 17-22.30 h, Fr. u. Sa. 17-23 h.
Auf gegrillte Fleischgerichte spezialisiert. In feine Scheiben geschnittenes Fleisch wird zuerst eingelegt und dann über Holzkohle gegrillt. Einige Spezialitäten sind: »Beef Imperial«, über Holzkohle gegrillte, gefüllte Rindfleischrollen mit feingehackten und gerösteten Erdnüssen; »Stuffed Chicken in Mushrooms« oder »Beef Seasoned with Lemon Grass, Vinegar and Hot Peppers«. Verschwenderische Portionen, winzige Preise. $

Basil,
1175 Folsom Street nahe 8th Street., ℂ 552-8999.
Mo.-Fr. 11.30-15 hr, und So.-Do. 17-23 h.Fr, Sa 17-23 h. Eines der besten vietnamesischen Restaurants der Stadt. $

The Slanted Door,
584 Valencia St bei 17 th Street, ℂ 861-8032.
Di.-So. 11.30-15.30 h, und 17.30-22 h.
Vegetarierfreundliche Gerichte auf der Speisekarte dieses derzeit hoch im Kurs stehenden Restaurants: z.B. Blumenkohl mit Pilzen in Currysauce. $$

Frühstückstreffs

Breakfast ist kein Frühstück. Die Gedankenverbindung von duftenden, knusprigen Brötchen mit Großmutters Marmelade und einem herrlich aromatischen Kaffee sollte man ganz rasch vergessen, um nicht regelmäßig enttäuscht zu werden. Frühstück als ernstzunehmende Mahlzeit wird in den USA nur am Wochenende zelebriert, und da man an diesen Tagen meist etwas später aus den Federn steigt als sonst, wird das Frühstück oft in ein Brunch umgewandelt. Das amerikanische Frühstück ist also eher herzhaft. Es handelt sich dabei meist um Eiergerichte wie Rühreier, mit Speck, Champignons, Spinat etc. gefüllt, die Omelettes genannt werden, oder um mehrschichtige Pfannkuchen (*pancakes*), die, mit Butter und Ahorn-Sirup bestrichen, genauso wie jene füllen. In Eier getunkter und gebackener Toast, mit Puderzucker bestäubt, gilt als French Toast und ziert als weiteres Standardgericht die Frühstückskarte. Hashed Browns sind geraspelte, in Butter gebackene, Kartoffeln. Ein Continental Breakfast bedeutet meist ein oder zwei Croissants und Marmelade. Zusammenfassend läßt sich sagen, daß sich ein amerikanisches Frühstück, wenn man es als Mittagessen ansieht, sowohl preislich als auch körperlich verdauen läßt.

Hat man sich nun endlich (zum Frühstück) niedergelassen, so kommt gewiß die Frage, wie man seine Eier wünsche, die als Rührei, *scrambled*, in der Pfanne gewendet und von beiden Seiten fest, *over easy*, im Wasserbad zubereitet, *poached*, oder als ganz gewöhnliches Spiegelei, *sunny side up*, daherkommen können. Ferner folgt sicher die Frage: *What kind of bread?*, worauf man *toast*, *wheat* (weißes Weizenbrot), *rye* (Roggen), *raisin* (Rosinen) oder *sourdough* (Sauerteig) ordert, wenn man nicht ein *onion roll* (Zwiebelwecken), *muffin* (rundes Fettgebäck), *biscuit* (Zwieback, Keks), ein *bagel* (jüd. Brötchen mit einem Loch in Mitte)

oder *Danish pastry* (Teilchen) vorzieht. Kaffee wird in der Regel mit der Frage *Some more coffee?* unaufgefordert nachgegossen. Ansonsten ruft man Miss! oder *Excuse me, please!*, was meist wie »skuhsmi« klingt.

Sears,
439 Powell St., bei Post St., einen halben Block vom Unionsquare,
✆ *986-1160.*
Mi.-So. 7-14.30 h.
Man freut sich richtig aufzustehen, wenn man weiß, was für Leckereien einen bei Sears erwarten! Stark an die fünfziger Jahre erinnernde Einrichtung mit durch und durch amerikanischer Atmosphäre. Die Zeit scheint hier stehengeblieben zu sein und auch die Bedienungen sind nicht mehr die Jüngsten. Oder vielleicht sind es so kleine Dinge wie der Sears Cadillac Warteraum, die der schlimmsten Morgenmuffellaune ein Ende bereiten? Sears bietet alles, was Herz und Magen am frühen Morgen begehren! Gefüllte Pfannkuchen, Waffeln, French Toast, in Eierteig gebackene Toastbrotscheiben, bestrichen mit Butter und Marmelade. Eiergerichte für Leute mit Appetit auf Deftiges, ferner Backäpfel, Kuchen, Pies.

Campton Place,
340 Stockton St., bei Sutter St.,
℃ *955-5555, F. 955-5596.*
Mo.-Sa. 7-10.30 h und 17.30-23
h, So. Brunch 10.30-14.30 h.
Das Restaurant, kürzlich für 25
Millionen Dollar umgebaut, ist in
einem kleinen Hotel untergebracht. Hier bereitet man traditionelle amerikanische Gerichte mit
modernen Techniken aus der französischen Küche zu – mit Erfolg!
Die Einrichtung wirkt elegant und
edel, rundheraus gesagt, sündhaft
teuer. Dieses Restaurant besser an
einem späten Sonntagmorgen aufsuchen, da die Preise fürs Brunch
dann noch halbwegs erträglich aus-
fallen. Alle Feinschmecker, deren
Sinn nach einem genußvollen
Tagesbeginn steht, sind mit Sicherheit im Campton Place an der
richtigen Adresse.
Preise: Brunch für zwei Personen
etwa $ 60. Hauptspeisen $ 22 - $
25.

Seal Rock Inn,
*545 Point Lobos Ave., bei 48th
Ave., ℃ 386-6518.*
Mo.-Fr. 7-16 h, Sa. u. So. 7-18 h.
Lust auf einen ausgedehnten Spaziergang am Strand? Also los und
sich erstmal mit einem Brunch im
Seal Rock Inn gestärkt, der für
wenig Geld bis zum späten Abend
sättigt. Das Lokal hat sich auf die
Zubereitung von Omeletts verlegt.

Hunger hilft dieses herzhafte amerikanische Frühstück im Nu zu
bewältigen. Amerikanische »Omelets« sind gefüllt mit Rühreiern, je
nach Wahl mit Käse, Schinken,
Champingnons und anderen Zutaten. Bei den Omelets im Seal Rock
Inn darf man zwischen rund zwanzig Spielarten wählen. Auch die
Blueberry Muffins sind wirklich
lecker. Dieses Restaurant ist übrigens nach dem berühmten Seal
Rock Felsen beim Cliff House
benannt. Bevor man zum Cliffhouse und hinunter zum Strand
pilgert, bitte zuerst einen kleinen
Bummel im Park einlegen, dem
Seal Rock Inn gegenüber, mit seinem von zwei Löwenstatuen flan-
kierten Eingang. Dieses Gelände
war um 1880 im Besitz des Berg-
bauingenieurs und Millionärs *Mr.
Sutro.* Man genießt eine herrliche
Aussicht auf den Strand, das Cliffhouse und das Meer. $

Carnelian Room,
*555 California St., bei Montgomery
St., im 52. Stockwerk der Bank of
America, ℃ 433-7500.*
So. Brunch 10-14.30 h.
Endlich was für Schwindelfreie
und Liebhaber eines extravaganten
Frühstücks. Rein in das monströse
Gebäude an der 555 California St.,
schnurstracks auf den Aufzug zuge-
steuert, push the button number
52, etwas Geduld und voilà: ein
überwältigendes Panorama! Die

Bank of America ist das zweithöchste Gebäude und der Carnelian Room das höchste Restaurant der Stadt überhaupt. Also bedenken: ein Frühstück der Superlative! Brunch kostet für Erwachsene ca. $ 25 und für Kinder unter zehn Jahren ca. $ 13. Der Champagner fließt gratis. Wer mag sich das entgehen lassen? Angemerkt sei hier noch, daß sich dieses Restaurant glänzend eignet, um bei einem Dink die Dämmerung zu genießen.

Palace Court,
Sheraton Palace Hotel bei Market & Montgomery, © 392-8600.
So. Brunch 10.30-14 h.
Langschläfer loben Palace Court als geeignete Adresse für ein königliches Frühstück. Die müden Augen werden fix munter in Anbetracht der wunderschönen Einrichtung. Der Speisesaal des Sheraton Hotels bietet das richtige Ambiente, um einen besonderen Tag zu beginnen. Billig ist es im Palace Court leider nicht, aber der gebotene Luxus verdient diesen Preis. Erwachsene ca. $ 55 und Kinder unter zwölf Jahren $ 26. Eine Bloody Mary gibt's kostenlos. Das Sheraton übrigens, 1875 als Tempel der Gastlichkeit eröffnet, sah natürlich alle möglichen Berühmtheiten, so *Oskar Wilde, Sarah Bernhardt, Rudyard Kipling, Th. Roose-*

velt, Rockefeller, Enrico Caruso und selbst *Konrad Adenauer.*

Cliffhouse, *1090 Point Lobos,*
© *386-3330*
Mo.-Fr. 9-22.30 h, Sa. u. So. 8.30-23 h.
Es ist für uns mittlerweile Tradition geworden, in diesem Restaurant zu frühstücken, bevor wir San Francisco wieder einmal verlassen müssen. Das Lokal beschert eine herrliche Aussicht auf den Pazifik und den berühmten Seal Rockfelsen. Die Einrichtung erinnert an die alten Tage um 1863, als San Francisco noch um einiges kleiner und das Cliffhouse an den Wochenenden ein Ausflugsziel der Städter war. Dieses legendäre Haus hat eine bewegte Geschichte hinter sich. Es brannte fünfmal ab, wurde aber immer wieder aufgebaut, was natürlich jedes Mal mit Erneuerungen verbunden war. So änderte das Haus zwar über die Jahre sein Gesicht, blieb aber als feste Einrichtung in San Francisco bestehen. Einstmals ein stolzes viktorianisches Gebäude, präsentiert es sich heute als scheußlicher, flacher Betonklotz. Im Treppenaufgang können Interessierte den Werdegang auf Fotografien nachverfolgen. Lage und Geschichte des Cliffhouse sind einzigartig und bilden deshalb nicht nur einen Anziehungspunkt für die ansässige

Bevölkerung sondern auch für unzählige Touristen. Das Ergebnis? Die Preise bewegen sich auf doppelt so hohem Niveau wie im Seal Rock Inn, nur rund fünfzig Meter entfernt. $$

Le Petit Café,
2164 Larkin St., Ecke Green St., ☎ 776-5356.
Mo. 7.30-14.30 h, Di.-Fr. 5.30-10 h, Sa. 8.30-10 h, So. 8.30-14.30 h.

Dieses charmante kleine Café auf dem Russian Hill entwickelt nicht nur ausgefallene Frühstücksideen, sondern hält auch ein Sortiment von Büchern bereit, in denen es ich stundenlang schmökern läßt. Im Petit Café kann man sich für ein Weilchen von der hektischen Großstadtatmosphäre erholen. Der Russian Hill ist eine der teuersten Wohngegenden in San Francisco. Also auf: die herrlichen Villen bewundern und hinunter zur Fisherman's Wharf oder zum North Beach spazieren! Der Russian Hill beschert auch eine herrliche Aussicht auf die Golden-Gate-Brücke, die Bucht und die Insel Alcatraz. Wählen zwischen kontinentalem Frühstück Fruchtsalat mit oder ohne Joghurt, Granola Müsli, Quiche, Salat etc. Guter Orangensaft. $$

Pork Store Café,
1541 Haight Street zw. Ashbury und Clayton., ☎ 864-6981.
Mo. 7.30-14.30 h, Di.- Fr. 5.30-10 h, Sa. 8.30-10 h, So. 8.30-14.30 h.
372 5 th Street zw. Harrison und Folsom Street

Früh aufzustehen lohnt sich, möchte man nicht einer Menschenschlange begegnen, die sich allsonntäglich vor dem Pork Store versammelt. Kein Wunder bei dem guten Frühstück. Auch wer am Morgen mit deftigen Eiergerichten und Speck noch nichts anzufangen weiß, findet zum Beispiel mit gerührten Avocados mit Toast eine leichte Alternative. Übrigens bietet die Filiale auf der 5th Street weniger Hektik. $

Mama's Grill,
1701 Stockton Street bei Filbert Street., ☎ 362-6421.
Di.- So. 7-15 h

In North Beach, herzhafte Omeletts und damit nicht nur traditionnell amerikanische Frühstückswünsche. Die Leser des Bay Guardian wählten Mama's Grill zum zweiten Mal in Folge zum besten Frühstückstreff der Stadt. $

Café im Noe Valley (A)

Cafés

Man muß sich als Caféenthusiast über zwei Dinge im Klaren sein. Erstens hat, was man in den USA im allgemeinen als Kaffee bezeichnet, nicht allzuviel mit dem gemein, was man bei uns bekommt, und zweitens ist ein »Café So und So« nicht immer ein Café in unserem Sinne. Amerikanische Cafés sind meist Restaurants, in denen es Kleinigkeiten wie Suppen, Sandwi

ches und Salate zu essen gibt. Kaffee gibt's dort zwar auch, aber ob es der von der guten oder der von der wäßrigen Sorte ist, weiß man immer erst nach der Bestellung. Die allgemeine Handhabung von Kaffee sieht folgendermaßen aus: man schüttet einmal - nämlich morgens früh Kaffee in den Filter und läßt für den Rest des Tages Wasser durchlaufen. Dafür bekommt man diese dünne Brühe meist billig und häufig einen »refill« für 50 Cents. Cafés mit *richtigem* Kaffee sind eine neue Modeerscheinung am Gastronomiehimmel San Franciscos. Guten Kaffee gibt es und gab es schon immer in den italienischen Cafés in North Beach.

Caffe Puccini,
411 Columbus Ave., zw. Vallejo und Stockton Sts., ℭ 989-7033.
Tägl. 6-23.30 h.
Genießen wir die elegante Atmosphäre des Puccini Cafés, den Ausblick auf das rege Treiben der Columbus Avenue und schließlich den duftenden Kaffee. Das Puccini ist bekannt für seine mit italienischer Opernmusik gefüllte Jukebox.

Caffe Trieste,
601 Vallejo St., bei Grant Ave., ℭ 392-6739.
Mo.-Do. 6.30-23 h, Fr. u. Sa. u

So. 6.30-24 h.
Heimeligere Atmosphäre als im
schicken Café Puccini und außerdem noch Geschichte. Hier philo-
sophierten in den fünfziger Jahren
Jack Kerouac und *Allen Ginsberg*.

Mario's,
566 Columbus Ave., bei Union St.,
℃ *362-0536.*
Mo. 11-24 h, Di.-Sa. 10-1 h, So.
10-18 h.
Gleich gegenüber dem schönen
Washington Square Park und ein
beliebter Treffpunkt. Nur zu oft
hat man seine Not, an einem, entlang der Fensterfront aufgebauten,
Miniaturtischen einen Platz zu
ergattern. Ansonsten weist es noch
jede Menge Plätze an der geräumigen Bar auf. Bei Mario's
herrscht eher familiäre Atmosphäre.

Caffe Tosca,
242 Columbus Ave., bei Broadway,
℃ *986-9651.*
Tägl. 17-2 h.
Das Tosca Café ist eine Institution
in San Francisco, in der die Zeit
stehengeblieben zu sein scheint. Es
hat das Jahr 1935 quasi festge-
halten. Mahagonyholz an den
Wänden bildet einen wunderschön
dunklen Kontrast zu den blitzen-
den Espressomaschinen. Der von
italienischen Ellbögen blankge-
scheuerte Tresen wüßte, wenn er

nur reden könnte, eine Menge
Geschichten zu erzählen. Ein weiteres Phänomen des Tosca ist die
alte, ausschließlich mit Opernmusik bestückte, Jukebox. Die
Platten sind dermaßen ausgeleiert,
man könnte schwören, die Aufnahmen seien in einem Kohlenkeller
entstanden. Das Tosca pflegt eine
eigene Cappuccino-Version. Nun,
das Geheimnis ist ein Löffel Kakao
und ein Schuß Brandy. Ein weiterer Tosca-Geheimtip ist die »White
Nun«, ein umwerfend sanftes
Gebräu ...

Café La Bohème,
3318 24th St., bei Mission St.,
℃ *285-4122.*
Mo.-Fr. 6-23 h, Sa. und So. 7-23 h.
Im Herzen des Mission Districts,
unser Lieblingscafé. Hier sind
immer eine Menge interessanter
Leute anzutreffen, ja, und natürlich jede Menge Latinos. Im La
Bohème treffen sich nicaraguanische Freunde auf ein Schwätz-
chen. Man führt hier politische
Diskussionen oder rückt einfach
mit einem Buch an. Das Mobiliar
besteht aus einem alten durchgeses-
senen, heiß umkämpften Sofa und
einem wilden Sammelsurium alter
Holztische und Stühle. Haben Sie
gerade kein Buch zur Hand und ist
die Freundin noch nicht eingetrof-
fen, so wird man sich mit den ausliegenden Zeitungen und Flugblät-

tern die Zeit vertreiben. Sie haben eine überdurchschnittliche Auswahl an Kaffee- und Teesorten. Die Kuchen sind ein Gedicht. Mal den den Carrot-Nut Cake und eine »Mexican hot chocolate« versuchen. Nicht das Schwarze Brett übersehen, das oft eine Menge interessanter Tips bietet.

Hard Rock Café,
1699 Van Ness Ave., bei Sacramento St., ✆ 885-1699.
So.-Do. 11.30-23.30 h, Fr. u. Sa. 11.30- 0.30 h.
Gibt's auch in San Francisco. Sich beim Besuch dieses Cafés also auf einen Touristenrummel gefaßt machen. Alles in allem herrscht ein störendes Gedränge und eine Kauf-Friß-Geh-Atmosphäre; auch das Personal kann man nicht gerade als freundlich bezeichnen. Essen und Musik sind aber o.k. Ab 18 h verlangt man einen Mindestverzehr von $ 4 pro Person. Unbedingt reservieren! Am Eingang werden die berühmten Hardrock-T-Shirts usw. verkauft, die aber – wie kann's anders sein – nicht ganz billig sind: T-Shirts ca. $ 17, Sweatshirts ca. $ 30.

Café Flore,
2298 Market St., Ecke Noe,
✆ 621-8579
Tägl. 7.30-11.30 h
Wunderbarer, kleiner Bau aus Holz und Glas mit einer Menge

Hängepflanzen sowie großen Croissants und herrlichen Kuchen. Glückpilze können bei schönem Wetter und mit genügender Ausdauer auch an einem der heißumkämpften Tische draußen Platz nehmen, denn hier herrscht den ganzen lieben Tag Gewimmel ... Unbedingt mal den Poppy Seed Cake, den Mohnkuchen, versuchen. Die Kundschaft setzt sich überwiegend aus jungen Leuten zusammen.

Café Picaro,
3120 16th St., zw. Valencia und Guerrero Sts., ✆ 431-4089
Mo.-Do. und So. 9-24 h, Fr. u. Sa. 9-2 h
Beliebter Teffpunkt junger Leute zum Reden, Briefeschreiben und Schachspielen. Der kleine Hunger läßt sich mit Sandwiches, Suppen oder Salate stillen und nebenher kann man in Bücherregalen stöbern. Über vierhundert Buchtitel stehen zur Verfügung, die allerdings unverkäuflich sind. Gegen Abend sollte man sich mit seiner Lektüre an einen ruhigeren Ort verziehen, da dann im Picaro eine Menge Trubel herrscht. Das Roxie Kino liegt nämlich gerade auf der anderen Straßenseite.

Chestnut Café,
2016 Fillmore St., bei Pine St.,
✆ 922-6510.

Mo.-Sa. 9-17 h.
Urgemütliches, kleines Café, ruhige Atmosphäre. Leckeres Grünfutter zu Minipreisen.

Horse Shoe Café
(Lower Haight),
233 Fillmore St., bei Haight St.,
✆ *626-1482.* Tägl. 8.30-21.30 h.
Gilt in der Haight als Tummelplatz für Liebhaber von Tätowierungen und Piercings und ist eines der interessantesten Cafés. Bei Alternative Rock und einem Milchkaffee (latte) kann man hier Leute beobachten oder einfach mit ihnen ins Gespräch kommen.

Toy Boat Café (Richmond)
401 Clement Street., ✆ *751-7505.*
Tägl. 8.00-22 h.
Hier kann man wieder ganz Kind sein. Während man einen Bagel ißt, ein Eis verspeist oder nur einen italienischen Kaffee trinkt, kann man darüber nachdenken welches der über 200 Spielzeuge für sich selbst oder die Lieben daheim das Richtige ist. Auch ein im Cafe aufgestelltes Schaukelpferd lädt zum Reiten ein.

Javaholics Coffe House
(Richmond),
Ecke Balboa und 6 th Ave.,
✆ *668-3434.*
Tägl. 7.30-22.30 h.

Hier findet man neben starkem Kaffee Studenten der University of California, die bei Jazzmusik allerlei Wissenswertes in ihre Laptops hämmern.

Mad Magda's Russian Tea Room
(Hayes Valley),
579 Hayes Street bei Octavia.,
✆ *864-7654.*
Tägl. 8.30-21.30 h.
Wen interessiert sie nicht die Zukunft? Je nach Geschmack läßt man sich in diesem mystischen Café die Zukunft aus den Teeresten vorhersagen oder die Tarotkarten legen. Wem das alles zu seltsam klingt, kann auch nur einen Kaffee trinken .

Brain Wash (SoMa),
1122 Folsom Street bei 7th Street,
✆ *861-3663.* Tägl. 7.30-22.30 h.
Gelungene Mischung aus Waschsalon und Restaurant. Während die Buntwäsche in der Waschmaschie schleudert, kann man sich dem Essen widmen und eine interessante Mischung von Leuten (Fotographen, Grafiker, Tätowierer und Rucksacktouristen) beobachten. Auf dem Menu stehen div. Burger, Salate oder vegetarische Quesedillas, mexikanische Käsetaschen mit Bohnen und Salsa. Am Wochenende bietet eine kleine Bühne Auftrittsmöglichkeit für Nachwuchsmusiker. $

South Park Café (SoMa),
108 South Park nahe 2nd Street
und Bryant Street, © *495-7275*
Tägl. 9-21 h.
Das Viertel um das Café wird von
den Einheimischen *Multimedia*
Gulch genannt und tatsächlich findet man viele kleine Firmen, die
Homepages fürs Internet erstellen
oder CD-ROM's fertigen. Der
computeranimierte Comicfilm
James und der riesige Pfirsich ist
übrigens in einem dieser Studios
entstanden. Dies ist ein guter Ort
um sonnige Mittagsstunden zu verbringen. Findet man hier keinen
Sitzplatz, so kann man die Gericht
des französischen Bistros auf der
benachbarten Rasenfläche umringt
von spielenden Kindern und Leuten mit Laptops genießen. $

Radio Valencia (Mission),
1199 Valencia St bei 23 rd Street,
© *826-1199*
Tägl. 9-21 h.
Bekannt wurde dieses Café über
die Stadtgrenzen hinaus, als im
Sommer 1995 ein Feuerwehrwa-
gen durch das Eckfenster direkt in
das Café raste. Nach der Wieder-
eröffnung Anfang 1996 liest,
schreibt und diskutiert man wieder
oder zeigt stolz gerade erstandene
Schnäppchen. Ein Radiosender ist
hier übrigens nicht zu finden.

Eiscafés

Ein wirklich heiß umkämpftes
Thema in der City ist: wo bekommt man das beste Eis? Die Portionen fallen um einiges imposan-
ter aus als daheim. Eine Eiskugel
hier entspricht zwei bis drei der
gewohnten Kugeln.

Ben & Jerry's,
1480 Haight Street bei Ashbury,
© *249-4685.543 Columbus Ave.*
zw. u. Union St.
Beide geöffnet: Mo.-Do 11-22 h,
Fr. und Sa.11-23 h
Unbedingt probieren, das nach
dem verstorbenen Kopf der Greatful Dead Jerry Garcia benannte
Kirscheis (Cherry Garcia).

Joe's Ice Cream,
5351 Geary Blvd, © *751-1950.*
Mo.-Do 11-22 h, Fr.und Sa.11-23 h
36 Sorten, $ 1.25. Sechzehn Sitz-
plätze.

Marco Polo Italian Ice Cream,
1447 Taraval St., bei 24th St.,
© *731-2833.* Tägl. 12-10 h.
16 Sorten. Vierzehn Sitzplätze.

Rory's Twisted Scoop,
2015 Fillmore St., © *346-3692.*
Mo.-Do. u. So. 11.30-23 h, Fr. u.
Sa. 11.30-12 h.
25 Sorten, Waffeln. $ 1.20.

Bäckereien
& Konditoreien

Tassajarra,
1000 Cole St., bei Parnassus St.,
✆ 664-8947.
Di, Mi. u. Do. 7-19h, Fr. 7-22h,
Sa. 8-22h, So. 8-14h.
Ein kleines Café der Zen Buddhisten mit feinen Kuchen, Muffins, Brownies und Brot aus der Naturkostküche.

Bakers of Paris,
1101 Taraval St., ✆ 863-8726,
3989 24th St., zw. Noe und
Sanchez Sts., ✆ 863-8725.
Baguettes, Croissants und vor allen Dingen: Pain au Chocolat!

Just Dessert,
248 Church St., zw. Market u.
15th Sts., ✆ 626-5774,
Tägl. 8-23 h,
3 Embarcadero Center, bei Battery
& Sacramento Sts.,
✆ 421-1609,
Mo.-Fr. 7.30-18.30 h., Sa. 9-17 h,
So. 12-17 h,
836 Irving St., zw. 9th und 10th
Ave., ✆ 681-1277,
Mo.-Fr. u. So. 8-23 h, Sa. 8-24 h,
3735 Buchanan, Marina Blvd.,
✆ 922-8675.
Tägl. 8-23 h.
Just Desserts feierte kürzlich fünfzehnjähriges Bestehen und hatte dazu auch allen Grund, denn es ist

mittlerweile für alle Leckermäuler in der Stadt das Non Plus Ultra. Die bei Just Desserts erstandenen süßen Teilchen kann man mit nach draußen nehmen oder sich auch in dem gemütlichen Café niederlassen. Zu den Spitzenreitern zählen Poppy Seed Cake (Mohnkuchen) und Sourcream Coffee Cake.

Cinderella Bakery,
436 Balboa Street, bei 5 th Ave.,
✆ 751-9690
Die-Sa. 9-21 h, So. 9-19 h.
In der von vielen Russen bewohnten Richmondgegend findet man diese russische Bäckerei mit seinen leckeren Kuchen, Broten und Gebäck.

Scone Works,
814 Eddy Street, ✆ 922-0635
Mo.-Fr. 6.30-15 h. Sa. u. So. geschlossen.
Sandwiches, Pizzen, Suppen mit frischem Focacciabrot zu angenehmen Preisen.

Sweet Inspiration,
2239 Market St., bei Noe St.,
✆ 621-8664 2123 Fillmore St., bei
California St., ✆ 931-2815.
Sweet Inspirations entspricht einer Konditorei, wie von daheim bekannt. Die süßen Verführungen fallen im Vergleich zu Just Dessert bedeutend süßer und sahniger aus. Torten, Eclaires etc.

Halfdome im Yosemite Park (A)

United Nations Building

Reflektionen

Reflektionen

Golden Gate Brücke

Unterhaltung

Museen

Kunstmuseen

Ansel Adams Center for Photography Museum,
250 Fourth St nahe Folsom St.
✆ *495-7000*
Di.-So. 11-17 h
Eintritt: Erwachsene $ 4, Studenten $ 3, Kinder (13-17) und Senioren $ 2. Bei einem Ferienaufenthalt im Yosemite Nationalpark machte Ansel Adams seine ersten Aufnahmen. Schon damals zeichnete sich ab, was das gesamte Schaffen des Fotografen bestimmen sollte: die Verknüpfung von Fotografie und seiner Begeisterung für die Landschaft Amerikas. Im Museum neben atemberaubenden Landschaftsaufnahmen Portraits der

New Yorker Fotografin Annie Leibowitz.

Asian Art Museum,
Golden Gate Park, im Westflügel des M.H. de Young Museum,
✆ *379-8800.*
Mi.-So. 10-17h, Eintritt: Erwachsene $ 5, Jugendliche bis 18 Jahre und Senioren $ 2; Eintritt frei für Kinder unter zwölf Jahren sowie für jedermann am ersten Mittwoch (geöffnet dann bis 20.45 h). Im 1966 eröffneten de Young Museum ist eine großartige Sammlung asiatischer Kunst zu besichtigen. Der Großteil der Ausstellung stammt aus der Privatsammlung von Avery Brundage, dem langjährigen Präsidenten (1952-72) des Internationalen Olympischen Komitees. Er vermachte dem Museum rund zehntausend Skulpturen, Gemälde, Jade- und Keramikarbeiten aus Japan, Korea, China, dem Iran und den asiatischen Kulturen.

California Palace of the Legion of Honor,
Lincoln Park, bei 34th Ave.,
✆ *750-3600 oder 863-3330 (Tonband). $$*
Di.-So. 10-16.45 h. Die Museen »Asian Art Museum«, »Palace of the Legion of Honor« und das »de Young« Museum erheben dieselben Eintrittspreise (s. oben). Eine

M. H. de Young Museum

Karte dieser Museen berechtigt am selben Tag auch zum Einlaß bei den zwei anderen. Eintritt kostenlos am ersten Mittwoch jeden Monats und samstags 10-12 h.

Es handelt sich um eine in den USA einzigartige Sammlung französischer Kunst des 16. bis 20. Jahrhunderts. Insbesondere Liebhaber von Corot, Degas, Fragonard, Goya, Monet, Manet, Rembrandt und Renoir werden auf ihre Kosten kommen. Am Eingang steht eine der fünf existierenden Bronzeabgüsse von Rodins »Denker«. In dem Palast ist außerdem die Achenbach Foundation for Graphic Arts zu sehen, die reichste Sammlung an Kunstdrucken und Zeichnungen des nordamerikanischen Westens.

M.H. de Young Memorial Museum,

Golden Gate Park, ✆ 750-3600 oder 863-3330 (Tonband).
Mi.-So. 10-20.45 h.
Die Eintrittskarte ist auch für die übrigen Museen gültig (das *Asian Art Museum* nebenan und die *Legion of Honor* im Lincoln Park). Am ersten Mittwoch- und Samstagmorgen jeden Monats freier Eintritt. Zu Fuß betritt man das De Young Museum über die Fulton Street und die 10th Avenue. Mit dem Bus erreicht man es, indem man mit der Linie 5 bis zur 6th Avenue fährt und dann durch den Golden Gate Park zu Fuß bis zum Museum geht.

Ein Museum für amerikanische Kunst: 21 Galerien zeigen Gemälde und Plastiken von Copley, Sargent, Bingham, u.a. Auch Textilkunst aus Afrika, Ozeanien und Amerika ist zu bewundern. Die Eintrittspreise entnehme man bitte dem »Asian Art Museum«.

Rechts vom Eingang: afrikanische Kunst, bemerkenswerte Masken und Bronzeplastiken, Eskimokunst sowie Kunstwerke aus Peru, Keramik der Maya, Maorikunst usw.
Amerikanische Kunst (Ende 19. Jh.): Matthews, Hobart, John Singer Sargent *(Caroline of Bassano* und *Lady Leonora Speyer),* Edward Hopper (wunderbares *Dinner at Table),* Metcalf *(Winter's Festival),* Whistler ua.
Kunstobjekte und Möbel des 19. Jahrhunderts.
Kunst des 20. Jahrhunderts: Boris Lovet-Lorski *(Venus),* Man Ray, Yves Tanguy *(From One Night to Another),* Wayne Thiebaud *(24th Street Intersection),* John Kock *(The Bridge),* George Gruso (herrliches *Lower Manhattan),* Diego Rivera u.a.
Englische Kunst: Reynolds *(Ann, Vicountess of Townsend),* Turner, Gainsborough *(Samuel Kilderbee of Ipswich),* Constable, Sir Henry Raeburn u.a.

Perspektivenmalerei und Stilleben: J.F. Peto *(Job Lot Cheap),* Kunst des amerikanischen Westens (Canyons, Indianer, Landschaften), Albert Bierstadt (schöner *California Spring),* F.E. Church (Fantasielandschaften), Möbel im Kolonialstil aus dem 19. Jh..

Schließlich ein kleiner Raum mit *anatolischer und assyrischer Kunst* (wunderbare Skulpturen und Elfenbeinreliefs), kleine römische Bronzeplastiken, griechische Terracotta-Kleinplastik, Lorbeerkranz aus Gold von der Insel Kreta, schöne Glasfläschchen und vieles mehr. Herrliche *Cafeteria* unter freiem Himmel, in deren Mitte sich ein Wasserbecken befindet, welches Bronze-Engelchen zieren. Gut sortierte Buchhandlung

S.F. Museum of Modern Art,

151 Third St. zw. Mission und Howard St,
✆ *357-4000. Eintritt: Erwachsene $ 7; Jugendliche (13-17), Studenten, Kinder u. Senioren $ 3.50; Do. v. 18-21 h $ halber Preis, 1. Di. eines jeden Monats frei.*
Tägl. 11-18 h, Do. 11-21 h
Eine ständig wechselnde Sammlung von Kunst des 20. Jahrhunderts, mit Schwerpunkt auf abstrakten Expressionismus und Fotografie, manchmal Architektur und Design.

Begeben wir uns gleich in die vierte Etage, um die Zeichnungen von Richard Diebenkorn, vor allem aber um die außergewöhnlichen Gemälde von Clyfford Still, einem bedeutenden abstrakten Impressionisten, zu bewundern. Ein leuchtendes Farbfeuerwerk. Unter den Werken der ständigen Ausstellung befinden sich *Scène de Rue* und *Femmes d'Alger* von Picasso; *Portrait de Michael Stein* und *la Fille aux yeux verts* von Matisse; *Vase, palette et mandoline* sowie *le Guéridon* von Braque; *Paysage* von Derain; *Paysage, Cannes, Frauen mit Weiß und Rot* von Max Beckmann; desweiteren Jawlensky, *Brownish* von Kandinsky, Mondrian, *Rote Vorstadt* und *Fragmente* von Klee; Georgio De Chirico; *Die kinderreiche Familie* von Max Ernst; *Der Ödipuskomplex* von Dali; *Arrière-pensée* und *les Profondeurs tacites* von Tanguy; *Vom Goldregen parfümierte Morgendämmerung* von Miró; *Nature Morte* (Stilleben) von Fernand Léger u.a. Außerdem eine schöne Skulpturensammlung.

Historische Museen

Cable Car Barn Museum,

1201 Mason St., bei Washington St., ✆ 474-1887.
Tägl. 10-18 h. Eintritt kostenlos. Ein Museum gefüllt, mit Erinnerungen an die Geschichte der legendären Cable Cars. Video, alte Cable Cars, Fotos etc.

Wells & Fargo Museum,
420 Montgomery Street,
Höhe California Street,
℡ *396-2619.*
Mo.-Fr. v. 9-17 h. Eintritt frei.
Ein ganzer Saal der Bank ist der
Vergangenheit des Unternehmens
Wells & Fargo gewidmet, deren
berühmte Postkutschen ebenso an
der - aus Sicht der Weißen - erfolg-
reichen Erschließung des Westens
beteiligt waren wie das Winchester-
gewehr. Hervorragend renovierte
Räumlichkeiten. Den Besuchern
stehen gebundene Infobroschüren
über die Geschichte der Postkutschen zur Verfügung. Am
Anfang standen zwei New Yorker
Finanzleute, *Henry Wells* und *William George Fargo*, die es schon im
Osten mit Expreßgut- und Über-
landpostunternehmen zu Wohl-
stand gebracht hatten. Fast an derselben Stelle des heutigen Museums eröffneten sie im Juli 1852 die
erste Bank. Drei Jahre später be-
saßen Wells & Fargo schon 55
Zweigstellen, 1890 waren es 2.600,
die eine weitgefächerte Palette von
Dienstleistungen boten! Daneben
bauten sie ein dichtes Netz von
Postkutschenstrecken auf und
beteiligten sich auch am Verkehrsmittel der Zukunft, der Eisenbahn.
Da muß man an den Wahlspruch
der Bank denken, nach der sie in
der Zeit ihres Aufstieges zu Werke
ging: *Work is a very necessary and
good habit* (»Arbeit ist eine höchst

notwendige und gute Gewohn-
heit«).
Heute ist Wells & Fargo die dritt-
größte Bank Kaliforniens und die
zehntgrößte der Vereinigten Staaten.
   Die Postkutsche vor ihrer Bank
verkehrte einst zwischen Coloma,
Standort der berühmten Suter-
schen Sägemühle, und Carson City
in Nevada. In einem Schaukasten
daneben sind Golderze unter-
schiedlicher Herkunft zu sehen.

Chinese Historical Society,
*650 Commercial St., zw. Kearny
und Montgomery Sts.,* ℡ *391-
1188.*
Di.-Sa. 12-16 h. Eintritt frei!
Chinesen haben die Entwicklung
San Franciscos entscheidend mit-
bestimmt. Dieses Museum veranschaulicht diese Entwicklung
(Handwerk, Dokumente, Fotografien, usw.) vom Goldrausch bis in
unsere Zeit.

Museum of the City of S.F.,
*Cannery, 3. Stock, Ecke Beach und
Leavenworth Sts,* ℡ *928-0289.*
Mi.-So. 10-16 h.
Dieses erst im Sommer 1991 eröff-
nete Museum zeigt die Geschichte
San Franciscos mit Schwerpunkt
auf dem großen Erdbeben 1906.
Beeindruckende Bilder, Doku-
mente und Überbleibsel zeugen
von der verheerenden Katastrophe,

die weite Teile der Stadt dem Erdboden gleichmachte.

North Beach Museum,
Eureka Federal Savings, 1435 Stockton St., zw. Vallejo und Green St.,
✆ 626-7070, im obersten Stockwerk der Bank.
Mo.-Fr. 9.30-16 h.
Fotos und Erinnerungen an die Geschichte der italienischen und chinesischen Einwohner des North Beach Districts. Eintritt kostenlos.

Mexican Museum,
Fort Mason Center, Gebäude D, Laguna und Marina, ✆ 441-0404.
Mi.-So. 12-17 h Eintritt: $ 3 für Erwachsene, $ 2 für Studenten, Senioren und Jugendliche (10-17); frei unter zehn Jahren. Jeden ersten Mittwoch eines Monats Eintritt frei. Ausstellung von Kunst und Kunsthandwerk frühspanischer Künstler aus Kolonialzeiten bis hin zu zeitgenössischen mexikanisch-amerikanischen Künstlern.

Fort Mason beherbergt noch weitere Museen: die *San Francisco African American Historical and Cultural Society* (✆ 441-0640); das *San Francisco Craft* and *Folk Museum* (✆ 775-0990), die *SS Jeremia O'Brian*, eines der letzten der 2751 Liberty Ships aus dem Zweiten Weltkrieg (✆ 441-3101). Auskünfte über Öffnungszeiten u.ä. im Verkehrsbüro oder telefonisch.

Bank of Canton, Pacific Heritage Museum of California,
Montgomery und Commercial Street, ✆ 362-4100.
Kleines aber feines Museum über die kulturellen und wirtschaftlichen Verbindungen zur anderen Seite des Pazifik, untergebracht in einem Gebäude aus dem Jahre 1875. Wechselnde und ständige Ausstellungen über die Geschichte der amerikanischen Währung. Erst kürzlich renoviert.

Mission Dolores,
Ecke 16th St. und Dolores St.,
✆ 621-8203
Tägl. 9-16 h
Die 1776 erbaute Missionsstation im Adobestil, von Indianern erbaut, ist das älteste Gebäude in San Francisco. Die mächtigen Backsteinmauern haben drei größere Erdbeben überdauert. Neben einem kleinen Museum erstreckt sich der Mission-Dolores-Friedhof, auf dem die »Stadtgeschichte« begraben liegt. Eintritt: $ 1. Zu sehen sind einige Holzpflöcke und Nägel, die beim Bau Verwendung fanden, ein Brevier mit abgewetztem Ledereinband und altersschwarzen Metallfibeln, Eigentum des ersten Missionspriesters *Padre Palou*.

National Maritime Museum (A)

National Maritime Museum,
*Aquatic Park, am Ende der Polk
Street, westlich von Ghirardelli.*
✆ 556-8177.
Mittwoch bis Sonntag von 10-17 h
geöffnet. Eintritt frei.
Enthält Relikte alter Boote und
Modelle. Schöne geschnitzte und
bemalte Bootsbugs, Karten, Fotos,
Kunsthandwerk der Matrosen usw.
Nebenan, am *Hyde Street Pier*, lie-
gen fachmännisch restaurierte
Boote, darunter *Thayer*, ein großer
Schoner, *Eureka*, einstmals die
größte Fähre der Welt, *Hercules*
u.a. Die *Balclutha*, ein prachtvoller
Dreimaster, ist und bleibt das
schönste zu besichtigende Schiff.
Das Interessanteste ist mit Sicherheit aber der *Pampanito*, ein U-
Boot-Veteran aus dem Zweiten
Weltkrieg, am Pier 45. Täglich von
9-18 h zu besichtigen; im Sommer
freitags und samstags bis 21 h.
✆ 929-0202. Leider nicht umsonst.

**San Francisco Fire
Department Museum,**
*655 Presidio Avenue und Bush
Street. ✆ 861-8000 (von außer-
halb: 365).*
Donnerstag bis Sonntag von 13-
16h geöffnet; feiertags geschlossen.
Für alle unsere Leser mit einer
Schwäche für Feuerwehrleute.
Interessante Fotoausstellung,
Handpumpen, Feuerwehrautos
und Souvenirs von *Lillie Hitchcock
Coit*, deren Leidenschaft diese hel-
denhafte Gesellschaft so sehr ent-
fachte (s. »Coit Tower«).

Wissenschaftliche Museen

California Academy of Sciences,
Golden Gate Park, ✆ 221-5100
oder 750-7145 (Tonband).
Eintritt: $ 7 für Erwachsene (18-64 Jahre), $ 4 für Schüler (12-17 Jahre) und Senioren, $ 1.50 für Kinder (6-11), kostenlos für Kinder unter sechs Jahren. Am ersten Mittwoch jedem Monats kostenloser Eintritt. Tägl. 10-17 h. Aquarium, Planetarium, Völkerkundemuseum, Laserium.

Die Besichtigung dieses Museums bereitet großen und kleinen Besuchern in gleichem Maße Vergnügen. Zu beobachten sind Delphine, Seelöwen, Pinguine und anderes Meeresgetier. Hielten Sie schon einmal einen Seestern in der Hand? Wußten Sie, wie sich ein 5, 3 starkes Erdbeben anfühlt? Lassen Sie sich in der »Africa World« nieder und lauschen Sie den Geräuschen eines anbrechenden Morgens in der Savanne. Das und vieles mehr hat das Steinhart Museum zu bieten.

Exploratorium,
Palace of Fine Arts, 3601 Lyon St., bei Marina Blvd., ✆ 563-7337 oder 561-0360 (Tonband).
Die.-So. 10-17 h, Mi. 10-21.30 h. Inmitten eines romantischen, kleinen Parks mit Säulengängen und einem Teich. Wir legen einen Besuch des Exploratoriums im Palace of Fine Arts, dem letzten Überbleibsel der Panama-Pacific-Weltausstellung von 1915, jedem und insbesondere allen Museumsmuffeln nahe. Wie der Name schon verrät, ist jeder Besucher angehalten, selbst zu erkunden, zu forschen. Ein Museum zum Anfassen und ein Riesenspaß für Groß und Klein! Physikalische Phänomene werden veranschaulicht und vorgeführt. Besucher sollen durch unmittelbaren Kontakt, Anfassen, Zuhören usw. die Gesetzmäßigkeiten von Elektrizität, Schall, Laserstrahlen und anderen physikalischen Gegebenheiten spielend verstehen lernen. Das Exploratorium ist nur Teil eines klassischen Museumskomplexes, dem Palace of Fine Arts. Ein schöner Ort zum Picknicken oder Frühstücken.
Eintritt: $ 9 für Erwachsene, $ 2.50 für Kinder (6-17 Jahre), Studenten und Senioren $ 5.

American Carousel Museum (Fisherman's Wharf),
633 Beach St., zw. Columbus und Hyde St., ✆ 928-0550
Tägl. 10-18 h; Eintritt: $ 2 für Erwachsene, $ 1 für Senioren und Kinder. Für Kinder unter zwölf Jahren freier Eintritt.

Das 1986 eröffnete Museum stellt die Höhepunkte der Freels Kollektion an antiken hölzernen

Karusselltieren aus aller Welt zur Schau. Larry und Glenda Freels, so besagt die Legende, begannen ihre Sammlung, als sie sich in einem kleinen Geschäft in Berkeley nach einem hölzernen Karussellpferd für ihr Haus umsahen. Gustav Dentzel, ein deutscher Einwanderer und Holzschnitzer von Beruf, stellte 1867 sein erstes Karussellpferd in Philadelphia, Pennsylvania, her. Dentzel legte bei seiner Arbeit Wert auf naturgetreue Wiedergabe aller typischen Details. Seine Bemühungen um eine möglichst wirklichkeitsgetreue Wiedergabe, gingen soweit, daß vielen seiner Pferde die Zunge aus dem Maul hängt.

Heutzutage sind dies typische Merkmale, mit denen man Dentzel von anderen Künstlern leicht unterscheiden kann. Charles Looft erstellte das erste Karussell auf der Vergnügungsinsel Coney Island. Zwischen 1880 und 1930, als Karussells den Höhepunkt an Attraktivität erlebten, drehten sich tausende ihrer Art, viele davon in Kurorten an der Küste. Heute verbleiben nur noch rund dreihundert. Loofts Karussellpferde zeichnen sich durch einen pompösen, überladenen Stil aus. Die übertrieben prachtvollen Mähnen und Schweife wurden oft aus echtem Pferdehaar gefertigt. Looft besetzte Sättel und anderen Zierrat häufig

mit Glasperlen oder Juwelen, um die Lichter des Vergnügungsparks zu reflektieren.

Im Karussellmuseum an der Beach Street kann man Holzschnitzer beim Restaurieren der Holztiere beobachten.

Kurioses, Nebensächliches, typisch Amerikanisches

Believe It or Not Museum,
175 Jefferson Street, Ecke Taylor Street bei Fisherman's Wharf.
℡ 771-6188.

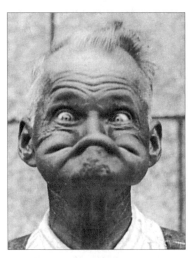

Ripley war in den dreißiger Jahren ein Reporter im Stil von »Tom und Jerry«. Der Pressemagnat Hearst finanzierte seine Reisen durch die ganze Welt, von denen er seltsame Gegenstände und ungewöhnliche

Anekdoten zurückbrachte. So wird man den Mann mit den doppelten Pupillen sehen und jenen, der mit einer eingepflanzten Kerze auf dem Kopf umherspazierte. Erstaunliches und Abartiges eben. Unsere Lachmuskeln werden jedenfalls arg strapaziert. Als neueste Attraktion ist in diesem Museum das Szenario eines vorgestellten Zusammensturzes der Bay Bridge geplant ... das darf ja wohl nicht wahr sein! Ermäßigungscoupons findet man im *Visitor's News*. Ansonsten eher teuer.

Da gibt es mechanische Fußball- oder Baseballspiele aus dem 19. Jahrhundert, die Zukunft wird einem vorausgesagt, oder man sieht einer Hinrichtung zu. Hier kann man Stunden zubringen und zum Schluß ein Andenkenfoto in einer alter Fotobude machen lassen ($ 2).

Cartoon Art Museum,
814 Mission Street bei Montgomery,
✆ 227-8666.
Mitt.-Fr 11-17 h, Sa. 10-17 h, So. 13-17 h
Nur ein paar Blöcke vom Museum of Modern Art entfernt, zeigt dieses 1984 fertiggestellte Museum die Geschichte des Comics strips von seinen Anfängen bis in die Neuzeit. Mit dabei sind Batman, die Peanuts, Popeye und das MAD Magazin.

Charakterstudie

Tattoo Museum,
841 *Columbus Street, ✆ 7754991.*
Eintritt: frei
Mo.-Do. 12-21 h, Fr., Sa. 12-22 h, So. 12-20 h
Meistertätowierer Lyle Tuttle hat hier alles zusammengetragen, was mit seiner Passion zu tun hat. Dazu gehören eine riesige Sammlung an Motiven, Fotos, Zeitungsartikeln und altem Tätowierwerkzeug.

Musée Méchanique,
1090 Point Lobos im Cliff House,
✆ 386-1170.
Mo.-Fr. 11-19 h, Sa., So. 10-20 h
Vollgepackt mit antikem mechanischem Spielzeug. Die Automaten nehmen Quarters (25 Cents Stücke). Geldwechsler vorhanden.

UFO Museum,
709 Union Street bei Columbus,
✆ 974-4339. Eintritt: $ 3.00,
Kinder unter 12 $ 1
Die.-So. 12-21 h
In diesem winzigen Museum sind Fotos und Zeichnungen zu finden, die sich mit UFOs, dem Yeti, den

Kornkreisen und dem Loch Ness befassen. Bitte vorher anrufen!

Parks

Hier einige Vorschläge als Alternativen zu Sightseeing und Einkaufsbummel. Spazierengehen, Picknicken, Faulenzen ...

Golden Gate Park

Man nennt ihn nur »The Park«. Jeder weiß, daß von dem sechseinhalb langen und nicht ganz einen Kilometer breiten Golden Gate Park die Rede ist, der sich vom nordwestlichen Teil San Franciscos bis an den Pazifik erstreckt. Ein Eldorado für Stadtkinder und auch ein Denkmal menschlicher Leistung.

Vor ungefähr hundertzwanzig Jahren stellte dieses Gebiet lediglich eine Anhäufung von Sanddünen dar, ein schier unzugängliches Gebiet, an dessen Randzonen sich höchst zwielichtiges Volk aufhielt. Vom Pazifik pfiff meist ein so starker Wind, daß Berichten zufolge vereinzelte Besucher ihre liebe Not hatten, mit ihrem Gaul in Richtung Westen zu reiten. Manchmal spielten dort kleine Jungen »Sahara Desert« oder Männer angelten mit ihren Söhnen Frösche aus den Wasserpfützen und verkauften sie an französische Restaurants in der Stadt. Die Stadt reichte in jenen Tagen nur bis an die Twin Peaks heran, die höchsten Erhebungen in San Francisco. Man muß sich darüber im klaren sein, daß in dieser Gegend kaum Vegetation vorhanden war. Das Relief blieb größtenteils erhalten, aber sämtliche Gewächse wurden aus aller Welt eingeführt und von Menschenhand angepflanzt. Begründer dieses Vorhabens war *Frederic Law Olmsted*, der schon den New Yorker Central Park entworfen hatte. Die Verwirklichung dieser Aufgabe lag zunächst in den Händen *William Hammond Halls*, der einige Federn lassen mußte, bis er seinen Willen im Stadtrat durchsetzte. Er war ein junger Gartenarchitekt und schien auch qualifiziert, weil er beispielsweise eine Karte der Gegend für die Armee gezeichnet hatte. Die Schwierigkeit bestand zunächst mal darin, den losen Sand zu befestigen, wofür man schließlich auf Hafer verfiel. Der Schotte *John McLaren*, Halls Nachfolger, machte die Fertigstellung des Parks zu seiner Lebensaufgabe. Die Arbeiten dauerten von 1868-1906 und beschäftigten ein Heer von Arbeitern. Pflanzenarten aus aller Welt wurden ausgesucht, die, in Sandboden gesetzt, dieses Klima überdauern würden, darunter hundert Eukalyptus- und Rhododendronsorten. Bis zu seinem Tode 1943 setzte er noch eigenhändig Pflanzen im bib-

Sphinx im Golden Gate Park (A)

lischen Alter von 96 Jahren. In der Anfangsphase buddelt er alle Grashorste aus, die der Treibsand zuzuwehen drohte, um sie an ungefährdeter Stelle wieder einzusetzen. Die Müllabfuhr bewegte er dazu, die Pferdeäpfel auf der Straße als Dünger in den Park zu karren. Als schließlich eine dichte Decke aus Sand-, Schwingel- und Raygras den Boden schützte, setzte er ein strenges Begehverbot für seinen Rasen durch. Die heute haushohen Mammutbäume, aus Samen gezogen, hatte er als Achtzigjähriger 1927 gesetzt. Im Rhododendron Dell wird man sein Standbild finden, das ihn mit einem Tannenzapfen in der Hand zeigt.

Die Schlacht um die Anlage des Kezarstadions im Park hatte er zwar verloren, aber als die Verwaltung einer Investorengruppe gestattete eine Straßenbahntrasse durch den Park zu legen, unter der Auflage sämtliche Blumen und Bäume stehen zu lassen, bepflasterte McLaren in einer Nacht mit einer ganzen Armee Helfershelfer die vorgesehene Schneise mit Büschen, Bäumen und anderen Gewächsen, so daß sich die Interessenten zurückzogen. Heute ist der Park Schauplatz unzähliger Aktivitäten. Die Hauptsehenswürdigkeiten des Parks befinden sich zwischen Stanyan Street und der 14th Avenue, und der Haupteingang liegt bei der Stanyan und

Oak Street. Durch den Park führen mehrere Straßen, wobei der John F. Kennedy Drive die wichtigste und am stärksten befahrene ist.

Ein Sonntag im Golden Gate Park ist ein unvergeßliches Erlebnis. Der Kennedy Drive wird gesperrt und hunderte von Leuten vergnügen sich auf ihre Art und Weise. Ob mit dem Fahrrad, auf Rollschuhen oder Skateboards - jeder genießt sein Vergnügen!

Um den Music Concourse, gruppieren sich die besten Museen der Stadt und auch am Wochenende konzentrieren sich hier alle möglichen Freizeitaktivitäten. Die Academie of Sciences, 1853 gegründet, ist eine der ältesten wissenschaftlichen Institutionen des nordamerikanischen Westens. Ihr erstes naturwissenschaftliches Museum an der Marketstreet wurde durch das große Erdbeben 1906 zerstört. Die neuerbaute Academie of Sciences im Golden Gate Park beherbergt heute drei Museen unter einem Dach: das Morrison Planetarium und Laserium, das Steinhart Aquarium und ein Naturkundemuseum. Auf der anderen Seite des Music Concourse befindet sich das M.H. De Young Memorial Museum, eines der bedeutenden Kunstmuseen San Franciscos, und das Asian Art Museum.

Der 1894 angelegte japanische Teegarten (Eintritt $ 2) stellt eine der touristischen Hauptsehenswürdigkeiten der Stadt dar. Das mächtige, hölzerne Eingangstor, auch »tori-no-mon« genannt, aus »hinoki«-Holz wurde im Stil der kaiserlichen Paläste ohne Verwendung von Nägeln oder Schrauben erstellt. Den Pfad durch den Garten entlang der angelegten Teiche, Azaleen und Kirschbäume entwarf *George Turner Marsh* 1893. Im Teehaus serviert man Besuchern Tee und Glücksplätzchen (Fortune Cookies). Die japanischstämmige Familie *Hagiwara*, die drei Generationen lang das Teehaus geführt hatte, erhielt ihren Besitz, wie viele andere von der antijapanischen Gesetzgebung Betroffene zur Zeit des zweiten Weltkrieges, nie wieder zurück. Siehe auch »Geschichte«

Auf der Höhe der 2nd Ave. und Haight Street, ganz in der Nähe des offiziellen Eingangs, befindet sich ein Kinderspielplatz mit einem alten Karussell. Dieses wurde zwischen 1912-1914 in New York konstruiert und ist nach einer siebenjährigen Reparaturzeit (1977-1984) für $ 800.000 eines der 250 noch intakten Karussells in den USA. Die Drehorgel wurde in den zwanziger Jahren in Deutschland hergestellt. Das Karussell stand in mehreren Stadtparks an der Westküste, bevor es in den Golden Gate Park gelangte.

Buddhastatue im Japanischen Teegarten

Öffnungszeiten zwischen Oktober und Mai: 10-16 h. Von Juni bis September tägl. 10-17 h. Erwachsene kostet dieser Ausflug in die Nostalgie $ 1, die Kleinen 25 Cents. Das Conservatory of Flowers (Gewächshaus), ein Prunkstück viktorianischer Architektur, ist das älteste Gebäude im Park, 1878 nach dem berühmten Palmenhaus der Kew Gardens in London entworfen, und per Schiff von Dublin nach San Francisco transportiert, wo man es Stück für Stück zusammensetzte. Gestiftet hat's übrigens einer der Eisenbahn-Viererbande, Charles Crocker. Das Gewächshaus wurde nach den heftigen Unwettern im Dezember 1995 renoviert und war lange Zeit nicht zugänglich.

Auf der Wiese zwischen Gewächshaus und John F. Kennedy Drive treffen sich sonntags Jongleure, sowohl Profis als auch Amateure. Am Eingang zum Music Concourse tummeln sich sonntags Fahrrad- und Skateboardartisten und alle, die sich dafür halten. Ganz in der Nähe treffen sich Rollschuhläufer, die einzeln oder in Gruppen zu den neuesten Top 40 tanzen, die aus mitgebrachten »Ghettoblastern« dröhnen. Wie gesagt, sonntags bekommt jeder etwas geboten. So fühlen sich ältere Herrschaften zu den sonntäglichen Konzerten um 13 h im Music-Concourse hin-gezogen.

Früher spielte hier noch Santana, aber auch heute hört man ab und zu bekannte Gruppen im Park. Da gibt es auch einen Shakespeare-Garten, gleich hinter dem japanischen Teegarten. Diese kleine Ecke wurde ursprünglich nur mit Bäumen, Büschen und Blumen bepflanzt, die in des englischen Klassikers Stücken vorkamen. Sein Andenken erweckt heute leider einen etwas verwilderten Eindruck. An einer Wand hängen gar Bronzeplatten mit eingravierten Zitaten aus seinen Werken. Desweiteren gibt es einen Botanischen Garten (1937), Baseball- und Footballfelder. Stow Lake, der größte See im Park, ist ein Paradies für Enten, Möwen, weiße und schwarze Schwäne. Man kann dort auch Tretboote mieten.
Music-Concourse-Konzerte:
✆ 558-4268.

Am Wochenende im Aquatic Park

An der Fisherman's Wharf vor dem Ghirardelli-Gebäude. Eigentlich nur eine winzige Grünfläche, einer von der Straßenhöhe bis zum Strand führenden treppenartig aufgebauten Anlage und dem Strandstreifen. Der Park bietet Erholungssuchenden eine Ruhepause vom hektischen Treiben an der Wharf und beschert bei klarem

Conservatory of Flowers (A)

Wetter eine herrliche Aussicht auf die Golden-Gate-Brücke. Mit etwas Glück wird man meist um die Mittagszeit erleben, wie der Nebel vom Pazifik in die Bucht hereinzieht. Am Wochenende treffen sich alle möglichen Percussion Fans. Männer, Frauen, schwarz und weiß, finden sich hier zu regelmäßigen »Trommelfeuersessions« ein.

Palace of Fine Arts

Der Palast der Schönen Künste ist mit dem Jachthafen das einzige Überbleibsel der Panama-Pacific-Weltausstellung von 1915. Der Park eignet sich hervorragend zu einem schönen Frühstück oder zu einem Spaziergang bei Vollmond.

Sutro Park

Der kleine Park liegt genau über dem legendären Cliffhouse und ist ein wunderbarer Ort zum Spazierengehen nach einem Frühstück oder Brunch im Seal Rock Inn. Der Park ist nach *Adolph Sutro* benannt, von 1895 bis 1897 der einundzwanzigste Bürgermeister in San Francisco. Er begann als Zigarettenhändler, machte dann eine steile Karriere als Bergwerksingenieur und wurde einer der einflußreichsten Männer in der Stadt, da er sich als Förderer für die Baumbepflanzung einsetzte. Sein Haus stand im heutigen Sutro Park, den er noch zu Lebzeiten für die Bevölkerung freigab. Von hier oben eröffnet sich ein atemberaubender Blick auf den Pazifik, der den meisten Besuchern, die lediglich um das Cliffhouse eine Runde drehen, entgeht.

Presidio

Gleich bei der Golden Gate Bridge; ein sechshundert Hektar umfassender Park, benannt nach einem spanischen Fort aus dem Jahre 1776, gegründet von *Juan Bautista de Anza.i..* Heute unterteilt er sich in Picknickplätze und Militärgebiete, die eventuell verschwinden sollen. Von der Innenstadt aus erreicht man den Park, indem man Bus 45 (Northwest bound) an der Kearny Street besteigt und bis zum Ende mitfährt (Lyon Street und Fine Arts). Ansonsten, je nach Lust und Laune, gibt es noch ein *Armeemuseum* (℡ 561-4115; von 10-16 h geöffnet; montags geschlossen) und die *Fort Point National Historic Site* am südlichen Pfeiler der Golden Gate Bridge zu besichtigen. Das Fort wurde 1853 erbaut (℡ 556-1693; tägl. v. 10-17 h geöffnet).

Verlagsprogramm
http://interconnections.de

Sport

Für Frühaufsteher gibt's angeblich im Park an der Clay Street, mitten in Chinatown, Karate- und andere Kampfsportvorführungen; allerdings um 5 h morgens. Den Fotoapparat besser zu Hause lassen: der Bandenkrieg wütet noch immer in San Francisco. Es sei denn, man hat eine gute Reisegepäckversicherung abgeschlossen, aber da kriegt man ja in der Regel auch nur 10 bis 30% des Anschaffungswertes. Die wissen schon, warum.

Kabuki Hot Springs,
1750 Geary Blvd., bei Fillmore St., © 922-6000.
Mo.-Fr. 15-21 h, Sa. 11-21.30 h, So. 11-20.30 h.
Nach einem Besuch dieses japanischen Badehauses wird man sich nur schwer wieder mit seiner täglichen zehnminütigen Dusche

anfreunden. Man kann baden, saunen oder sich eine japanische Shiatsu Massage verpassen lassen. Es gibt private Baderäume, und die Geschlechter planschen selbstverständlich, streng getrennt. Sonntags und dienstags ist Frauentag; den Rest der Woche sind die Anlagen männlichen Geschöpfen vorbehalten. Die Preise rangieren je nach Kombination von $ 8-60. Der Sakura Plan für $ 8 ist hierbei das preisgünstigste Angebot. Man kann die öffentlichen Badeanlagen benutzen, dazu zählen Duschen, Hot Tubs (heiße Sprudelbäder), eine geräumige Sauna, Dampfbad und Kalt-Wasser-Wannen. Da luxuriöse Badehäuser eine traditionell japanische Einrichtung sind, werden sie von der ganzen Familie in Anspruch genommen. Deshalb sieht man zum Beispiel an einem Frauentag nicht selten eine Großmutter mit Tochter und Enkelin sich gegenseitig den Rücken einseifen oder die Haare entwirren.

YMCA Central Branch
(Tenderloin),
220 Golden Gate Ave., bei Leavenworth St., © 775-9622.
Das YMCA bietet Sportbegeisterten eine große Auswahl an Aktivitäten wie Basketballhallen, Squashräume, Joggingbahn im Gebäude, Hallenbad, Aerobic- und Yogakurse, Sauna, Dampfbad und

ein Sonnendachgarten. Die Anlagen sind sauber aber sehr einfach, fast spartanisch. Es geht wirklich nur um sportliche Ertüchtigung. Für die Benutzung sämtlicher Anlagen sind $ 10 pro Tag, $ 25 pro Woche und $ 50 pro Monat zu berappen. Benutzt man die Anlagen mit einem Gast des YMCA, so kommt ein Tagesschein nur auf $ 5.

YMCA Chinatown

(Chinatown),
855 Sacramento St., bei Stockton St., © 982-4412.
Schwimmbad, Basketballhalle und Aerobic. Tageskarte $ 7.

YMCA Embarcadero Center,

(am Fuße der Market Street), 166 Embarcadero, © 392-2191.
Hallenbad, Sauna, Squash- und Basketballhalle, Sonnendachterrasse. Tageskarte $ 12.

The Great Entertainer

975 Bryant St., zw. 7th und 8th Sts., © 861-8833.
Tägl. 11-2 h nachts, am Wochenende bis 3 h.
Spielhalle mit 42 Pool-Tischen, Snooker, Darts (Wurfpfeile), Video-Spielen und Tischtennistischen. Restaurant und Bar angeschlossen.

South Beach Billiards,

270 Brannan St., zw. 2th und 3th Sts., © 495-5939.

Tägl. 11-2 h nachts.
37 Pool-Billard-Tische, Snooker. Bar vorhanden, s. auch Kapitel »Tickets«: **3COM Park.**

Brahma Kumari's Raja Yoga Center (Haight),

401 Baker St., bei Hayes St., © 563-4459.
Guppenmeditation, gebührenfrei und ohne Voranmeldung.

Integral Yoga,

770 Dolores, © 824-9600 (Tonband) oder 821-1117 (Büro).
Hatha-Yoga-Zentrum. Täglich stattfindende Kurse für Anfänger und Fortgeschrittene für $ 4. Bitte zunächst telefonisch Auskünfte über die Zeiten der Kurse einholen.

Zen Center (Western Addition),

300 Page St., bei Laguna St., © 863-3736 und 863-3163.
Zweimal täglich Meditationen, samstags um 8.45 h auch eine Einführung. Alle Sitzungen kostenlos. Man erkundige sich telefonisch über genaue Uhrzeiten.

San Francisco Dharmadhatu,

2017 Mission St., bei 16th St., © 626-0852.
Tibetanisches Buddhistenzentrum. Die Teilnahme an täglich stattfindenden Meditationen ist kostenlos.

Skater im Golden Gate Park

Für Hinweise, die wir in der nächsten Auflage verwerten, bedanken wir uns mit einem Buch aus unserem Programm.

Nachtleben

Für die meisten – nicht für alle – Nachtlokale gilt ein Eintrittsverbot für Leute unter 21 Jahren. Dies nicht zuletzt wegen der strengen Alkoholvorschriften. Wegen strenger Kontrollen nehme man stets den Reisepaß mit, um nicht gleich wieder den Nachhauseweg antreten zu müssen. Häufig spielen Gruppen in den Discos, aber nicht immer. Das »SoMA«-Viertel, südlich der Market Street gelegen, bildet das Zentrum nächtlichen Lebens. Einige Blocks dieses Lagerhallenviertels dienen Nachtschwärmern aller Schattierungen als Treffpunkt. Das Geschehen konzentriert sich hierbei, grob gesagt, auf die Folsom Street sowie 11th und 12th Street. Auf unseren Streifzügen werden wir auf Bars und Discos aller Art stoßen.

Dance Clubs

Boathouse (Sunset Distrikt), *1 Harding, bei Lake Merced,* *℗ 681-2727.*
Fr. u. Sa. 22.30-2 h.
Live-Musik, Rock, Soul und Disco. Eintrittspreise je nach Popularität der Bands, meist $ 4 - $ 10. Spielt keine Gruppe, so ist der Eintritt kostenlos.

Lou's Pier 47 (Fisherman's Wharf), *300 Jefferson, bei Jones, ℗ 771-0377.*
tägl. 21-1 h.
Allabendlich spielen irgendwelche Bands, Rock, Rhythm & Blues, Rockabilly. Disco. Freier Eintritt.

Club 1015 (SOMA), *1015 Folsom, zw. Sixth und Seventh Sts., ℗ 431-0700.*
Di., Mi., Fr. u. Sa. 22-4 h. Altersbegrenzung: 21 Jahre. Dieser Club mit seinen drei Tanzflächen einer der angesagtesten der Stadt, so daß man meist von einer Schlange empfangen wird. Musik von House über Techno bis Drum 'n Bass.

DNA Lounge (SOMA), *375 11th St., bei Harrison St., ℗ 626-1409.*
Di.-Do. 21 bis 2 h, Fr., Sa. 21-4 h Altersbeschränkung: ab 21 Jahre. Eintritt: $ 5-12.

Zwei Tanzflächen mit unterschied-
licher DJ-Music. Das Publikum
setzt sich aus urbangekleidete
Twentysome-things zusammen.

Im Club 1015 **(A)**

DV8 *(SoMa)*,
55 Natoma, ✆ 777-1419
Fr.und Sa. 22-5 h. Eintritt:$ 5-10.
Mit seinen drei großen Tanzflächen und einer guten Lightshow
trommelt dieser Club Leute aus der
ganzen Bay Area zusammen.

Eagle Café (Fisherman's Wharf),
Pier 39, bei Fisherman's Wharf,
✆ 433-3689.
Fr. u. Sa. 21.30-1.30 h.
Freitags und samstags abends ab

21.30 h Live Rock und Folkmusik.
Freier Eintritt.

Nickies,
460 Haight St., zw. Webster & Fill-
more Sts., ✆ 621-6508.
Tägl. 21-1 h.
Sehr kleine, gemütliche Disco, sel-
ten überfüllt. Der DJ spielt über-
wiegend Rap, Hip-Hop, Soul,
New Wave oder Flower Power.
Montags wird regelmäßig Greatful
Dead Music gespielt. Kein Eintritt.

Oz (Union Square),
335 Powell St., 32. Stockwerk,
✆ 397-7000.
So.-Do. 21.30-2 h, Fr. u. Sa.
21.30-3 h.
Tanzmusik. Sonntags läuft Musik
aus den sechziger und siebziger Jahren.
Das Oz zählt mit Sicherheit nicht
zu den billigsten Klubs. Man berappt an Wochentagen $ 5-8 und
freitags und samstags sage und
schreibe $ 15! Dafür schwingt man
das Tanzbein mit der Prominenz
auf dem 32. Stockwerk des Westin
St. Francis Hotels. Parkmöglichkeiten in der Union Square Tiefga-
rage.

Palladium (North Beach), *1031*
Kearny St., ✆ 434-1308.
Mi.-So. 21-6 h. Altersbegrenzung:
18 Jahre.

Reine Disco mit riesiger Tanzfläche. Neueste Hits, Rap, New
Wave, Techno.

Supper Clubs

Supper Clubs sind mit ihren rotge-
polsterten tiefen Sofas, der ge-
dimmten Lampen und den Cocktails eine Erfindung der 20er Jahre.
Als in den 90er Jahren der Jazz zu
neuen Ehren kam, wurden auch
die Supper Clubs immer populärer.

Café Du Nord,
2170 Market St., bei 15th St.,
© 626-0977.www.cafedunord.com
Di.-Sa. 17.30-22 h, So. 17-21.30 h,

Mo. geschlossen.
Dieses baskische Restaurant ist
nicht nur in einem interessanten
alten Gebäude untergebracht, sondern besitzt auch eine der ältesten
Stehbars der Stadt. Es handelt sich
bei dem Gebäude um die 1907
erbaute Schwedisch-Amerikani-
sche-Halle.

Kimball's,
300 Grove St., bei Franklin St.,
© 861-5555.
Tägl. 11.30-14.30 h und 17-21 h.
Im Herzen des Civic Center, in
einem Backsteingebäude gegenüber der Davies Hall stellt dieses
Restaurant eine richtige Institution
in San Francisco dar und wurde
kürzlich renoviert. Es ist das
Stammlokal der San Franciscan Jazz
Society, so daß Jazzfreunde sich auf
eine Livedarbietung freuen dürfen.
Die Speisekarte verschafft einen
guten Überblick über die her-
kömmliche amerikanische Küche.
Lassen wir uns also im eleganten,
von Bogenfenstern umrahmten,
Speiseraum im zweiten Stock nieder.

Rock

Great American Music Hall,
859 O'Farrell St., zw. Polk und
Larkin St., © 885-0750.
Zeiten wechselnd, meist von Di.-
Sa. Eintritt: je nach Band $ 10-20.
Dieser 1907 entstandene Bau

Punkband Flower SF im Golden Gate Park (A)

beherbergte ein französisches Restaurant, sowie ein Bordell. Seit 1972 finden in diesem stuckverzierten Ballraum Konzerte statt. John Lee Hooker, Carlos Santana oder die Greatful Dead standen hier auf dem Konzertplan.

Fillmore Auditorium
1805 Geary Blvd. bei Fillmore Street, ℂ 346-6000. Eintritt je nach Band $ 8 -$15
Nach dem 89er Erdbeben war dieser Ballsaal fünf Jahre geschlossen. Nun strahlen die blattgoldbemalten Stuckverzierungen wieder im Scheinwerferlicht von Rock und Popkonzerten, gerade wie in den 60er Jahren als der psychedelische Rock der Grateful Dead von hier aus in die Welt ging. Am Eingang lädt ein Korb mit Äpfeln zum Zugreifen ein. Das Foyer ist tapeziert mit gerahmten Konzertplakaten, die eigens für den Auftritt im Fillmore entstanden sind. Don't miss it!

Bottom of the Hill
1233 17th Street, bei Missouri Street., ℂ 621-4455. Eintritt: $3 -$8
Dieser kleine Club in Potrero Hill zieht Rock- und Punknachwuchs aus den ganzen USA an. Aber auch bekanntere Bands stehen hier auf der Bühne. Unlängst sorgte ein «geheimer» Beastie Boys Auftritt

dafür, daß der 200 Personen fassende Club zwei Stunden vor Einlaß von ca. 5000 Fans umringt war.

I-Beam (Upper Haight),
1748 Haight St., bei Cole St., ℂ 668-6006.
Mo.-Sa. 21-2 h, So. 17-2 h.
Eintritt: $ 5-12.
Altersbeschränkung: 21 Jahre.
Eine der bekanntesten Diskotheken, in der auch Gruppen auftreten. Hier tanzt man überwiegend nach Rock, New Wave und Alternativ-Pop. Drei bis viermal wöchentlich gibt's Live-Musik,

meist Modern- oder Alternativ-Rock. Die Liste der Bands, die hier aufgetreten sind, liest sich wie ein Who is Who der New Wave: The Cure, Siouxie and the Banshees, New Order und R.E.M.

Ireland's 32
(Richmond District),
3920 Geary Blvd., ✆ 386-6173.
Do.-Sa. 21-2 h.
In diesem irischen Pub treten in der Regel mittwochs bis sonntags ab 21 Uhr Rock- und Bluesbands auf. Ireland's 32 gilt als Treffpunkt für Sympathisanten der IRA, also am besten kein englisches Bier bestellen. Freier Eintritt.

Lost and Found Saloon
(North Beach),
1353 Grant St., Green St.,
✆ 397-3751.
Tägl. 11-3 h morgens, Fr. u. Sa. 21.30-6 h, So. 16-20 h.
Einrichtung und einige Leute lassen in diesem kleinen Klub eine gewisse Wild-West-Atmosphäre aufleben. Im allgemeinen sehr gemischte Kundschaft. Freitags und samstags Live Blues oder Rhythm & Blues. Eintritt immer kostenlos!

Nightbreak (Upper Haight),
1821 Haight St., zw. Stanyan und Shrader St., ✆ 221-9008.
Tägl. 13-2 h. Alter: 21 Jahre.
Eintritt: kostenlos- $ 7.

In diesem kleinen Klub an der Haight Street spielt man Hip-Hop, Modern Rock, Funk und Punk. Samstags, mittwochs und manchmal sonntags treten Musikgruppen aus San Francisco oder aus anderen Staaten der USA auf. Manchmal darf man dienstags selbst hinter die DJ-Anlage und für ein paar Minuten seinen eigenen »Jam« präsentieren. Im Nightbreak herrscht eine überwiegend gemütliche und lässige Atmosphäre. Auch ein heiß umkämpfter Billardtisch ist vorhanden.

Paradise Lounge (SOMA),
1501 Folsom St., bei 11th St.,
✆ 861-6906.
Tägl. 15-2 h morgens. Altersbeschränkung: 21 Jahre.
Täglich Live-Musik und/oder sonstige kulturelle Veranstaltungen wie Kabarett, Lesungen, Vorträge. Zwei Bühnen stehen dafür zur Verfügung. Die Musikstile wechseln. Montags meist eine Rock & Roll Band, mittwochs Blues. Die Paradise Lounge bietet eine tolle Atmosphäre, um Leute kennenzulernen oder ganz einfach um die Musik zu genießen. Kreditkarten werden nicht akzeptiert. Parken in den umliegenden Straßen ist ein Problem.

The Stone (North Beach),
412 Broadway, bei Montgomery St.,
✆ 547-1954.

Microbrewery (A)

So.-Do. 20 h bis in die Morgen-
stunden, Fr. u. Sa. 19 h bis morgens. Mindestalter: 18 Jahre.
Das Stone ist ein »dunkler« Klub
mit kleiner Tanzfläche und vielen
Sitzgelegenheiten. Das Publikum
wechselt je nach Popularität der
Gruppen. Tische und Stühle erinnern etwas an eine Kinoein-
richtung. Man kann aber die Musiker fast von jedem Sitzplatz aus
sehen. Ein Nachteil des Stone ist
Hitze und die ständig verrauchte
Luft. Musikrichtung und Qualität
der Gruppen variieren stark. Von
Headline Blues über Metal, Rock,
Glam, Reggae und Jazz - für jeden
etwas. Man halte sich über die
Tonbandansage des Stone auf dem

laufenden. Hier läuft oft Metal
und Hard-Rock-Musik. Am
Wochenende nach den Live-Auf-
führungen von Mitternacht bis
sechs Uhr morgens Disco. Der
Eintritt beträgt $ 6 und darüber, je
nach Bekanntheitsgrad der Gruppe. Getränke sind ab $ 2 erhältlich.
Kreditkarten werden nicht akzeptiert. Auf der anderen Straßenseite des Stone gibt es einen Parkplatz.

Lesbian & Gay Clubs

The Stud (SOMA),
399 9th St., bei Harrison St.,
✆ 863-6623.
Tägl. 17-2 h.

Altersbeschränkung: 21 Jahre.
Im Stud spielt sich alles um eine langgezogene Bar herum ab. Das Stud (»Der Hengst«) ist eine überwiegend von Schwulen besuchte Bar. Pärchen oder Frauen sollten sich nichts weiter daraus machen, da das Stud im Vergleich zu ein paar anderen Gay Bars in San Francisco für Heteros aufgeschlossen ist und kein Sado-Maso-Publikum anzieht. Hier verkehren gleichermaßen wegen der fetzigen Tanzmusik Anhänger beider Glaubensrichtungen. Dieser Klub ist insbesondere Frauen zu empfehlen, die nicht ständig angequatscht oder zum Tanzen aufgefordert werden wollen. Montags läuft Funkmusik. Mittwochs Oldies. Die Getränke bekommt man in keinem Klub im SoMa Distrikt günstiger!

Holy Cow (SoMa),
1535 Folsom St., zw. 11th u. 12th St., ℂ 621-6087.
Di.-So. 20-2 h.
New Wave Disco. Eintritt kostenlos.

City Nights (SOMA),
715 Harrison Str., bei 3rd St.
Ausschließlich Fr. u. Sa. 21.30-2.30 h. Altersbeschränkung: 21 Jahre.
City Nights ist eine Disco mit gewaltigen Ausmaßen. Die einfache, fast elegante Einrichtung

täuscht darüber hinweg, daß es sich lediglich um ein umgebautes Warenlager handelt. Das Publikum kleidet sich im allgemeinen modisch und auffällig. Die Tanzfläche verteilt sich auf zwei Ebenen. Die untere ist riesig, während sich der kleinere und gemütlichere Teil auf der oberen Etage befindet.

Man spielt vorwiegend die aktuellen Hits, Rap, Techno-Pop und New Wave. Eintritt $ 10. Getränke sind ab $ 2.25 erhältlich. Amex-, VISA- und Mastercard-Kreditkarten werden akzeptiert. Parkmöglichkeiten sind in den umliegenden Straßen ausreichend vorhanden.

New Eagle Bar and Café
(Financial District),
4 Embarcadero Center, ℂ 397-2056.
Mi.-Do. 17.30-23 h, Fr. 17.30-2 h, Sa. 20-2 h.
Altersbeschränkung: 21 Jahre.
Freier Eintritt.

Rhythm & Blues, Soul

Bajone's (Mission District),
1062 Valencia St., bei 22nd St., ℂ 282-2522.
tägl. 18-2 h.
Täglich Live-Musik. Brasilianische Musik, Bebop Piano. Samstags Funk- und Soultanzmusik. Bajone's ist ein sehr gemütlicher und geräumiger Klub mit gepolsterten

Sitznischen, einer kleinen Tanzfläche und gepflegter Atmosphäre.
Nur donnerstags, freitags und
samstags $ 5 Eintritt, sonst kosten-
los! Ausreichende Parkmöglichkeiten in den anliegenden Straßen.

Bouncer's Bar (SOMA),
64 Townsend St., 2nd St., ✆ 397-
2480.
Mi. u. Do. 18-22 h, Fr. u. Sa. 18-1 h.
Blues, und nochmals Blues. Alter
Rock & Roll. Donnerstags Country. Live Musik. Eintritt kostenlos.

Last Day Saloon
(Richmond Distrikt),
406 Clement, bei 5th Ave., ✆ 387-
6343.
Tägl. 21.30-1.30 h. Altersbegrenzung: 21 Jahre.
Live-Musik! Blues und Rhythm &
Blues. In diesem Klub bekommt
man auch die besten Rock & Roll
Gruppen der Stadt zu hören. Im
oberen Stockwerk spielt immer
eine Gruppe; im unteren Teil kann
man sich an der Bar bei einem
Drink unterhalten. Sonntags bis
einschließlich mittwochs kein Eintritt, sonst Eintrittspreis je nach
Bekanntheitsgrad der Band zwischen $ 5 und $ 15.

The Saloon (North Beach),
1232 Grant Ave., bei Columbus
Ave., ✆ 989-7666.

Tägl. 21.30-2 h, So. 16-2 h.
Freitag und Samstag Live-Musik!
Blues und Rhythm & Blues. Tanz.
Sowohl die Einrichtung als auch
vereinzelte Besucher lassen Wild-
west-Assoziationen aufleben. Im
Großen und Ganzen recht
gemischtes Publikum und gute
Stimmung! Eintritt frei.

Verlagsprogramm
http://interconnections.de

Jazzclubs

siehe auch unter »Supper Clubs«.

Jazz at Pearl's,
256 Columbus Ave., bei Broadway
St., ✆ 291-8255.
Mo., Do., Fr. 16-2 h, Sa. 18-2 h,
So. 18-24 h.
Gleich neben dem Café Tosca
befindet sich dieses niedlich einge-
richtete Lokal. An rosa gedeckten
Tischen kann man sich bequem
niederlassen und bei Bier und
Snacks den Jazz-Musikern lauschen, die hier jeden Abend spielen.

Storyville,
1751 Fulton Street bei Masonic St.,
✆ 441-1751.
Benannt nach einem Stadtviertel in
New Orleans bietet dieser Club feinen traditionellen Jazz.

Pasand Lounge
(Pacific Heights),
1875 Union St., zw. Octavia und
Laguna, ✆ 922-4498.
Abends 21-1 h, So. 16.30-20.30 h,
Sa. Piano 16.30-18.30 h.
Jeden Abend Jazz, Blues und Swing
live. Wer sich im voraus über das
Angebot unterrichten will, hole
sich den monatlichen Veranstal-
tungskalender im Restaurant ab
oder blättere im Datebook (Pink
Section) nach. Eintritt kostenlos.
Alle unter 21 Jahren dürfen sich
nicht an der Bar aufhalten. Ißt man
aber in der Pasand Lounge zu
Abend, kann man die Musikgrup-
pe immer noch sehen und hören.

Pier 23 (Financial Distrikt),
Embarcadero Pier 23, bei Battery
St., gegenüber des Fog City Diner
Restaurant, ✆ 362-5125.
Mo.-Mi. 20.30-22 h, Do.-Sa.
20.30-1 h, So. 15-19 h.
Allabendlich Live Jazz. Freier Ein-
tritt.

Musik aus Lateinamerika und der Karibik

Roland's (Marina District),
2511 Van Ness Ave., bei Union St.,
✆ 567-1063.
Mo.-Sa. 20-2 h, So. 17-2 h.
Täglich Live-Auftritte: Jazz, lateinamerikanische Musik, Rhythm
& Blues. Mittwochs Latin Night

und allabendlich Tanz. Hier wird
man eine Menge Latinos antreffen,
die gerne bereit sind, Anfängern bei
den ersten Salsa-Schritten auf die
Sprünge zu helfen. Roland's ist
eher ein kleines Lokal, was erfreuli-
cherweise eine lebhafte, hitzige
Stimmung begünstigt. Eintritt
generell frei.

Cesar's Latin Palace
(Mission Distrikt),
3140 Mission St., bei Army St.,
✆ 648-6611.
Do. 20-2 h, Fr.-So. 21-6 h.
Alter: 18 Jahre (mit Nachweis).
Ein lateinamerikanischer Tanzpa-
last. Das Ganze bewegt sich auf
zwei Ebenen: auf der unteren Etage
viele Tische; die Plätze auf der oberen Tanzfläche bieten eine gute
Aussicht. Hier tanzen Latinos und
Anglos jeglicher Altersgruppe. Je
früher der Abend, um so mehr la-
teinamerikanisches Publikum. Es
spielen Gruppen aus der Umgebung und der ganzen Welt. Eine
günstige Gelegenheit, endlich Salsa
zu lernen.
Spielen bekanntere Stars, kann der
Eintritt bis auf $ 10-12 steigen.

Club Elegante (Mission Distrikt),
3395 Mission St., bei 30th St.,
*✆ 282-6116.*Mi.-So. 21-2 h.
Lateinamerikanische Disco! Jeden
Abend Live-Musik. Freitags und
samstags beträgt der Eintritt $ 5.

Die restlichen Abende freier Eintritt.

Musik aus den fünfziger und sechziger Jahren

Silhouettes at the Wharf
(Fisherman's Wharf),
155 Jefferson St., zw. Mason u. Taylor St., ✆ 673-1954.
Tägl. 12-2 h. Eintritt: $ 5
Hauptsächlich Geschäftsleute, Studenten und Touristen. Täglich wechselnde Musikrichtung. VISA- und Mastercard- (Minimum $ 10).

Folk-Musik

Artemis Café,
1199 Valencia St., 23rd St., ✆ 821-0232.
Fr. u. Sa. 11.30-23 h.
Live-Jazz, klassische Musik und Rock von Frauen.
Das Artemis ist ein Restaurant und Treffpunkt für Frauen. Es gibt etwas für den kleinen Appetit, wie Suppen, Salate und Sandwiches. Eintritt kostenlos.

Hotel Utah, *500 Fourth St., ✆ 421-8308.*
Do. u. Sa. 22.30-1.30 h.
Live-Musik: Folk und Rock. Tanz. Manchmal auch Lesungen, Vorträge, Kabarett.

Plough & Stars,
116 Clement St., bei 2nd Ave., ✆ 751-1122. Tägl. 12-2 h.
Jede Nacht Live-Musik aus Irland!
Freitags und samstags kostenlos oder unter $ 6, sonst freier Eintritt. Ein richtiger Tip!

Reggae

Caribee,
1408 Webster, 14th Street, Stadtmitte Oakland, ✆ 835-4006.
Tägl. 21-2 h.
Einlaß ab 18 Jahre.
Freitags und samstags Reggae live.
Eintritt $ 5. Vor 22 h $ 2.50. Reggae, Calypso, afrikanische und brasilianische Musik sowie Disco; ab und zu treten auch Musiker auf.

Bars

Blue Light Café (Marina Distrikt),
1979 Union St., bei Buchanan St., ✆ 922-5510.
Tägl. 16-2 h morgens.
Wem steht der Sinn nach einer gepflegten Bar? Bob Scaggs Blue Light Café bietet eine wunderschöne Bar, geräumige Lederpolsterecken, schicke, oft gutaussehende Gäste und Spitzenmusik. Reichlich gedämpfte Atmosphäre, aber wirklich angenehm. Das Restaurant im hinteren Teil des Etablissements ist

durch die Bar vom Cocktailbereich abgetrennt. Man parkt entweder an der Straße – viel Erfolg! – oder im nahegelegenen Parkhaus.

The Cadillac Bar and Grill

(SOMA),
325 Minna, Holland Court, (kleine Gasse auf der 4th Street), zw. Mission und Howard St., ℂ 543-8226.
Die Cadillac Bar ist ein beliebter abendlicher Treffpunkt für Yuppies. Eine amerikanische Version von Gaudi mit mexikanischem Flair. Deshalb geht es arg laut und feucht-fröhlich zu. Das Ganze spielt sich allabendlich in einem umgebauten Warenlager ab. Hier gibt es große Margaritas, ein erfrischender Drink, und mexikanisches Essen.

Die Preise sind wie in allen Yuppie-Etablissements nicht von Pappe. Ein Gitarrist wandert von Tisch zu Tisch und fordert die Gäste zum Mitsingen auf. Oft kann man sein eigenes Wort nicht verstehen. Die Cadillac Bar ist ein geeignetes Ziel, um in einer Gruppe auszugehen, da man hier nie befürchten muß, keinen Platz mehr zu ergattern.

Goldie's,

1081 Post St., bei Polk St., ℂ 922-2727.
Tägl. 14-2 h.
Goldie's bietet auf drei Stockwerken eine Cocktail-Lounge, ein Restaurant und einen konservativen Tanzclub. Di., Do., Sa. und So. Auftritt von Jazzbands.

Pat O'Shea's Mad Hatter

(Richmond),
3848 Geary, bei 3rd Ave., ℂ 752-3148.
Tägl. 16-1.30 h.
Bei Pat O'Shea's fängt der Spaß schon vor der Tür an. Da hängt nämlich ein Schild, das besagt, daß Touristen und Betrunkene hier übers Ohr gehauen werden. In der Bar verkehren viele Studenten und Leute, die gerne ausdauernd und heftig feiern. Von donnerstags bis sonntags Rockbands. Eintritt frei. Essen kann man tägl. v. 11.30-22 h.

Bank of Ireland,

10 Mark Lane., ℂ 788-7152

Houlihan's (Fisherman's Wharf),

2800 Leavenworth St., bei Jefferson St., ℂ 775-7523.
Tägl. 21.30-1.30 h.
Freitags und samstags Eintritt $ 2, an den restlichen Wochentagen frei. Beim Houlihan's handelt es sich eher um eine Mischung zwischen Bar und Disco mit einer winzigen Tanzfläche. Die Mehrheit der Besucher stellen die Touristen.

Rasselas, *2801 California St., bei Divisadero St., ℂ 567-5010.*

Äthiopisches Restaurant, verdammt teuer, mit angrenzender geschmackvoller Bar, gemütlichen Sitzecken und überwiegend schwarzem, gutgekleidetem Publikum. Mehrmals in der Woche Jazzbands. Bitte sich vorher telefonisch erkundigen.

The Grapevine,
1775 Fulton St., bei Masonic St., ✆ 931-3848.
Beliebte Bar der in diesem Stadtteil wohnenden Schwarzen.

Vesuvio Café,
255 Columbus Ave., bei Broadway, ✆ 362-3370.
Ein Muß im North Beach District. Wir verraten nichts - ein jeder schaue selbst warum.

Prego,
2000 Union St., Ecke Buchanan St., ✆ 563-3305.
Tägl. 11.30-24 h
Schicke Bar mit Türsteher und einer Menge feiner Leute. Fantastische Cocktails und Espresso.

Carlos'n Pancho's,
3565 Geary Blvd., bei Arguello Blvd., ✆ 751-5090.
Tägl. 11.30-2 h morgens.
Bei Carlos gibt es nicht nur mexikanische Gerichte, sondern tägl. v. 16-19 h kostenlose Häppchen.

Verfügt auch über einen kleinen offenen Kamin.

19th Avenue Diner, (Sunset District),
1201 19th Ave., bei Lincoln Ave., ✆ 759-1517.
Mo.-Do. 20-23 h, Fr. u. Sa. 20-1 h, So. 20-22 h.
Eine Bar mit stinkvornehmer Atmosphäre. Die großen Fenster bescheren eine wunderbare Aussicht auf den gegenüberliegenden Golden Gate Park, und man kann sich optisch und physisch am Kaminfeuer wärmen. Gepolsterte Ledersessel und Bücherregale sind ein weiterer Grund, warum man es im 19th Diner eine gute Weile aushalten wird.

The Old Suisse House, *Pier 39, Fisherman's Wharf, ✆ 434-0432.*
Mo.-Do. 11.30-21.30, Fr, Sa. u. So. 11.30-22 h.
Fabelhafte Aussicht auf die Bucht.

Sherlock Holmes Esq. (Union Square), *im obersten Stockwerk des Holiday Inn, 480 Sutter St., bei Powell St., ✆ 398-8900.*
Tägl. 16-1.30 h.
Wem der Sinn nach piekfeiner Ambiance steht, sollte einmal in der Sherlock Holmes Bar vorbeischauen. Da gibt es einen Ausblick, der seinesgleichen sucht. Mittwo-

chs bis samstags von 21-1 h Live-Unterhaltung.

White Horse Tavern,
635 Sutter St., zw. Mason und Taylor St., ✆ 673-9900.
Mo.-Sa. 10-2 h, So. 10-17.30 h.
Ein wunderbarer, englischer Pub mit hölzernen Barhockern und einem richtigen Kamin, so daß man sich nach England versetzt glaubt.

Washington Square Bar
and Grill, *1707 Powell St., ✆ 982-8123.* So.-Do. 18-23 h.
Norditalienische Küche. Publikum aus Politik und Media; Pianobar, jede Nacht Jazz. ·

Wine Bars

Bistro Clovis,
1596 Market St,
zw. Franklin St. und Van Ness Ave., ✆ 864-0231.
Viele Arbeiter zählen zum Kundenkreis von Clovis. Christliche Preise. Die Atmosphäre bestimmen die hohe Decke, viel Sonnenlicht und die großzügige Anordnung der Tische. Die Betonung liegt auf leichten Gerichten, Teigwaren, Salaten und Käse als Begleitung für die Qualitätsweine von Rhone und Loire. Auch einige kalifornische Marken finden sich auf der Karte. Kompetente Beratung, aber weder steif noch gezwungen.

London Wine Bar,
415 Sansome St., Nähe Sacramento St., ✆ 788-4811.
Im Financial District gelegen, zieht dieses Lokal eine Reihe Geschäftsleute an. Ab 17.30 h wird's ernst, wenn die Köpfe noch rauchen, aber die magische Zeit von 19 Uhr näher rückt, der Arbeitstag sich neigt und Zeit für weniger ernsthafte Dinge bleibt. Die London Wine Bar ist Amerikas erste Bar dieser Art und die bekannteste. Nachmittags wird Lunch serviert. Die beste Zeit, um irgendwelche Probleme persönlicher oder geschäftlicher Art bei einem guten Tropfen zu besprechen, liegt zwischen 14.30 und 17 oder nach 19 h, wenn's weniger voll ist. Umfangreiche Weinkarte und ausgewogenes Verhältnis zwischen kalifornischen und französischen Weinen.

Montella,
595 Market St., ✆ 777-4211.
Von 6-19 h.
Mischung aus Bistro, Cafeteria und Weinbar. Ungezwungene Atmosphäre und Terrasse draußen. Die Kundschaft setzt sich meist aus Angestellten der umliegenden Büros zusammen. Bekömmliche leichte und erfrischende Gerichte und Getränke. Auf der Karte überwiegen kalifornische und französische Weine.

Mason Street Wine Bar,
342 Mason St., bei Geary St.,
☏ 391-3454.
Einige der wenigen Weinbars, die
bis spät nachts geöffnet bleiben
und erst um zwei Uhr morgens
schließen. Die hohe Decke sowie
der Klavierspieler vermitteln
Atmosphäre; geräumiger, großzügiger Eindruck. Von den genannten Adressen hat das Personal hier
sicherlich am wenigsten Ahnung,
aber das macht auch seinen Char-
me aus. Snobismus braucht man
nicht zu fürchten. Man wird bemerken, daß die Leute mit Freude
bei der Arbeit sind. Hundertzwanzig Wein- und Champagnersorten
stehen zur Wahl, aber auch die
Biertrinker kommen nicht zu kurz.
Täglich Auftritt von Musikern

Ein sehr beliebtes Bier: Anchor Stream

Kino & Theater

Kino

San Francisco – ein Paradies für Cineasten! Premierevorführungen finden parallel hier und in New York statt. Einige Kinohäuser haben sich auf Filme aus dem Ausland (engl. Untertitel) spezialisiert. Die meisten Kinos bieten zwischen 14 und 21 h vier Vorstellungen täglich. Der Eintritt beläuft sich meist auf $ 5-6. Fast alle Kinohäuser bieten jedoch verbilligte Matineevorstellungen, wobei meist nur der halbe Eintritt verlangt wird., Das *Red Victorian* und das *Roxie* haben sich auf Wiederholung alter Klassiker und künstlerisch wertvoller bzw. gesellschaftlich anspruchsvoller Filme verlegt n den USA sind Popcorn und Softdrinks während eines Kinobesuchs uner-

läßlich. Die Filmkritiken der Woche und die Auflistung der Kinohäuser und Filme findet man in den auf der Straße kostenlos ausliegenden Zeitungen »SF-Weekly« und »Guardian« sowie in Tageszeitungen (San Francisco Examiner & Chronicle) (Wochenendausgabe).

AMC Kabuki,
Post St., bei Fillmore St., Japancenter, ✆ 931-9800.
Allgemeine Eintrittspreise für Erwachsene $ 7-9,50 $. Alle Vorführungen vor 20 h 8 $. Im Kabuki laufen des öfteren japanische Filme mit englischen Untertiteln. Es handelt sich um das neueste größte Kinohaus in der Stadt, das auch über ein kleines Café verfügt. Kleine Säle.

Artists Television Access,
992 Valencia St., bei 21st St.
✆ 824-3890,
www.atasite.org
Im ATA zeigen junge Filmkünstler donnerstags bis samstags Filme, fernab vom Hollywood-Mainstream.

Bridge Theatre,
3010 Geary Blvd., bei Masonic St.,
✆ 352-0810
Die Inneneinrichtung kann man nur als scheußlich modern bezeichnen. Großer Kinosaal und entsprechend große Leinwand.

Castro Theatre,
429 Castro St., bei Market St.,
✆ 621-6120 oder 621-6350.
Eintrittspreis für Erwachsene $ 6.
Im Jahre 1922 erbaut. In den Pausen, meist in der 19 Uhr-Vorstellung, spielt ein Organist auf. Hier einen Film zu sehen, ist ein Erlebnis

Clay,
2261 Fillmore St., bei Clay und Sacramento Sts., ✆ 346-1123.
Herrlich altes Kino mit weichgepolsterten Sesseln und großer Leinwand.

Goethe Institut,
530 Bush St., bei Grant Ave.,
✆ 391-0370.
Filmvorführungen und Vorträge in deutscher Sprache. Eintritt kostenlos. Programme hängen immer im Erdgeschoß der Stadtbibliothek (Public Library: Ecke Larkin St. und McAllister St.) aus. Deutschsprachige Zeitungen und Zeitschriften.

Lumière,
1572 California St., bei Polk St.,
✆ 885-3200.
Die erste Vorführung, sowohl werktags wie auch an Wochenenden, kostet $ 3. Ansonsten bezahlen Erwachsene $ 6 und Kinder und Senioren $ 3.

Organplayer im Castro Theatre

Im Lumière laufen meist bekannte Streifen aus dem Ausland. Leider etwas beengte Räumlichkeiten.

Metro,
2055 Union St., zw. Webster und Buchanan, ✆ 931-1685.
Verbilligte Eintrittspreise $ 3 für die erste Vorführung von Montag bis Freitag, was aber nicht feiertags gilt.

Opera Plaza,
601 Van Ness Ave., bei Golden Gate Ave., Civic Center, ✆ 352-0810.
Allgemeiner Eintrittspreis für Erwachsene ist $ 7.

Red Vic Movie House (A)

Roxie,
3117 16th St., bei Valencia St.,
Mission District, ☎ 863-1087
(Tonband) oder 431-3611.
www.roxie.com
Eintrittspreis für Erwachsene $
4.50, für Kinder unter zwölf Jahren
und für Erwachsene über sechzig
Jahre nur $ 2. Keine Matinéevor-
führungen. Das Roxie händigt mit
dem Kauf der ersten Kinokarte eine
Discountkarte aus, mit der man für
künftige Vorstellungen nur noch
$ 3 bezahlt.

San Francisco Public Library,
Ecke Larkin und Mc Allister Sts.,
☎ 558-3191.

Filmvorführungen, Vorträge und
Diskussionsrunden. Freier Eintritt.

Red Vic Movie House,
1727 Haight St., bei Cole St.,
☎ 668-3994.
Senioren und Kinder zahlen $ 2
pro Vorstellung, Erwachsene pro
Abendvorstellung $ 4. Wer mal
Gast bei Red Vic war, bekommt
kostenlos eine Mitgliedskarte, mit
der man für weitere Vorstellungen
einen Dollar Preisnachlaß erhält.
Das Red Vic befindet sich augen-
scheinlich in den Händen der
Haight Street Freaks. Das Mobiliar
dieses verhältnismäßig kleinen
Kinos besteht aus einer Ansamm-

lung alter Sofas und Stühle, in die man sich so richtig bequem hineinfläzen kann.

Theater

San Francisco ist berühmt für seine unzähligen Theater und Kleinbühnen, die nahezu für jeden Geschmack etwas zu bieten haben. Ob vom renommierten American Conservatory Theater bis zum avantgardistischen Kleintheater für eine Handvoll Zuschauer: einige hundert Bühnen soll es in der Stadt und Umgebung (v.a. Berkeley) geben. Viele davon existieren nur für eine kurze Zeit, da ein ständiges Kommen und Gehen herrscht. Die nachfolgend aufgeführten sind nur eine kleine Auswahl. Ein übersichtliches Programm mit Preisen erscheint in der Zeitung »SF-Weekly« oder dem »Guardian«.

Actors Theatre,
533 Sutter St., bei Powell St.,
℗ 296-9179.

American Conservatory Theater,
Mason St., zw. Post u. Geary Sts.,
℗ 749-2228.

Creative Arts Building,
19th Ave., bei Holloway St., S.F.
State University, ℗ 554-9523.
Ab und zu Musical-Aufführungen zu günstigen Preisen: $ 3 bis $ 6.

Herbst Theater,
401 Van Ness Ave., bei McAllister
St. im Veterans Building, ℗ 552-
3656.
Tanzaufführungen, z.B. Flamenco, lyrische Tänze, Improvisation, u.v.a. Die Preise bewegen sich zwischen $ 12 und $ 40.

Next Stage,
1668 Bush St., ℗ 731-0760.
Dieses »illegitimate« – unrechtmäßige – Theater, wie es sich selbst nennt, führt meist klassische Stücke als moderne Interpretationen auf. Preise: $ 8 - $ 10.

Zephyr Theatre,
25 Van Ness Ave., bei Market St.,
℗ 861-6895.
Größeres Theater mit täglich mehreren Aufführungen. Das Programm ist ziemlich vielseitig: nicht nur Theater, auch Musical und klassische Konzerte.

Tagesausflüge

Hier nur stichwortartig einige Vorschläge. Detaillierte Auskünfte kann man im Visitors Center, Hallidie Plaza, bei Powell und Market Street einholen. Öffnungszeiten: Mo.-Fr. 9 bis 17 h, Sa. 9 bis 15 h und So. 10 bis 14 h.

Alcatraz

Alle Dreiviertelstunde schippert eine Fähre (Red and White Fleet Ferry, von Pier 41, zwischen 9 und 15 h) auf die mitten in der Bucht liegende Insel Alcatraz, die mittlerweile als Museum fungiert und einst als ausbruchsicherstes Gefängnis der USA ausschließlich die schwersten Jungs beherbergte. Am Wochenende herrscht Massenandrang, weshalb man acht Tage vorher buchen sollte. Unter der Woche reicht's am Vortag. Den Abstecher unternehme man entweder vormittags oder gegen Abend, da die Chancen, auf klare Sicht und wenig Touristen zu stoßen, dann am größten sind. ✆ (415) 974-6391 oder 546-2805. Der Ausflug kommt mit *Audio Cellhouse Tour* auf rund 9 $, ohne auf etwa 6 $. Nehmen wir unsere Strickjacke mit, da an Bord oft ein frisches Lüftchen weht.

In Alcatraz büßten Größen der Unterwelt wie *George Machine Gun Kelly*, der Gangsterboß *Al Capone*, der Bankräuber und Kidnapper *Alvin Carpis*, *Doc Barker* und *The Birdman*, *Robert Stroud*, der sich hier zum anerkannten Vogelkundler fortgebildet hatte, ihre lebenslangen Haftstrafen ab. Übrigens: Capone, Nummer AZ 85, hatte keine Nachkommen. Einziges noch lebendes Mitglied seiner Familie ist eine Nichte, die ein Lokal in der Nähe von Avignon führt. Die Insel zählte nie über 250 Häftlinge, insgesamt über die Jahre rund tausend.

Niemandem gelang je lebend die Flucht aus Alcatraz, außer **Clint Eastwood** in seinem Film »Flucht aus Alcatraz«. Es gibt allerdings fünf Häftlinge, die als vermißt gelten. Die kalten Strömungen und die Haie machten ein Durchschwimmen der Bucht unmöglich. Dereinst unterlagen die Häftline einer strengen Hausordnung mit

Sprechverbot, Einzelhaft und »Zapfenstreich« um 17 h.

Heute geben zynische Reiseveranstalter »Al Capone parties«. Jeder Gast wird in die gestreifte Häftlingskleidung gesteckt und bekommt sein Essen in einem Blechnapf gereicht. Weniger Betuchte begnügen sich mit der Fähre nach Sausalito, die ihnen einen fabelhaften Blick auf die Bucht und die Golden-Gate-Brücke beschert.

Mit öffentlichen Verkehrsmitteln zu den Stränden

Baker Beach

Muni Bus Nr. 29 Sunset. Haltestelle am Baker Beach: Lincoln bei Pershing Drive. Täglich alle halbe Stunde von 8-18 h. Ein kleiner, etwas abgelegener Strand mit wunderbarem Blick auf die Golden Gate Bridge. Ehemals ein Strand, der lediglich von Gays aufgesucht wurde. Heute ist das Publikum bunt gemischt.

Ocean Beach

Muni Streetcar: L-Taraval. An der Endhaltestelle aussteigen: Wawona bei 46th Ave. Fährt täglich alle zehn Minuten von 8-18 h. Endhaltestelle liegt dem Zoo gegenüber. Muni Streetcar: N-Judah. An der Endhaltestelle Judah bei La Playa aussteigen. Verkehrt täglich alle zehn Minuten von 8-18 h.
5 Fulton Bus: Endhaltestelle La Playa bei Balboa. Täglich alle sechs bis zehn Minuten von 8-18 h.

Mount Tamalpais

Zu diesem Berg gelangt man nach einer dreißigminütigen, kurvenreichen Anfahrt im Privatauto, zehn Minuten nördlich von San Francisco über die 101. Bei klaren Wetterverhältnissen wird man mit einer Aussicht auf die Bucht und Stadt belohnt, die ihresgleichen sucht.

Nationalparks

Es gibt zwanzig Nationalparks in Kalifornien. Näheres ist beim *National Park Service*, 450 Golden Gate Ave., San Francisco 94102, ✆ 415-556-4122, in Erfahrung zu bringen.

Sausalito

Das Viertel jenseits der Golden Gate Bridge; wurde bekannt als Treffpunkt der Hippies und jener, die es gerne wären. Ein hübsches Fleckchen, aber eher unbekömmlich für die Reisekasse: Luxusboutiquen und sündhaft teure Restaurants bestimmen das Bild.

Man sollte die Schaufenster des *Village Fair*, Broadway 777, mal im wahrsten Sinne des Wortes beschnuppern. Die Geschäfte befinden sich nämlich in einer ehemaligen Opiumhöhle.

Zu bestaunen sind auch die berühmten *house-boats* in allen Größen und Farben, die ein komplettes schwimmendes Dorf bilden. Ziemlich weit vom Stadtkern in Höhe des Autobahnzubringers.

In der Bucht, unweit der Hausboote, entdeckt man eine Inselchen mit einigen Palmen. Diese »Insel« ist in Wirklichkeit gar keine, sondern eine Schöpfung des Bootsbauers Forbes Kiddoo, die ihm als Hauptwohnsitz dienen sollte. 600 t Beton, 50 t Sand für den Strand und noch mal ebensoviel Erde für die Bäume wurden dazu benötigt. Unter der Erde befinden sich fünfzehn Zimmer mit drei Badezimmern. Tiefgang: 2,6 m. Für das runde Sümmchen von drei Millionen DM kann man sie erwerben und mitnehmen, wohin man will.

Berkeley

Etwa fünfzehn Kilometer von San Francisco auf der anderen Seite der Bucht. Am einfachsten gelangt man dorthin, indem man die U-Bahn (BART), am unteren Ende der Powell Street in der Innenstadt von San Francisco, Richtung Richmond besteigt. Sie verkehrt bis Mitternacht. Dann existiert ein

Bus der University of California, der *U.C. Shuttle*. Er bringt einen z.B. zur Hall of Science. Hübscher Blick über die Universitätsstadt.

Berkeley ist Sitz der ältesten Universität Kaliforniens, der University of California, und genießt mit den besten Ruf in den USA. Sehenswert ist der großräumige Campus, die Telegraph Avenue mit ihrem Bazar und ihren Geschäften – die Telegraph Road führt direkt zum Haupttor der Universität – und das Student Union Buildingg gleich am Haupttor. Das SUB berherbergt eine Reihe attraktiver Geschäfte, darunter die ASUC-Buchhandlung, die ein hervorragendes Sortiment an akademischen Büchern für Bereiche wie Philosophie, Psychologie, Linguistik, Computer u.a. führt. Natürlich auch einige Souvenirläden mit Campus T- und Sweatshirts, Campus Schreibsachen und allem, was das studentische Leben erleichtert. In der Cafeteria der Student Union (obere Telegraph Avenue, Unigelände) lassen sich rasch Kontakte zu Studenten knüpfen. Hier befindet sich auch eine Bowling-Bahn und unweit davon ein Informationskiosk. Ein Campusplan wird jedem kostenlos ausgehändigt. Samstags, normalerweise um 21 h, Rockkonzerte im *Greek Theater* mitten auf dem Universitätsgelände. Unbedingt ist ein Blick auf dieses Theater werfen, ein

Geschenk W.R. Hearsts, um zu ermessen, was dabei herauskommt, wenn man übermäßig Geld und wenig Ideen hat.

Besichtigungstips

Lowie Museum of Anthropology,

Kroeber Hall, Bankroft Way und College Avenue, © *642-3681.*
Di.-Fr. v. 10-16.30 h; Sa. u. So. v. 12-16.30 h, montags und feiertags geschlossen.
Zwar klein, wird aber Liebhaber völkerkundlicher Sammlungen begeistern. Eine Abteilung über die Ishi, Kunsthandwerk, hübsche indianische Korbwaren, Töpferwaren des Mohavestammes, Schmuck, Spielzeug. Einige ungewöhnliche Exponate, wie z.B. eine Krokodilsmumie, ein Zeremoniegefäß in Form eines Adlers (Kwakiut-Indianer), ein Königslöwe aus Dahomey, ein etruskisches Grab usw. Ferner eine bemerkenswerte ägyptische Holzskulptur, die einen kleinen Jungen darstellt.

University Museum,

2626 Bankcroft Way;weiterer Eingang bei 2625 Durant Avenue, © *642-0808.*
Einlaß v. 11-18 h; Mo. u. Di. keine Besichtigung.
Ausstellungen zur zeitgenössischen Kunst; Buchhandlung. Beherbergt auch das *Pacific Film Archiv*, eine umfangreiche Cinemathek mit thematisch zusammengestelltem Programm. Am Eingang (Durant Avenue) dienen versteinerte Felsen als Sessel. Versäumen wir es nicht, uns das kostenlose Journal zu schnappen, in dem auch das Filmprogramm aufgeführt ist. Auskunft unter © 642-1124.

Im *Swallow Restaurant*, einer kleinen, ruhigen Cafeteria mit sonnenbeschienener Terrasse, erholt man sich bei leckerem Kuchen von den Strapazen. Von 11-20 h geöffnet, dienstags und sonntags von 11-17 h; montags geschlossen.

Hall of Science, *im Nordosten des Campus,* © *642-5132.*

Von 10 bis 16 h geöffnet.
Für unsere Leser, denen es naturwissenschaftliche Museen angetan haben, ein attraktiver Programmpunkt mit allerbestem technischen und pädagogischen Material.
Eine Besichtigung des *Campus* während der Woche findet in der Regel gegen 13 h statt. Auskünfte im Student Union Building, © 642-5215.

People's Park,

Telegraph und Haste St.
Eine militante und schon etwas verblaßte Freske begrüßt uns in der Straße unterhalb des Parks. Auf diesem legendären Platz fanden die

großen Demos der sechziger Jahre statt. Außer einigen halbverwilderten Gemüsegärten und Anschlagzetteln ist vom Geist jener Epoche nicht viel übriggeblieben. Heute suchen die *homeless* (Obdachlosen) der Stadt an diesem Ort Zuflucht. Stadtväter und Bauspekulanten liebäugeln mit dieser riesigen Fläche mitten in der Stadt, wagen aber momentan noch nicht daran zu rühren, aus Angst, alte Geister wieder aufzuwecken. Trotz der äußeren politischen Passivität von Studenten und Professoren scheinen doch viele noch diesem Platz symbolische Bedeutung zuzumessen. Als das Bestehen des People's Park Anfang der achtziger Jahre bedroht war, kam es zu einer erstaunlichen Mobilisierung innerhalb der Bevölkerung.

Stanford University

Relativ neuen Datums, da erst 1891 gegründet. Jedoch gelang es der Universität, sich innerhalb kurzer Zeit einen Spitzenplatz unter den amerikanischen Universitäten zu sichern, insbesondere durch ihre Leistungen auf dem Gebiet der Informatik. Ihr haben wir schließlich auch die Existenz des Silicon Valley zu verdanken. Große Firmen, wie z.B. SUN und MIPS, sind direkt aus Stanford hervorgegangen. Man ist sich allgemein

darüber einig, daß Stanford den schönsten Campus der Vereinigten Staaten, wenn nicht der ganzen Welt besitzt. Jedes einzelne Gebäude trägt etwas zu dem ästhetischen Gesamteindruck bei. Die Häuser bestehen aus ockerfarbenem Stein, wobei der architektonische Stil spanische Einflüsse erkennen läßt. Die hübscheste Ecke findet man beim Quad hinter dem Ehrenhof, dem Oval, am Fuße des Hoover Turms, den man schon aus 20 km Entfernung erblickt und von dessen Spitze aus man sich einen Überblick über den Campus verschafft. Unter der Woche sind hier die Studenten zu Fuß, per Rad, auf dem Skateboard und mit Roller-Blades unterwegs. Im Frühjahr und Sommer finden die Kurse oft im Freien statt, und bei einem Spaziergang in Richtung der Seminarräume hinter dem Quad trifft man vielleicht auf eine Gruppe von zwanzig Studenten, die um ihren Professor geschart im Gras hocken. In Stanford verliefen die Sechziger weniger lebhafter als in Berkeley: an dieser Universität wird brav studiert. Obwohl sich hier nur halb so viele Studenten tummeln wie in Berkeley, verfügt Stanford über einen doppelt so ausgedehnten Campus.

Statten wir auch dem Rodin Garden einen Besuch ab — Zugang über den Palm Drive - in dem einige Orginalskulpturen des Künstlers stehen. Und befindet man sich zufällig Mitte Juni in dieser Ecke, so sollte man sich die feierliche Zeugnisverleihung (Graduation) nicht entgehen lassen, die jedes Jahr über zwanzigtausend Zuschauer anlockt. Viertausend Frischdiplomierte spazieren amerikanischer Tradition gemäß in schwarzem Anzug und mit viereckigem Hut umher. Das ganze Jahr über werden auch Führungen durch das Universitätsgelände angeboten. Auskünfte beim Tressider, im Ticket Office (innen im Erdgeschoß).

Palo Alto

Palo Alto beherbergt die Stanford University, die vor allem in technischen und wirtschaftswissenschaftlichen Disziplinen zu den Top-Ten der Welt zu zählen ist. Sie ist zwar weniger sehenswert als die University of California, doch lohnt sich ein Ausflug allemal, um die fast orientalisch anmutende Architektur der Campusgebäude zu bestaunen. Nicht vergessen, einen Blick in die Buchhandlung zu werfen: auf vier Stockwerken findet sich alles nur Erdenkliche zu Philosophie, Psychologie, Kunst und Architektur, Soziologie, Wirtschaft, u.a. Jeweils ein ganzes Stockwerk ist den Computer- und Naturwissenschaften gewidmet.

Zur Anreise empfiehlt sich der SamTrans 7F ($ 1), der SamTrans 5L (60 Cents) oder der CAL-Train ($ 2.50). Fahrtdauer nach Palo Alto rund eineinhalb Stunden. Den Fahrer bitten, Sie an der richtigen Stelle abzusetzen.

Zoo

San Franciso Zoo, *45th Avenue, ℰ 753-7080, tägl. 10-17 h.*
Der Zoo gehört zu den sechs besten Zoos der USA. Mit über tausend Tierarten, einem Kinderzoo, einem antiken Karussell und ihrer Exzellenz Prinz Charles, einem weißen Tiger, ist er ein herrlicher Ausflugsort. Alle, die gerne ausgedehnte Spaziergänge unternehmen, sollten vom Cliffhouse am Strand entlang zum Zoo laufen (Laufzeit: eine Stunde).

Das Napatal – Tal des Weines

Der kalifornische Wein

Hauptanbaugebiet ist das vierzig Kilometer lange und rund acht Kilometer breite *Napa Valley;>* zwischen den Highways 29 und 121, ungefähr eine Stunde per Auto im Norden der Stadt.

Es wird immer Zeitgenossen geben, im Zweifelsfall Franzosen,

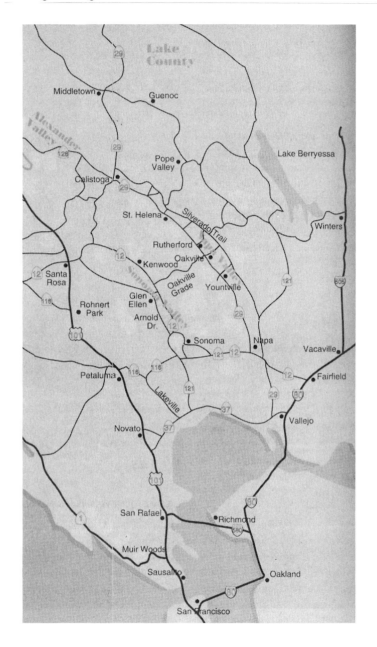

die behaupten, der kalifornische Wein sei ungenießbar. Na ja, die können dann ja Cola trinken. A propos, Coca-Cola ist übrigens seit 1979 mit seiner Tochterfirma »Taylor« der bedeutendste amerikanische Weinhändler. Weitere im Weinbau engagierte Unternehmen: Seagram, Nestlé, Getty Oil und Pepsi.

Kalifornischer Wein besitzt einen höheren Alkoholgehalt und ist lieblicher als unserer. Bei der hohen Sonneneinstrahlung nicht verwunderlich. Die Gefahr, daß man gar nicht merkt, wieviel man davon schon intus hat, ist durchaus gegeben, und darum sollte man sein Fläschchen auch nur in Fußmarschentfernung vom Hotel entkorken. Unserer Meinung nach gehören der schwarze Pinot und der Emerald Grey zu den besseren Weinen, und die guten trockenen Weißweine sind im großen und ganzen den französischen durchaus ebenbürtig. Wegen der Gesundheitswelle seit einigen Jahren werden nun leichtere Weine erzeugt, häufig als Aperitif getrunken. Dringend notwendig, denn wenn die Entwicklung sich fortsetzte, blieb nur die Ausfuhr nach Europa. Eingeführt hat 1770 *Pater Junipero Serra* die ersten Reben, für den Meßwein natürlich, was sonst? Später trieb Suter, den Weinbau voran, gefolgt von dem Ungarn und »Vater« des kalifornischen Weins, dem Ungarn *Agoston Haraszthy*, der 1861 hunderttausend Stecklingen diverser Sorten aus Europa anschleppte. Sogar berühmte Leute wie der Eisenbahnmagnat *Leland Standford* und der Zeitungszar *Hearst* versuchten sich im Weinbau. Sämtliche Hurra-Patrioten Europas und andere Ignoranten, die sich maßlos entsetzt zeigen, wenn auf den Etiketten »Burgunder«, »Beaujolais«, »Chablis«, »Sauvignon« etc. prangt, sollten wissen, daß die amerikanischen Weine eben größtenteils von europäischen Rebsorten stammen. Und dann haben wir es ohnehin Kalifornien zu verdanken, daß wir überhaupt noch Wein trinken. Denn die viel robusteren amerikanischen Rebstöcke, auf man unsere Rebsorten pfropfte, retteten unsere Rebpflanzungen, nachdem sie 1875 von der Reblaus fast völlig vernichtet worden waren. Aber schließlich wurde diese ja auch ursprünglich aus den Staaten eingeschleppt. So wäscht eine Hand die andere. Ein weiteres Rebbaugebiet liegt übrigens südlich der Bay Area bei Monterey.

Muir Woods Park

Wunderbarer kleiner Nationalpark in der Tiefe eines Tales, ganz in der Nähe des Pazifik und etwa dreißig Kilometer nördlich von San Francisco. Ein richtiger Märchenwald mit siebzig Meter hoch emporragenden Mammutbäumen. *Visitors' Center* am Eingang. Der Zutritt ist kostenlos. Spazierweg zwischen den jahrtausende alten Bäumen. Uns gefällt dieser Park besonders, weil er nicht so überlaufen ist. Ein reizvoller Ausflug, zumal sich der Besuch wunderbar mit einem Tag am Strand von *Muir Wood Beach* oder *Stinson Beach* verbinden läßt, die nur wenige Meilen entfernt liegen. Unser Vorschlag: morgens in San Francisco aufbrechen, dann ein oder zwei Stunden im Park verbringen, um dann an einem der Strände zu picknicken.

Muir

Ein paar Worte zu John Muir und den Mammutbäumen. John Muir war Philosoph, Humanist und einer der ersten Umweltschützer. Er erwarb zu Beginn des Jahrhun-

derts dieses Stück Land, um die Baumriesen zu retten, da immer mehr Bäume in Kalifornien der Kreissäge zum Opfer fielen. Er hatte das richtige Gespür, wenn man bedenkt, daß heute nur noch 5 % der Mammutbäume übrig sind, die damals hier wuchsen. Zur Zeit ist die Nachfrage so stark und die Holzunternehmen sind so mächtig, daß die Umweltschützer bei ihrem Versuch, dieses Naturerbe zu retten, einen schier hoffnungslosen Kampf zu führen scheinen. Sie ketten sich an die Bäume, sobald die Holzfäller erscheinen, oder organisieren »sit-ins« auf den Mammutbäumen.

Da wochentags keine öffentlichen Verkehrsmittel zur Verfügung stehen, ist ein eigenes Auto notwendig. Zwölf Meilen nördlich der Golden Gate Bridge. Der 101 North bis zur Ausfahrt Mill-Valley StinsonBeach folgen und dann den Wegweisern an der Straße 1 folgen. Man muß zahlreiche Umleitungen in Kauf nehmen, da ein Teil der Strecke bei dem Erdbeben Schaden nahm.

Muir Beach

Nur per Auto erreichbar; mit dem Bus ist die Anfahrt unter der Woche eine Tortur. Unweit von Muir Woods (siehe oben), nördlich von San Francisco. Am Wochenende per Bus ab SF erreichbar. Mit dem Wagen folgt man der 101 und fährt bei Mill Valley Stinson-Beach ab. Sich an der ersten Kreuzung nach Unterqueren der 101 linkshalten und dann der Straße folgen, die durch eine wunderschöne Hügellandschaft führt und unvergeßliche Ausblicke bereithält. Im Tal weist links ein Schild auf den weitläufigen Strand hin. Daneben ein schmaler Sandstreifen hinter den Felsen, wo man sich seiner Badehose entledigen kann.

Tennessee Valley Road

Ebenfalls bei der Ausfahrt Mill Valley in Richtung Norden. Gleich nach Unterqueren der Brücke führt links eine schmale Straße zu einem Parkplatz. Dort läßt man sein Auto stehen und läuft rund zwei Kilometer zu einem bezaubernden, wenig bekannten Strand, umgeben von grünen Hügeln.

Stinson Beach

Noch weiter die Küste entlang. Fabelhafter, zwei Kilometer langer Badestrand, freilich von der Zivilisation nicht mehr so unbeleckt wie die beiden anderen. Am Wochenende trifft sich hier halb San Francisco mit Kühltasche, Volleyball und Sonnencreme. Dieser Landstrich nördlich von San Francisco bleibt von dem Nebel verschont,

der manchen Sommertag lang hartnäckig über der Stadt hängt.

Gegen den kleinen Hunger zwischendurch hilft der Brunch im Parkside, neben dem Parkplatz.

Sonoma

Zweimal täglich verkehrt ein Greyhoundbus zwischen San Francisco und Sonoma. Alle Sehenswürdigkeiten gruppieren sich um den wunderbar restaurierten Platz. Die *Mission San Francisco Solano* beherbergt heute ein Museum, aber das Äußere des Gebäudes ist um einiges interessanter als das Innere. Die Sonoma Cheese Factory: hier probiert man Käse, untermalt von einem vorzüglichen Tröpfchen aus der Gegend; wer mag, läßt sich dazu hinten im Garten nieder. Im Inneren Besichtigung der Käserei. Achtung, diese schließt ihre Pforten um 17.30 h. Zum Probieren sollte man frühzeitig eintreffen. Das Hotel Suisse: neben der Käserei. Besonders die Bar des Hotels hat es uns angetan. Die *Miniaturbahn* am Südeingang der Stadt: nicht so toll, da nur wenige Häuser an der Strecke liegen.

Petrified Forest

Siebzehn Meilen von *Glen Ellen*, an der Straße nach *Calistoga*, finden sich einige durch einen Lavastrom versteinerte Mammutbäume. Inge-

Brannan

samt enttäuschend. Kurz vor Calistoga bricht alle fünfzig Minuten ein Geysir aus. Der Mormonenpriester *Sam Brannan* schuf den Namen aus California und Saratoga, dem im 19. Jahrhudert berühmten Heilbad im Staate New York, und errichtete hier ein erstes Hotel mit Kurbad unter Nutzung der heißen Quellen.

Brannan, ein ein bulliger Kerl, guter Zecher und Mormone, der 1846 mit einer Schar von Glaubensbüdern auf Geheiß von *Brigham Young* zwecks Gründung einer Kolonie gekommen war, verlegte den »California Star«, betätigte sich als Immobilienhändler, Prediger und war auch sonst sehr rührig. So gründet er 1851 auch mit zwei Gesinnungsgenossen und sechshundert weiteren Mitstreitern den ersten Sicherheitsausschuß, eine Art Bürgerkommittee gegen Spitzbuben, der bis zur seiner Auflösung ein Jahr später vier Verbrecher gelyncht und somit vorläufig ein Mindestmaß an Ruhe und Ordnung wiederhergestellt hatte. Erstes Opfer war *John Jenkins*, Angehöriger der Sydney Ducks, einer Bande von Australiern, meist Sträflinge auf Bewährung, die das Hafengebiet unsicher machte, und den man im in Büro eines Schiffsmaklers ertappte, wo er gerade einen Geldschrank bearbeitete. Die Leichenschaukommission zeigte sich mit diesem kurzen Prozeß überhaupt nicht einverstanden, konnte zunächst aber nichts ausrichten, da ein Ausschuß von über 180 Angehörigen der Bürgerwehr gemeinschaftlich die Verantwortung übernahm. Auf Druck der Behörden war es nach hundert Tagen mit dem ersten Ausschuß aber vorbei. Eine Neuauflage erfolgte 1856 während vier Monaten, als sechstausend Bewaffnete dem überhandnehmenden Gesindel - zwischen 1849 und 1856 zählte man tausend Morde – Einhalt geboten. Gouverneur J. Neely Johnson plante Truppen gegen die Bürgerwehr aufzustellen und bat Präsident Pierce um militärische Unterstützung, so daß die Bürgerwehr sich am 18. August mit sechstausend Bewaffneten in der beflaggten Stadt unter dem Jubel der Bevölkerung mit einer letzten Parade verabschiedete.

Eine andere berühmte Bande, der Brannans Bürgerwehr den Garaus machte, waren die Hounds, ehemalige Angehörige eines New Yorker Regiments, das gegen Mexiko gefochten hatte. Ihr Oberst J.D. Stevenson .hatte die Truppe aufgelöst, weil er den Immobilienhandel gewinnträchtiger fand. Unter der Fuchtel des ehemaligen Leutnants

Sam Roberts spähten sie für die Schiffseigner desertierte Matrosen auf den Goldfeldern aus, plünderten, vergewaltigten und versetzten vor allem alle Nicht-Weißen in Angst und Schrecken, da diese in ein Land eingedrungen seien, daß »von Natur aus ausschließlich für Amerikaner bestimmt ist, die edlen Herzens sind«.

Brannan war ein Fachmann im Marketing. Einige Jahre vor dem Goldrausch besaß er bereits einen Laden in Sacrameto. Als die ersten Funde gemeldet wurden, rannte er mit einem alten Chininfläschchen Goldstaubs durch die Straßen San Franciscos und schrie: »Gold, Gold, vom American River«. Ganze Heerscharen machten sich auf den Weg und ließen ihn reich werden. Neunhundert Einwohner zählte die Stadt, wenige Stunden später nur noch sieben. Alle waren auf dem Marsch zu den buschbestandenen Hügeln El Dorados, Brannan vorneweg. 1850 waren es dann allerdings 25.000 Einwohner.

Als die fromme Pilgerschar nun bald das Erdreich fieberhaft durchwühlte, marschierte er von einem zum anderen, um den »Zehnten für den Herrn« einzuziehen. Als sein Chef, Brigham Young, in Salt Lake City diesen irdischen Segen als Spende für den Himmel einforderte, ließ Brannan den Boten unverrichteter Dinge umkehren, mit den Worten: »Teile Brigham mit, daß er von mir das Geld des Herrn erhalten kann, wenn er mir die Unterschrift des Herrn gibt - vorher nicht!«

Brannans Zeitung trug die Kunde von den Goldfunden in die Welt. Am ersten April erschien eine Sondernummer von zweitausend Exemplaren mit einem weitschweifigen Artikel des Arztes *Dr. Victor Fougeaud*. Im August war die Nachricht im Osten angelangt, und als der »New York Herald« sie übernahm und dazu noch der amerikanische *Präsident Polk* die Funde in einem Jahresbericht an den Kongreß im Dezember erwähnte, um nachträglich die Einverleibung Kaliforniens zu rechtfertigen, brach der wirklich große Sturm los.

Ein Passagier, der mit dem ersten Dampfer, der California 1849 von New York ankam, berichtet, daß sein für 210 Personen ausgelegtes Schiff in Panama – es gab den beschwerlichen Landweg über den Kontinent, die Land-Wasser-Route über Panama und die Fahrt um Kap Hoorn – weitere tausend dort harrende Abenteurer aufnahm und stark schlingernd in den Hafen lief. Besatzung und Passagiere verließen ihren Pott fluchtartig, um zu den Goldfeldern aufzubrechen,

und so war das Schiff das erste von sechshundert ein Jahr später, das leer und verlassen im Hafen dümpelte, bis man sie kurzerhand zur Landgewinnung versenkte.

Die Weingüter (Wineries)

Napa Valley nicht an einem Sonntag im Juli oder August aufsuchen, da einfach hoffnungslos überlaufen. Die interessantesten Weinkellereien befinden sich in der Gegend um *Calistoga*. Eine der merkwürdigsten ist *Cave Sterling*, links am Ausgang der Stadt. Das auf einer Anhöhe oberhalb der Weinberge postierte Schloß ist mit einer Drahtseilbahn zu erreichen. Unterkunft in Calistoga bietet der *Ranch Campground* im Nappa Valley, wo ein großer Swimmingpool Kühlung verschafft.

Nebenbei: der französische Champagnerhersteller Moët et Chandon, beunruhigt durch die Konkurrenz amerikanischer Schaumweine, hat im Napa Valley Land gekauft. Hier wird Wein nach »Champagner« Art hergestellt, genannt »Domaine Chandon«. Champagnerfreunde werden nicht enttäuscht sein: köstliche Blume, aber was dann folgt, kommt an den echten Champagner nicht heran. Auf alle Fälle ein spannender Vergleich.

Kleine Anekdote: die *Cave Beaulieu*, von einem Franzosen gegründet, war die einzige der Gegend, die während der Prohibition weiterhin ihren Wein keltern durfte, da der Besitzer ihn als Meßwein ausgab. Kostenlose Besichtigung und Weinprobe.

Yountville

Besuchenswertes Einkaufszentrum in einer ehemaligen *winery*. Der Erfolg führte dazu, daß zunächst der Bahnhof, dann auch der Zug in Läden verwandelt wurden. Inzwischen ist fast das ganze Dorf zu einem sehr gelungenen Einkaufszentrum mutiert. Für all diejenigen, die über reichlich Zeit verfügen.

Bodega Bay

An der Küste, achtzig Kilometer nördlich von San Francisco. *State Camping*, tolle Landschaft und der ideale Ort, seiner Gesundheit etwas Gutes zu tun, oder auch dann, wenn man ganz einfach genug von den großen Städten hat. Sanddünen, Meer, Berge, Blumen und Greifvögel. Allerdings sollte man sich mit einem Federbett für die kühlen Nächte versehen. Ein Supermarkt liegt zehn Minuten entfernt. Von San Francisco aus die 101 North, dann die 1 nehmen. Hier drehte Hitchcock seinen Kinoerfolg *Die Vögel*. Das Haus, in dem dieser Film entstand, blieb

zunächst noch erhalten. Da aber fanatische Hitchcockfans ständig Teile des Mauerwerks mitgehen ließen, mußte es schließlich abgerissen werden.

Von S.F. nach L.A. an der Küste

Reist man auf dem Landwege von San Francisco nach Los Angeles, so wähle man statt der Autobahn die Küstenstraße, was erheblich länger dauert, aber die Kalifornier behaupten, daß es die schönste Küstenstraße der Gegend sei. Einen großen Teil kann man auch per Bus zurücklegen. Optimal dagegen ist, wie gesagt, die Fahrt mit dem eigenen Wagen. Die Anhalterei ist kein Zuckerschlecken und man muß genügend Zeit aufbringen, da die Strecke alles andere als schnurstracks auf unser Ziel zusteuert.

Kalifornische Herbergen

AYH »American Youth Hostels, Inc.« ist als privates Unternehmen dem vier Millionen Mitglieder zählenden Internationalen Jugendherbergsverband angeschlossen. Besucher der Stadt, die für ein paar Tage die nordkalifornische Landschaft anschauen wollen, finden in den AYH Hostels nicht nur eine preisgünstige Unterkunft, sondern kommen durch deren wunderschöne Lage in unmittelbare Berührung mit dem großartigen Landschaftsszenario Nordkaliforniens. Ob an zerklüfteten Stränden, in den Bergen der Sierra, in malerischen Küstenstädtchen oder den Redwoodwäldern: die AYH-Herbergen bieten von allem etwas.

Die Herbergen sind meist in historischen Gebäuden wie alten Ranchen, Villen oder Leuchttür-men untergebracht. Die mögliche Aufenthaltsdauer beträgt, bis auf Sonderabsprachen mit dem Herbergsleiter, drei Nächte. Voranmeldung ist in jedem Fall zu empfehlen. An Wochenenden und während der Hauptreisezeit ist auf jeden Fall vorauszubuchen, da die Herbergen gut besucht sind und meist nicht mehr als über vierzig Betten verfügen.

Damit die Voranmeldung erfolgreich verbucht wird, hier einige Hinweise. Vermerken Sie in Ihrem Brief Ihren Namen, die vollständige Adresse, den Namen der Herberge, die Anzahl der Besucher (männl./weibl.) und den gewünschten An- und Abreisetag (höchstens drei Nächte!). Des weiteren sollte dem Brief ein Scheck mit einer Anzahlung für die erste Nacht pro Person und Portoersatz - zur Zeit 50 Cents – für den adressierten Umschlag des Antwortbriefes beiliegen.

Geschäftsstelle des AYH in San Francisco:

AYH Travel Services,
425 Divisadero St., bei Oak St., Suite Nr.306, CA 94117,
✆ *863-9939.*
Sept.-März: Die-Fr. 13-18 h,
April-August: Mo.-Fr. 13-18 h.
Hier kann man die AYH-Mitgliedschaft erwerben, einen günstigen

Flug nach Europa oder in den Südpazifik buchen oder einen Rucksack, Reiseführer oder Karten erstehen.

Golden Gate Hostel,

Gebäude 941, Fort Barry, Sausalito 94965, ✆ (415) 331-2777.
Für junge Leute, die sich nicht zur Sippe der Großstadtpoeten zählen, bildet das Golden Gate sicher eine gute Alternative. Die Jugendherberge befindet sich etwas außerhalb der Stadt im malerischen Sausalito, in dem teuren Marin County, von den Einheimischen auch als »der Park nebenan« bezeichnet.

Das Golden Gate Hostel liegt nur fünf Meilen von San Francisco und drei Meilen von der Golden-Gate-Brücke entfernt. Man kann von Sausalito aus per Fähre (eine halbe Stunde mit der Golden Gate Ferry, $ 4.50 pro Fahrt) nach San Francisco schippern oder in den nahegelegenen Muir Woods mit ihren zahlreichen Redwood- oder Mammutbäumen, Wanderungen unternehmen. Ach ja, Lagunen und Strände zum Spielen sind auch noch vorhanden.

Die Mammutbäume, auch Sequioa nach einem Cherokee-Häuptling genannt, werden zwar nicht höher, dafür aber älter und mächtiger als die Redwoodbäume. Riesen von zehn Metern Durchmesser, einem Umfang von 30 Metern, 95 Metern Höhe, tausend Tonnen Gewicht und im Alter von 3000 Jahren wurden schon gefällt. Das Hostel ist wirklich geräumig, gemütlich und verfügt über eine große Küche sowie einen Freizeitraum mit Feuerstelle und Klavier. Größere Reisegruppen sind außerhalb der Hochsaison willkommen. Von 1. Juni bis 15. September sollte eine Gruppe nicht über zehn Personen zählen. Eines der 66 Betten kostet pro Nacht und Person $ 7. Man kann sich zwischen 7.30-9.30 h und 16.30-23 h anmelden. Kein Einlaß mehr nach 23 h, also rechtzeitig auf der Matte stehen.

Anreise: von San Francisco in Richtung Norden auf dem Highway 101 über die Golden-Gate-Brücke, dann gleich hinter der Brücke auf die Alexander Ausfahrt. Am Ende der Ausfahrt nach links abbiegen und dann nach rechts in die Conzelman Road in Richtung Fort Barry. Dort an der McCullough Road nach rechts und den Wegweisern zur Jugendherberge folgen. Sonntags fährt der Munibus Nr. 76 in die Marin Headlands. Ansonsten nehme man von San Francisco einen der Golden Gate Transit Busse Nr. 10 oder 20 nach Sausalito und von dort aus ein Taxi (rund $ 8) zur Herberge.

Fortbildung
http://www.fortbildung-online.de

Point Reyes Hostel,
*PO Box 247, Point Reyes Station,
CA 94956, ℰ (415) 663-8811.*
Nur fünfzig Meilen nördlich von
San Francisco in einem abgelegenen Tal. Bei dem Gebäude handelt
es sich um eine ehemalige Ranch
im Blockhausstil mit 44 Betten.
Das Point Reyes, umgeben von
Tannenwäldern, Felsen, Dünen
und Strand, stellt ein Paradies für
Naturliebhaber dar. Angeboten
werden Wanderungen, Vogelexkursionen und je nach Saison auch
Ausflüge, um beispielsweise Wale
zu beobachten. Diese wandern von
Dezember bis April jeden Jahres
von Alaska entlang der kalifornischen Küste nach Niederkaliforni-
en an der mexikanischen Grenze,
um dort ihren Nachwuchs aufzu-
ziehen. Point Reyes ist etwas für
Naturliebhaber, die Großstädte am
liebsten aus der Ferne sehen. Es
werden Gruppen mit bis zu vier-
undzwanzig Personen aufgenommen. Für ein Wochenende sollte
man sich auf jeden Fall im voraus
anmelden. Der Spaß kostet pro
Nacht ganze $ 10-12 und zzgl. $ 1
Miete für die Bettwäsche. Tägliche
Öffnungszeiten sind: 7.30-9.30 h
und 16.30-21.30 h. Man kann bis
tief in die Nacht Vögel oder anderes Getier studieren und ins Hostel
zurückkehren, wann immer es
beliebt.

Anreise: Olema per Highway 1
oder den Sir Francis Drake Blvd.

ansteuern und hundert Yards nördlich von Olema beim Seashore Ent-
rance in Richtung Westen abbiegen. Dann auf der Bear Valley
Road an der Hauptgeschäftsstelle
des Parks vorbeifahren nach
Limantour, links abbiegen und 10
km bis zum Herbergsschild fahren,
dort nochmal links ab zur Jugendherberge. Wer Auskünfte über
Busverbindungen wünscht, melde
sich telefonisch bei Point Reyes
zwischen 16.30 und 21 h.

Montara Lighthouse Hostel,
*P.O. Box 737, 16th St. bei Cabrillo
Highway 1, Montara, CA 94037,
ℰ (415) 728-7177 Bürozeiten:
7.30-9.30 h und 16.30-21.30 h*
25 Meilen von San Francisco an
der wunderschönen, zerklüfteten
Pazifikküste. Wunderbare Gelegenheit, um zu barfuß an einem
abgelegenen Strand spazierenzuge-
hen, Wanderungen auf den Mon-
taraberg zu unternehmen und noch
vieles mehr. Der aus dem Jahre
1875 stammende Leuchtturm und
das dazugehörige Gebäude wurden
1980 zu einer Jugendherberge umfunktioniert. In den sieben Räu-
men lassen sich bis zu 35 Gäste
unterbringen.

Zwei vollausgerüstete Küchen,
Speisesaal, Freizeiträume sowie
eine Waschküche stehen den Gästen zur Verfügung. Im Leuchtturm
selbst ist ein geräumiger Gemein-

schaftsraum mit Holzfeuerstelle untergebracht. Anfahrt: das Montara Hostel befindet sich an der 16th Street und dem Highway 1 zwischen Montara und Moss Beach. Von San Francisco einen Muni-Bus oder eine BART-Bahn in Richtung Süden zur Haltestelle Daly City BART nehmen, wo man in den SamTrans Bus Nr. 1A oder 1L (an Wochentagen bis 17.50 h, samstags bis 18.15 h, sonntags und feiertags bis 17.15 h) einsteigt. Den Busfahrer bitten, an der Jugendherberge zu halten. Übernachtung für Mitglieder $ 10-12 und für Nichtmitglieder $ 15-17 sowie $ 1 für Bettwäsche.

Pigeon Point Lighthouse Hostel,
Pigeon Pt. Road/Highway 1, Pescadero, CA 94060, ✆ (415) 879-0633.
Das Pigeon Point Lighthouse und seine Umgebung bilden eine Augenweide für Fotografen. Der Leuchtturm ist einer der höchsten in den USA. Nur fünfzig Meilen südlich von San Francisco und 26 Meilen nördlich von Santa Cruz. Die Herberge liegt ganz in der Nähe der Walroßbrutstätte in Ano Nuevo, von herrlichen Stränden und Redwoodwäldern.

Sie besteht aus vier Bungalows, in denen ehedem die Familien der Küstenwache wohnten. Jeder Bungalow ist mit einer Küche, einem

Freizeitraum und drei Schlafzimmern ausgestattet. Der ehemalige Leuchtturm dient als großer Konferenz- und Aufenthaltsraum.

Anfahrt: fünf Meilen südlich der Abzweigung Pescadero Road westlich des Highway 1 Ausschau nach dem Leuchtturm halten. An Wochentagen fährt der SamTrans Bus Nr. 90 C in die Nähe der Herberge. Nicht versäumen, vor der Anreise anzurufen.

Redwood Hostel (DeMartin House),
14480 Highway 101 (bei Wilson Creek Road), Klamath, CA 95548, ✆ (707) 482-8265.
Die am weitesten nördlich gelegene Jugendherberge Nordkaliforniens liegt zwölf Meilen von Crescent City an der Küste im Redwood National Park. Im historischen DeMartin Haus gibt es dreißig Betten, unterteilt in kleine Schlafsäle. Dem Reisenden stehen eine modern ausgestattete Küche zur Verfügung, ein gemütlicher Gemeinschaftsraum mit Kamin, ein Speisesaal und eine Redwoodholzveranda, die ein atemberaubendes Panorama auf den Pazifik beschert. Zimmer für Familien sind bei Voranmeldung zu erfragen.

Anfahrt: das Redwood Hostel liegt am Highway 101, zwölf Meilen von Crescent City und siebzig Meilen nördlich von Eureka. Bei der Wilson Creek Road ist Richtung landeinwärts abzubiegen. Von Crescent City fährt zweimal pro Tag ein Bus zur Jugendherberge. Der Greyhoundbus hält auf Anfrage an der Wilson Creek Road. Die Herberge ist sowohl von der Klamath als auch von der Crescent City Haltestelle nicht zu Fuß zu erreichen. Für die Übernachtung berappt man $ 14-16 pro Person und $ 1 für die Bettwäsche.

Hidden Villa Ranch,
26870 Moody Road, Los Altos Hills, CA 94022, ✆ (415) 941-6407.
Hidden Villa Hostel, eine ehemalige Ranch, liegt fünfundvierzig Meilen südlich von San Francisco in den Vorbergen der Santa-Cruz-Berge und ist die älteste, aus dem Jahr 1937 stammende, Jugendherberge an der Pazifikküste. Man nächtigt in rustikalen, unbeheizten Schlafräumen. Die Herberge ist von Anfang Juni bis Ende August geschlossen. AYH-Mitglieder entrichten $ 5.50 und Nichtmitglieder $ 9.50 pro Nacht.
    Anfahrt: Mit dem Auto per Highway 101 oder 280.

Sanborn Park Hostel,
15808 Sanborn Road, Saratoga, CA 95070, ✆ (408) 741-9555.
Wunderschönes Hostel sechzig Meilen südlich der Stadt in einem Redwood- und Madrone-Wald. Bei dem Gebäude selbst handelt es sich um ein historisches Blockhaus aus dem Jahr 1908. Übernachtung $ 6 für Mitglieder, $ 9 für Nichtmitglieder.

North Lake Tahoe Hostel,
P.O. Box 1227, 10015 W. River Street, Truckee, CA 95734, ✆ (916) 587-3007.
Ideale Unterkunft für Wanderer im Sommer oder Skifahrer im Winter. Beim historischen Star Hotel in Truckee, fünfzehn Meilen nördlich des Lake Tahoe. Großartiges Skigebiet für Lang- und Abfahrtslauf. Übernachtung ca. $ 10 für Mitglieder, bzw. $ 13 für Nichtmitglieder.
    Anfahrt: sowohl Amtrak-Züge als auch Greyhound Busse fahren regelmäßig nach Truckee, ganz in die Nähe der Herberge.

Eel River Redwoods Hostel,
70400 Highway 101, Leggett, CA 95455, ✆ (707) 925-6469.
Wunderschöne Lage, fünfzig Meilen nördlich von Mendocino an der Hauptfahrradroute von San Francisco nach Oregon. Gäste dürfen sich kostenlos auf einen Drahtesel schwingen und die Gegend bewundern. Geöffnet von Anfang Mai bis Ende November. 40 Betten. Übernachtung $ 14, Mitglieder, und $ 18 Nichtmitglieder.

Anfahrt: beim Bell Glen Eel River Inn, zwei Meilen nördlich der Kreuzung von Highway 1 mit dem 101.

Santa Cruz Hostel

P.O. Box 1241, Santa Cruz, CA 95061, ✆ (408) 423-8304. Genießen wir die jugendliche Atmosphäre in dieser beliebten Kleinstadt. Santa Cruz ist berühmt für sein warmes Klima, seine Strän-

de und sein Nachtleben. Für Surfer, Angler und Sonnenanbeter gerade das richtige Plätzchen, um ihren Lieblingsbeschäftigungen zu frönen. Die vielen viktorianischen Gebäude erinnern an das Leben um die Jahrhundertwende. Übernachtung für $ 14 pro Person plus $ 2 für Bettwäsche. Vorausbuchung ist unbedingt erforderlich, da die Herberge nur über sechzehn Betten verfügt.

Avenues in Richmond (A)

Für Hinweise, die wir in der nächsten Auflage verwerten, bedanken wir uns mit einem Buch aus unserem Programm.

p.m.
post meridian (nachmittags)

PT
Pacific Time

SFO
San Francisco Intern. Airport

SoMa
South of Market

@   at

Tips von A bis Z

Abkürzungen

a.m.
ante meridian (vormittags)

ATM
Automatic TellerMachine
(Geldautomat)

AT&T
Am. Telephone & Telegraph.

BART
Bay Area Rapid Transit System
U-Bahn

Hwy
Highway

ID
Identification, Personalausweis
u.ä.

OAK
Oakland Intern. Airport

American Way of Life

Wer hat sie nicht schon mal im Fernsehen gesehen: diese legeren Bürotypen, Hände in den Hosentaschen, Füße auf dem Schreibtisch. Auf unsere Eltern und Großeltern mußte der *american way of life* schockierend wirken, wir dagegen hocken schon längst ohne Krawatte und Jackett im Büro. Was keinesfalls bedeutet, wir hätten den amerikanischen Lebensstil schon so weit verinnerlicht, daß uns im Land selbst nicht gewisse Besonderheiten im Umgang auffielen, die über reine Äußerlichkeiten hinausgehen.

Da wäre beispielsweise die zur Schau getragene Herzlichkeit: hat man einen Amerikaner zu fassen bekommen, freut man sich schon auf ein Wiedersehen, wenn dieser sich zu guter Letzt nach der Telefonnummer erkundigt. Aber Achtung! Fällt beim Abschied der Satz

»I call you«, so bedeutet dies in achtzig Prozent der Fälle: »well, es war nett, aber ich werde dich wohl nie mehr wiedersehen«. Geradezu schockierend für Europäer: der kräftige Schlag auf den Rücken. Auch wenn's wehtut: bei den US-Amerikanern ist dies ein Zeichen besonderer Wertschätzung! Angeblich mögen sie diese plumpe Geste genausowenig, können's aber nicht lassen.

Eher ungewöhnlich für unsereins auch die direkten Fragen von Zufallsbekannten (»What do you do?«), denen auf der anderen Seite aber eine ebenso große Offenheit in persönlichen Dingen gegenübersteht.

Noch ein Wort zum Thema Autoverkehr: in Anbetracht der breiten Highways mag es uns verwundern, daß sich die amerikanischen Autofahrer so brav an die verhältnismäßig niedrigen Höchstgeschwindigkeiten halten (55 bzw. 60 mph). Diese gleichmäßige Fahrweise hat sehr viel mit Selbstdisziplin zu tun, und besonders positiv fällt auf, daß ihm erzieherische Maßnahmen eiligeren Verkehrsteilnehmern gegenüber fremd sind. Der tägliche Kleinkrieg auf unseren Straßen scheint umgekehrt nicht wenige US-Fahrer an uns zu faszinieren: fast in jedem Gespräch kommt irgendwann das Thema

»Autobahn« und »no speed limit« auf.

Anschriften

Bei Angaben von Adressen wird meist Street oder Avenue weggelassen, aber dafür die nächstgelegene Querstraße genannt. Die ungewohnt hohen Hausnummern erklären sich daraus, daß die Zählung nach einer Querstraße in der Regel wieder mit einem neuen Hunderter fortgesetzt wird.

Das Erdgeschoß, im Britischen »ground floor«, ist im Amerikanischen meist »first floor«, wird mitgezählt.

Aufgepaßt!

Nicht Hayes Street mit Haight Street verwechseln! Auch die Straßen Bryant und Brannan laden zur Verwechslung ein, gerade weil sie nur einen Block entfernt voneinander hinziehen.

Die Geary nennt sich östlich der Van Ness Avenue Street und westlich der Van Ness Boulevard. Die 1th - 26th **Streets** sind Querstraßen der Market- bzw. der Mission Street, während die 2th - 48th **Avenues** westlich im Richmond/Sunset District liegen. Nicht durcheinanderwerfen! Gough Street wird »Goff« ausgesprochen.

Lyon Street wird wie »lion«, der Löwe, im englischen mit »ei«, und nicht wie die Stadt in Frankreich ausgesprochen.

Babysitter vermitteln das Visitor's Bureau oder die Hotels. Ein bekannter Vermittlungsdienst ist:

Babysitter

Temporary Tot Tending,
2217 Delvin Way, ✆ 355-7377, nach 18 h 871-5790.

Bibliotheken

San Francisco Main Library,
Civic Centre, Larin/McAllister, ✆ 558-3191. Di.-Sa. 10-18 h.
Gut ausgestattete Sammlung von Literatur und Ausstellungsstücken zur Geschichte der Stadt und ihrer Kultur im History Room, 3. Stock.

Goethe-Institut,
530 Bush St., San Francisco, CA 94108, ✆ 391-0370, Bibliothek ✆ 391-0428

Campingurlaub

Wer einen Campingurlaub in Kalifornien plant, besorge sich den »Guide to California State Parks« vom:

California Department of Parks and Recreation,
POB 2390, Sacramento, CA 94296, ✆ 1-916-6477.

Ernährung, Eß- und Trinkgewohnheiten

Alkohol

Vorab gleich die Warnung, daß es streng verboten ist, Alkohol auf offener Straße zu konsumieren. Dazu zählt auch Bier! Mal in San Francisco darauf achten, wieviele Leute ihre Bierdose sorgsam in der Manteltasche oder in Papiertüten verstauen. In Bars und Kneipen wird kein Alkohol an Minderjährige ausgeschenkt. In den meisten Staaten liegt die Mindestgrenze bei 21 Jahren, in anderen bei 20, 19 oder 18 Jahren. Kneipen, die schon häufiger Ärger mit der Polizei hatten, werden darauf bestehen, einen Blick in den Ausweis zu werfen.

Barbecue (BBQ)

Aus dem Wilden Westen, der Heimat der Cowboys und der *Cattlemen* (Viehzüchter), stammt das *Barbecue* (BBQ), ein weltweit beliebter

Buy! Bye! (A)

Grillspaß. Das Typische an der Barbecue sind die vielen Soßen. Amerikanischer Herkunft ist auch das berühmte *Kentucky Fried Chicken*. Eine weitere Spezialität sind *Seafoods*, Meeresfrüchte aller Art.

Brot

Frisches Brot hat in den Staaten üblicherweise Marshmellow-Konsistenz. Gesundheitsapostel kaufen lieber abgepacktes Roggenbrot. Wer ein Sandwich bestellt, kann häufig die Brotsorte wählen. *Submarines* sind üppigere, dicker belegte Brote. Letzten Nachrichten zufolge sollen fertige Brotmischungen aus Deutschland sich zu einem wahren Exportschlager in den USA entwickeln. *San Francisco Sour Bread* ist als Spezialität überall bekannt und entspricht unserem Graubrot aus Sauerteig.

Brunch

Eine feine Sache samstag- oder sonntagmorgens ist das *Brunch*, auch bei uns inzwischen beliebt. Der Begriff, verschmolzen aus »breakfast« und »lunch«, bezeich-

net eine Mahlzeit, die man einnimmt, wenn es für das Frühstück
eigentlich zu spät, für das Mittagessen wiederum noch zu früh
ist. Viele Restaurants bieten ein solches Brunch am Wochenende ab
11 h vormittags an.

Cocktails

Jeder kennt Cocktails als ur-
amerikanische Erfindung; jedoch
kann fast niemand die Herkunft
dieser Bezeichnung erklären.
Wörtlich übersetzt heißt es »Hah-
nenschwanz«. Zu alten Zeiten hat
man nämlich die Gläser mit ver-
schiedenfarbigen Hahnenfedern
gekennzeichnet, damit die Gäste
auch zu fortgeschrittenerer Stunde
ihren Drink noch erkennen konnten. Wenn's nicht stimmt, ist es
wenigstens eine nette Geschichte.
Eine andere Geschichte lautet
folgendermaßen: wir befinden uns
im Jahre 1779 während des Un-
abhängigkeitskrieges in Yorktown
im Staate Virginia. Allabendlich
treffen sich amerikanische und
französische Offiziere der Unab-
hängigkeitsarmee in der Kneipe
von Betsy Flanagan. Eines Abends
schwört sie, daß sie den »Hahnen-
schwanz« eines Engländers ergattern wird, den sie zutiefst verachtet.
Gesagt, getan. Einige Stunden später kehrt sie mit dem »Hah-
nenschwanz«, dem Cocktail, zurück. Das Ereignis wird mit einem
großen Bankett gebührend gefei-
ert, in dessen Verlauf die Gläser
mit goldenen Kopffedern ge-
schmückt werden. Kenner Frank-
reichs weisen allerdings darauf hin,
daß man sich dort im 17. Jh. an
einem Getränk labte, das aus einer
Mischung aus Weinen und Gewürzen bestand und »coquetel« genannt wurde. Eh ben, voilà die
berühmtesten Cocktails:

♈ *Manhattan:* roter Vermouth
mit Bourbon.
♈ *Screwdriver:* Wodka Orange.
♈ *Dry Martini:* Vermouth und
Gin.
♈ *Bloody Mary:* Wodka mit
Tomatensaft. 1921 von Pete
Petiot, Barmann in *Harris Bar,*
erfunden.
♈ *Black Velvet:* Sekt und Stout.

Delikatessen (Delis)

Eine besondere amerikanische
Lokalspezies sind die sogenannten
delikatessen oder *delis*. In diesen
Restaurants bekommt man jüdische Spezialitäten. Die Rezepte
haben jüdische Einwanderer vor
langer Zeit aus Europa mit herü-
bergebracht und von Generation
zu Generation weitergereicht. Ein
amerikanischer Jude wird jedem
allerdings weismachen wollen, daß
die *delikatessen* eine amerikanische
Erfindung seien. Hier kriegt man
die besten Sandwiches in den USA,
wahlweise mit Cornedbeef, Trut-

hahn oder anderem köstlichen Belag auf Kümmelbrot mit Gewürzgurken und Krautsalat.

Doggy-Bag

Waren die Augen bei der Bestellung in einem Lokal größer als der Magen, so braucht man die Reste nicht mit bedauernden Blicken in die Küche zurückgehen zu lassen. Amerikaner sind es gewöhnt, sich die Reste einpacken zu lassen. Früher orderte man verschämt einen *doggy-bag* für den Hund. Also einfach die Bedienung bitten: »Would you wrap this up for me?«.

Eier

Wenn man Eier ordert, wird die Bedienung fragen, ob *scrambled* (als Rührei) oder *fried eggs* (als Spiegelei) gewünscht werden. Beim Spiegelei darf man noch wählen zwischen *sunny side up*, was dem europäischen Spiegelei entspricht, und *over,* wobei das Ei von beiden Seiten wie ein Omelette gebraten wird. Mag man das Eigelb nicht ganz durchgebraten, so bestellt man das Ei *over easy.* Besonders gut schmeckt's mit Schinken, Würstchen und Ketchup - behaupten zumindest die Amerikaner. Dazu ißt man *buttered toasts* oder *French fries,* also Pommes Frites. Man bekommt Eier aber auch gekocht *(boiled)* oder hartgekocht *(hard-*

boiled). Übrigens: *poached eggs* sind im Wasserbad zubereitete Eier; bei uns sehr selten.

Eis

Es gibt auch in San Francisco unzählige Eiscafes, darunter die der bekanntesten Kette Ben & Jerry's. In den USA ist es weniger üblich, sich zum Eisessen ins Lokal zu setzen, als sich eine Eistüte oder einen Eisbecher zu holen und sich damit ins Auto zu hocken. Das Auto ist überhaupt des Amerikaners zweites Zuhause. Das Eis selbst ist weiß und schön kremig und schmeckt nach Vanille. Der Clou sind die verschiedenen Früchte oder Fruchtsaucen obendrauf: Erdbeer, Kokusnuß, Ananas, Karamel, sogar *hot fudge:* heiße Schokolade mit Nuß- oder Erdnußsplittern. Ein solches Eis nennt sich *Sundae. Banana Splits* und *Malts* sind ebenfalls nicht zu verachten. Bei *Baskin Robbins,* europäischen Eiskennern längst vertraut, kann man zwischen einunddreißig Eissorten wählen.

Fast Food

Jeder kennt die USA als Heimat des *Fast Food,* sprich der Hamburger und Hot dogs. Verglichen mit unseren Restaurants sind diese Snacks preiswert, dafür aber auch reine Dickmacher - *junk food* eben – ohne Nährstoffe. Hält man sich längere Zeit in einer Stadt auf, dankt es der Magen, wenn ihm mal wieder Lebensmittel aus dem Supermarkt zugeführt werden. Damit lebt man gesünder und billiger. Denn dank künstlicher Appetitanreger kriegt man erst mal richtig Hunger. Diese werden übrigens auch in Schokoladenriegeln u.ä. – auch bei uns – verwandt. Die bekanntesten Supermärkte heißen *Safeway, Ralf, K Mart* und *Ralley's.*

Happy hour (Early birds special)

Diverse Lokale haben sogenannte »Happy Hours« eingeführt, meist zwischen 16 und 18 h. Während dieser Tageszeit ist das Essen billiger als zu den regulären Zeiten. In Kalifornien nennt man diese Mahlzeit oft *early birds special.*

Kaffee oder Tee?

Morgens zum Frühstück sollte man lieber Kaffee statt Tee bestellen, denn Kaffee kann man sich normalerweise beliebig oft nachschenken lassen. Man wird häufig allerdings kaum mehr als zwei Tassen wollen ... Am besten ist dran, wer sich vorher mit Instantpulver versorgt und seinen Kaffee nach eigenem Gutdünken dosieren kann.

Peanut butter

Unter den amerikanischen Spezialitäten darf natürlich auch die *peanut butter*, Erdnußbutter, nicht fehlen. Sie ist den Amerikanern das, was uns die Nuß-Nougat-Creme ist.

Popcorn

Popcornliebhaber geben deutlich an, daß sie es gezuckert wünschen, sonst serviert man's regelmäßig gesalzen. Wer es fettig mag, versuche Popcorn mit zerlassener Butter.

Reisekrankenversicherung

Eine zusätzliche private Reiseversicherung ist für einen Aufenthalt in den USA ernsthaft anzuraten, da unsere Ersatzkassen kein Abkommen mit den Vereinigten Staaten abgeschlossen haben. Man muß im Krankheitsfall für die Kosten zunächst voll aufkommen. Den Arzt um eine ausführliche Rechnung bitten, um Komplikationen mit der Krankenkasse bei der Erstattung zu vermeiden. Man sollte sich grundsätzlich vor einem Arztbesuch anmelden. Ärztliche Behandlungen kosten in der USA eine Stange Geld. Die Versorgung einer einfachen Schnittwunde kann sich schon auf $ 100 belaufen. Die in einem Krankenhaus ist im Normalfall um einiges billiger als eine Privatbehandlung.

Rindfleisch

Amerikanisches Rindfleisch gilt als erstklassig. Die Wachstumshormone, die den Tieren gespritzt werden – großer Streitpunkt in den Handelsbeziehungen – müssen von allererster Güte sein. Ein Traum für Karnivoren sind die saftigen *T-Bone-Steaks*, so benannt nach der Form des Knochens im Fleischstück. Wer sein Steak gut durchgebraten mag, verlange es *well done*. Halb durch heißt dagegen *medium* und ganz kurz angebraten *rare*. Die Amerikaner schmoren das Fleisch in der Regel viel länger als etwa die Franzosen. Verlangt man sein Fleisch *rare*, so kommt es gewöhnlich auch fast durchgebraten daher. Steakkenner, die es schön blutig mögen, müssen ausdrücklich angeben, daß der Koch das Steak nur gerade durch die heiße Pfanne ziehen darf.

Saladbar

Allen, die auf ihre Linie achten, empfehlen wir die *Saladbars* in den Restaurants im »Bonanza«-Stil. Zu vernünftigen Preisen kann man sich nach Herzenslust am Salatbuffet bedienen. Man zahlt einen Einheitspreis und darf beliebig oft nachfassen *(All you can eat)*. Zum Appetitanregen hier ein kleiner Auszug aus dem reichhaltigen Angebot: Melonen, Tomaten, Sellerie, Radieschen, Karotten, Krautsalat, grüner Salat, Obstsalat, Bohnen, Spaghettisalat (!), manchmal auch Obstkuchen. Oben drauf Salatsoßen nach Wahl.

Sandwich

Aufpassen heißt es, wenn man ein »sandwich« bestellt. Ein Sandwich, wie wir es kennen, will sagen: ein zusammengeklapptes Brot, ist drüben ein *cold sandwich*. Es gibt nämlich auch *hot sandwiches*, aber das sind keine Brote sondern üppige Mahlzeiten mit Hamburgern, Pommes und Salat.

Tischsitten

In einem schicken Restaurant gehört es zum guten Ton, die Gabel in der rechten Hand zu halten und die linke Hand auf dem Knie zu plazieren, wenn man nicht als völliger Barbar gelten möchte.

Übrigens: betritt man ein Restaurant, so setzt man sich nicht einfach an irgendeinen Tisch, es sei denn man wird durch ein Schild »Please seat yourself« dazu aufgefordert. Dies gilt allerdings nicht für truck stops und Cafeterien. In Restaurants ist es üblich, jedem Gast ein Glas eisgekühlten Wassers zu reichen. Aber man kann auch im Vorübergehen hineingehen und ein Glas Wasser verlangen; man wird es Ihnen gerne geben. Überall in größeren Gebäuden retten uns kleine Wasserspender mit eisgekühltem Trinkwasser vor dem Verdursten.

Whiskey

Wir wollen auch den guten alten *Bourbon* nicht unterschlagen, jenen amerikanischen Whiskey, wie der irische übrigens mit »e«, überwiegend in Kentucky hergestellt. Diese Gegend hieß früher *Bourbon Country*, zu Ehren der französischen Königsfamilie. Kein Wunder also, daß die Hauptstadt der Bourbon-Gegend Paris heißt (7820 Einwohner). Hergestellt wird Bourbon übrigens aus Mais.

Feiertage

New Year Day: 1. Januar.
Geburtstag M.L. King:
15. Januar.

President´s Day:
3. Februarmontag.

Ostermontag
Memorial Day:
Letzter Maimontag

Independance Day:
4. Juli

Labor Day:
1. Montag im September

Colombus Day:
2. Montag im Oktober

Thanksgiving Day:
Letzter Novemberdonnerstag

Veteran´s Day:
11. November

Christmas Day:
25. Dezember

Jeder amerikanische Staat hat seine eigenen Feiertage. Wir nennen nur die allgemeingültigen Nationalfeiertage. Die Geschäfte bleiben dann in der Regel geschlossen.

Flohmärkte

Alameda Penny Market,
Island Auto Movie, 791 Thau Way, Alameda, © 522-7206.
Mit der BART bis Oakland City Center, dann mit dem Buslinie 51 ($ 1) die Broadway und Webster Sts. hinunter bis Atlantic St., schließlich noch zwei Blocks nach links. Eintritt 50 Cents. Samstags und sonntags 9 bis 16 h.

Ashby Flea Market
Ashby BART Station zw. Ashby Ave. MLK Jr. Way.
Samstags und sonntags: 8-19 h. Kleiner Flohmarkt mit Bekleidung aus Lateinamerika, afrikanischem Schmuck, gebrauchten Platten ...

Verlagsprogramm
http://interconnections.de

Garagesale (A)

Mission Street Flea Market
Kleiner Flohmarkt samstags und sonntags in der Zeit von 8-16 h an der *Kreuzung von Mission Street und South Van Ness* Street.

San Jose Flea Market,
1590 Berryessa Road, San Jose,
✆ *408-289-1550*
Mi.-So. von 7.30 h bis Sonnenuntergang
Über die 101 South bis zur 13th Street Ausfahrt.
Einer der größten Flohmärkte weltweit mit über 2600 Verkäufern und einer Verkaufsfläche von 49 Hektar.

Garage Sales

Mal auf die Aushänge an Lichtmasten achten. Häufig findet man dort Orientierungshilfen zu einem Garage Sale, der in der Nähe stattfindet. Das heißt, Anwohner verhökern alte bzw. mittlerweile ungewollte Sachen in oder vor ihrer Garage. Ein individueller Miniflohmarkt, der Rießenspaß bereitet. Meist samstags.

Fluggesellschaften

Amerikanische:

American Airlines, ✆ 1-800-433-7300, 51 O'Farrell St. und 433 California Street

Continental, ✆ 3978818
433 California Street
Delta, ✆ 1-800-221-1212
433 California Street
TWA, ✆ 1-800-221-2000
595 Market Street, Suite 2240
United Airlines, ✆ 864-6731

Internationale:

Air France, ✆ 1-800-237-2747
British Airways, ✆ 1-800-247-9297
51 O'Farrell St.
KLM, ✆ 1-800-777-5553
Lufthansa, ✆ 1-800-645-3880
240 Stockton St.
Swissair, ✆ 1-800-221-4750

Alle anderen bitte in den Gelben Seiten nachschlagen.

Gay-Lesbian-Freiheitstag

Unglaublich, aber wahr: in der letzten Juni-Woche eines jeden Jahres treffen sich regelmäßig Zehntausende von Homosexuellen und Lesben aus aller Welt um *ihren* Tag, den Gay and Lesbian Freedom Day, zu feiern. Veranstaltet werden ein Gay Film Festival, Konzerte, Feste, Bazare, politische Aktionen und als Höhepunkt ein Riesenumzug durch die Innenstadt. Wir haben unseren Augen nicht getraut, als Polizisten, Feuerwehrmänner, Politiker, Wissenschaftler, Senioren in einer vierstündigen Parade an dreihundert-

tausend Schaulustigen vorbeimarschierten.

Um sich einander gefahrlos zu erkennen zu geben und Kontakt aufzunehmen, benutzten die Homosexuellen vor der Liberalisierung ein Erkennungswort. Sie fragten denjenigen, den sie ins Auge gefaßt hatten: »Do you know a gay place?«, d.h. einen fröhlichen, angenehmen Ort, wo man sich amüsiert ... Dieser für einen Heterosexuellen harmlose Satz, zudem ungefährlich, falls man fatalerweise an einen Polizisten geriet, zeigte demjenigen, der Bescheid wußte, woran er war. Mit der Zeit wurde das natürlich allgemein bekannt und »gay« zum Synonym für schwul.

Ursprünglich lag der Prozentsatz der Schwulen in San Francisco nicht über dem nationalen Durchschnitt, aber die außergewöhnliche Toleranz der Kalifornier hat Homosexuelle aus dem ganzen Land angezogen. Es ist leichter, in Kalifornien seine Homosexualität zu leben als in Texas.

Längst vergessen sind die Zeiten (1966), als Kardinal Spellmann seine Geistlichen aufforderte, die Namen derer zu erfassen, die sogenannte »unsittliche« Kinofilme besuchten.

Die Schwulen gehen ungeniert ihren sexuellen Bedürfnissen nach. Es ist bezeichnend, daß das *Bob*

Damron's Adress Book, ein Verzeichnis aller »gay«-places in den Vereinigten Staaten, genauestens die Spezialitäten der einzelnen Schwulentreffs angibt. Das schließt jede Überraschung – da man weiß, was einen erwartet – jede Enttäuschung – da man kommt, weil diese oder jene Sache einem gefällt – und sogar jede Kommunikation aus. Die Schwulen gewannen immer mehr an Boden und machen heute ein Viertel der Bevölkerung aus. Ihr Viertel wurde zu einem der belebtesten der Stadt. Hunderte von Geschäften, Restaurants, Discos und kulturellen Treffpunkten zeugen von der Vitalität der Bewegung. Zu Beginn der siebziger und achtziger Jahre konnten die Homosexuellen außerordentliche Fortschritte verbuchen, so daß auch rückschrittlich Gesonnene dieser Gruppe nicht länger bestimmte Rechte absprechen konnten.

1972 verabschiedete San Francisco als erste Stadt Amerikas ein Gesetz, welches jegliche Diskriminierung aufgrund von Lebensweise oder sexuellen Neigungen auf dem Arbeits- und Wohnungsmarkt für unzulässig erklärte. 1973 strich die amerikanische Gesellschaft für Psychiatrie Homosexualität von ihrer Liste der Geisteskrankheiten! Homosexuelle, die sich offen zu ihrer Neigung bekannten, wurden in den Stadtrat gewählt.

Natürlich hat AIDS einiges verändert. Rund 120 Opfer pro Monat sind bereits zu beklagen! Saunen und back rooms wurden auf städtische Anordnung hin geschlossen. Aber noch brach keine Hysterie aus, wie sie in bei uns Aidskranken oft entgegenschlägt. Selbstverständlich wird inzwischen mehr geflirtet, statt gleich aufs Ganze zu gehen.

1906 wurde das Erdbeben in San Francisco, mit seinem Hafen ein Ort des Lasters und der Vergnügungen, als eine Strafe Gottes verstanden. Auch bei Aids, meinen manche Tugendapostel, habe ein hinterhältiger Gott seine Hand im Spiel. Auf jeden Fall hat die bedeutendste Homosexuellenstadt der Welt etwas von ihrer Lebensfreude verloren. Jedoch haben sich verbitterte und reaktionäre *straights* aller Art zu früh gefreut, wenn sie die Stunde der Rache nahe glaubten. Die Homosexuellenszene ist zwar erschüttert, aber es war ihr trotz allem möglich, voller Energie auf die Herausforderung zu reagieren. So hat sie auf Information und Vorbeugung gesetzt. Beratungs- und Hilfsstellen für die Kranken wurden in hoher Zahl eingerichtet, Unterstützung und Pflege der Schwerkranken organisiert. Information und Solidarität können zwar nicht heilen, aber beides hilft dem Betroffenen, mit der Krankheit zu leben. Außerdem wandelte sich gezwungenermaßen auch die Lebensweise der Männer. Die sexuelle Aktivität sank erheblich, und auch eine verstärkte Rückwendung zur Monogamie ist festzustellen.

»Gay«-Zonen

Castro Street: Höhe Market Street, Muni: Market Street. Eher macho, mit einer eindeutigen Vorliebe für den Cowboytypus. Malborostil eben, nur ohne Pferd ...

Folsom Street: eher S & M, sadomaso, Hang zum Leder.

Polk Street: einige Blocks nördlich der Geary Street. Eher schickimickimäßig. Vornehme Restaurants neben Nobelboutiquen.

Geld

Kreditkarten

Wir können nur dringend raten, keine Reise in die USA ohne Kreditkarte anzutreten. Damit lassen sich nicht nur Hotel-, Restaurant- und Einkaufsrechnungen begleichen, sondern man wird von vornherein besser behandelt. Traurig, aber wahr. Am verbreitetsten sind die Mastercard (MC) oder Eurocard, VISA und American Express. Man sollte sie bei der Hausbank mindestens zwei Wochen vor Reiseantritt beantragen. Die Master-

card kann man nach bis zu drei Monaten bei Erstattung der Gebühren zurückgeben. Für Beträge unter $ 10 - $ 15 wird meist keine Kreditkarte angenommen. Selbst amerikanische Kreditkarten wie z.B. Diners Club werden in den Geschäften häufig nicht ohne Weiteres akzeptiert. Bei Zahlung per Karte beläuft sich die Gallone Benzin bei modernen Tankstellen im Selbstbedienungsbereich auf einige Cents über dem Normalpreis. Unter 10-15$ wird meist keine Kreditkarte akzeptiert. Eine der gängigsten Karten in den USA ist übrigens die VISA-Karte, ebenso verbreitet ist die Mastercard (Eurocard). Ob jemand eine Kreditkarte erhält oder nicht, darüber befindet die Bank zu Hause. In den USA ein Auto zu mieten, bereitet ohne Kreditkarte mitunter Schwierigkeiten. Ohne Karte ist eine Kaution in Form von mehreren hundert Dollar Bargeld oder Reisechecks zu hinterlegen. Hilfreich ist die Kreditkarte auch bei der Einreise. Mit Hilfe der Kreditkarte kommt man in den Banken auch zu Bargeld. Zugrundegelegt wird der jeweilige Tageskurs.

Unter Umständen sind bis zu 10 % des Betrages als Gebühr fällig. Reisepaß und Kreditkartenweden von Geldautomaten nur mit zusätzlicher Geheimzahl akzeptiert.

Wer mit Kreditkarte zahlt, sollte niemals versäumen, die Spalte *Tips*

Pärchen

Deine Freunde und Helfer

Berber im Waschsalon

Goldman

Schmuckhändler

Schachspieler

(Trinkgeld) auszufüllen und die Gesamtsumme einzutragen. Sonst kann es bei der Heimkehr zu unangenehmen Überraschungen kommen, falls der Geschäftsinhaber selbst die Spalte ausgefüllt und das Trinkgeld nach eigenem Ermessen festgesetzt hat. Auf US-Dollars ausgestellte Reiseschecks tauscht man zu Hause günstiger zurück als amerikanische Banknoten.

In Gesprächen zwischen Amerikanern über Geld wird man zuweilen das Wort *buck* hören. Diese Bezeichnung für Dollar bürgerte sich in der Zeit der Trapper ein, als diese ihre »Böcke« bzw. Hirschhäute gegen Dollars eintauschten.

Beim Verlust der Kreditkarte sollten sie diesen umgehend ihrem Kreditkarteninstitut mitteilen:

VISA: ✆ 1-800-336-8472
Mastercard: ✆ 1-800-826-2181
American Express: ✆ 1-800-528-4800

Schecks

Erstaunlicherweise glauben viele Reisende, ihre Euroschecks in den USA benutzen zu können. Das deutsche Konsulat wird immer wieder von bestürzten Urlaubern aufgesucht, die ihre Schecks nicht loswerden und plötzlich ohne Geld dastehen. In den USA also nur mit Reiseschecks von American Express, Bank America (VISA) und

der britischen Waggons-Lits/Cook reisen. Für alle, die darauf nicht vorbereitet waren, hier ein Hinweis in der Not: die American Express Büros lösen Euroschecks ein.

Man ist gut beraten, sein gesamtes Reisegeld fast ausschließlich in Form von Reiseschecks mit sich zu führen, denn wie überall wird auch in den USA massiv geklaut Verlorengegangene oder gestohlene Schecks ersetzen die Banken verhältnismäßig problemlos. Das gilt besonders dann, wenn es sich um solche einer amerikanischen Bank handelt. *First National, Manhattan Chase, American Express* und *Bank of America* sind die vier namhaftesten. Man ist nicht wie in Europa gezwungen, zum Einlösen eine Bank aufzusuchen. Auch größere Geschäfte, Restaurants und Motels akzeptieren diese bargeldlose Zahlungsmethode. Für Reiseschecks gelten übrigens günstigere Umtauschkurse als für Bargeld, auch die Gebühren liegen tiefer (Am. Express 1% z.B.).

Wer also mal in die peinliche Verlegenheit gerät, daß sämtliche Banken geschlossen sind und daher ohne einen Cent dasteht, scheue sich nicht, per Scheck einen Hamburger oder ein Sandwich zu erstehen. Auf diese Weise gelangt man am schnellsten zu Bargeld. Bares sollte man in Banknoten unter 50 $ mitführen. Fünfziger werden häufig ungern gewechselt und Hunderter sind kaum loszuwerden. Am besten führt man überwiegend Schecks mit kleinen Beträgen mit, beispielsweise zu 20 $. Damit ist man auch in kleineren Läden zahlungsfähig.

Wechselbüros

Worldwide Foreign Exchange,
150 Cyril Magnin Street., ✆ *392-7283.* Mo.-Fr. 8-17 h, Sa 9-16 h. Keine Gebühr

Foreign Exchange LTD.,
415 Stockton St., bei Sutter St., ✆ *677-5100.*
Mo.-Fr. 9-17.30 h, Sa. 10-14 h. Umtausch kostenlos.

American Express (Hauptgeschäftsstelle),
237 Post St., bei Stockton und Grant St., ✆ *981-5533.*
Mo.-Fr. 9-17 h, Sa. 10-17 h. Hier können Inhaber einer American Express Kreditkarte auch Euroschecks einlösen. Reiseschecks werden kostenlos entgegengenommen und in jeglicher Höhe eingelöst, wenn es sich dabei um American Express Traveller's Cheques handelt. Andere Reiseschecks werden, sofern auf US-Dollars ausgestellt, bis zu $ 100 kostenlos in Zahlung genommen.

Bank of America,
1 Powell St., bei Market St., ✆ *622-3720;* Schalterstunden: Mo.-Do. 10-15 h, Fr. 10-17 h. *701 Grant Ave., bei Clay St.* Mo.-Do. 10-15 h, Fr. 10-17 h und Sa. 10-14 h.
3% Gebühr für Geldumtausch. Die Filiale in der Grant Ave. hat auch samstags geöffnet.

Western Union,
677, Howard St., ✆ *433-5520 oder 1-800-325-600*
Mo.-Sa. 8-22 h, So. 9-18 h. Man beauftragt jemand daheim mit der Geldüberweisung bei einer Filiale der Western Union. Er/Sie bezahlt dabei eine von der Summe abhängige Gebühr. Das Geld ist dann innerhalb einer halben Stunde vor Ort verfügbar. Ausweisen muß man sich mit dem Reisepaß.

Gepäck

Legere Freizeitkleidung ist die richtige Ausstaffierung für San Francisco. Vergleiche auch Rubrik »Klima«. Da stets eine leichte Brise vom Meer her weht, sollten ein Pullover und eine Windjacke immer im Reisegepäck sein. Das Meer weist übrigens im Sommer Temperaturen von 16-18 °C auf. Baden wird man also wohl eher in beheizten Swimmingpools von Hotels und Restaurants.

Wer mit eigenem Fön, Rasierapparat oder anderen elektrischen Geräten unterwegs ist, lege sich besser vor der Abfahrt einen Adapter zu, der auf 110 Volt umschaltbar ist Auch Filme sind besser wegen niedrigerer Preise von zu Hause mitzubringen.

Klima

Durchschnittliche Tageshöchsttemperaturen:

Januar	12,8 °C
Februar	14,4 °C
März	16,7 °C
April	17,8 °C
Mai	19,4 °C
Juni	21,1 °C
Juli	22,2 °C
August	22,2 °C
September	23,3 °C
Oktober	21,7 °C
November	17,8 °C
Dezember	13,9 °C

Temperaturen

Fahrenheit	Celsius
104	40
95	35
86	30
77	25
68	20
59	15
50	10
41	5
32	0

Kleidergrößen

Damenbekleidung
D.	36	38	40	42	44	46	48
U.S	6	8	10	12	14	16	18

Damenschuhe
D.	38	38	39	40	41
U.S.	6	$6^1/_2$	7	8	$8^1/_2$

Herrenanzüge
D.	46	48	50	52	54	56
U.S.	36	38	40	42	44	46

Herrenhemden
D.	37	38	39/40	41	42
U.S.	$14^1/_2$	15	$15^1/_2$	16	$16^1/_2$

Herrenschuhe
D.	41	42	43	44	45
U.S.	8	$8^1/_2$	$9^1/_2$	$10^1/_2$	$11^1/_2$

Kinderkleidung
Größe = Lebensalter

Konsulate

Deutsches Generalkonsulat,
1960 Jackson St., ✆ *775-1061.*
Mo.-Fr. 9-12.30 h.

Österreichisches Konsulat,
41 Sutter Street, ✆ *951-8911.*
Mo.-Fr. 10-12 h

Schweizer Generalkonsulat,
456 Montgomery St., ✆ *788-2272.*
Mo.-Fr. 8.15-12.15 und 13-16.30 h.
Besuchszeiten Mo.-Fr. 9-12 h.

United States Appraisers Building,
630 Sansome Street, Room 107,
✆ *556-4411*

Einwanderungsbehörde und zuständig für Visumverlängerung. Eine Woche vor Ablauf sollte man sich gegen 15 h dort einfinden, da es um diese Zeit weniger voll ist.

Maße und Gewichte

Längenmaße
1 foot (ft) = 0,35 m
1 inch (in) = 2,54 cm
1 mile = 1,6 km

Flächenmaße
1 square foot = 930 cm2
1 acre = 0,2 Hektar (4047 m2)
1 square mile = 259 Hektar (2,59 km2)

Hohlmaße
1 pint = 0,47 l
1 quart = 0,95 l
1 gallon = 3,79 l

Gewichte
1 ounce (oz.) = 28,35 g
1 pound (lb.) = 453,6 g
1 ton = 907 kg

Mitwohnzentrale

San Francisco Roommate Referral Service,
610 A Cole St., bei Haight St.,
℃ 626-0606 oder 558-9191.
Mo.-Fr. 12-20 h, Sa. 10-18 h, So. 12-17 h.
Bleibt man länger in San Francisco, so ist die Mitwohnzentrale eine attraktive Adresse. Für eine Kaution von $ 23, die bei erfolgreicher Vermittlung einbehalten wird, kann man sich in den dicken Ordnern geeignete Adresse heraussuchen. Vermittelt werden kurz- und langfristige Angebote, mindestens aber für zwei Wochen. Man kann hier nicht nur ein günstiges Zimmer finden, sondern kommt auch in engeren Kontakt mit den Einheimischen. Zimmerpreise pro Monat zwischen $ 300 und $ 750.

Notruf

Polizei, Feuerwehr, Krankenwagen: 911

Auskunft Polizei auch 553-1234

San Francisco Police State Department,
850 Bryant/SoMa, ℃ 553-1373
Central Station, *766 Vallejo/North Beach, ℃ 553-1532*
Mission Station, *1420 Valencia/Mission Street, ℃ 553-1544*

Post

Die Postämter halten in der Regel zwischen Mo.-Fr. 9-17 und Sa. 9-13 h geöffnet. Günstig gelegene Ämter sind:

867 Stockton (Chinatown)
1640 Stockton (North Beach)
150 Sutter (Downtown)
Union Square (im Untergeschoß v. Macy's, auch sonntags geöffnet)
460 Brannan St
1390 Market St (Fox Plaza)
Postgebühren liegen derzeit bei: 50 cents für eine Postkarte und 60 Cents für einen Brief.

Reiseplanung

Etwa einen Monat vor Antritt seiner Reise wende man sich an:

California Office of Tourism,
1121 L Street, Suite 103, Sacramento CA 95814.

San Francisco Convention & Visitors Bureau,
Convention Plaza, 201 3rd Street, San Francisco,
CA 94103, ✆ 974-6900.
Auskünfte vor Ort erhält man beim

S.F. Visitor Information Center,
900 Market St.,
auf der unteren Ebene des Hallidie Plaza bei Powell St., ✆ 391-2000.

Roommate Service (A)

Mo.-Fr. 8.30- 17.30 h,
Sa. 9-15 h, So. 10-14 h.
Hier gibt's Stadtpläne, Veranstaltungskalender, Unterkunftsverzeichnisse und alle möglichen Auskünfte, z.B. Drei- und Sieben-Tages-Karten für Cable Car und Busse, die auch zu ermäßigtem Eintritt in viele Museen und für den Coit Tower berechtigen. Ruft man die Telefonnummer 391-2004 an, so hört man ein deutschsprachiges Tonband mit Angaben zu Veranstaltungen und Ereignissen des Tages.

Wer sich einen Überblick über Reiseveranstalter zu Hause verschaffen möchte, deren Programm auf USA-Reisen spezialisiert ist oder diese zumindest einschließt, ist mit der jährlich überarbeiteten »Who's Who«-Broschüre der United States Travel and Tourism Administration (US-Fremdenverkehrsamt) bestens bedient. Darin finden sich für Deutschland, Österreich und die Schweiz getrennt aufgelistet:
– Niederlassungen und Vertretungen von US-Unternehmen (Fluggesellschaften, Autovermietungen, Schiffslinien, Hotelketten, Bahn- und Busgesellschaften, Reiseunternehmen, usw.)

Rundflug über der Stadt per Wasserflugzeug

Commodore Seaplanes führt Rundflüge über den Dächern San Franciscos durch. Abflug ist in Sausalito. Von San Francisco aus die Golden Gate Bridge überqueren und der 101 folgen. Bei StinsonBeach-Mill Valley abfahren. Gleich rechts in die kleine Straße am Anfang der Abfahrt einbiegen. Die Wasserflugzeuge lassen sich schon rechterhand von der 101 aus sichten. ✆ (415) 332-4843. Man meldet sich entweder vorher an – was günstiger ist, da man sich nach den Tarifen zu erkundigen kann – oder kommt auf gut Glück.

Drei Flüge werden angeboten: ein zwanzigminütiger, ein dreißigminütiger und ein fünfundvierzigminütiger. Wir für unseren Teil bevorzugen den halbstündigen Flug. Zwanzig Minuten ist etwas knapp, und in einer Dreiviertelstunde sieht man nicht unbedingt mehr. Wir empfehlen diesen Rundflug wärmstens. Am besten fliegt man spätnachmittags, wenn das Licht der Sonne sich harmonisch mit der Farbe der Golden Gate Bridge verbindet und die Gebäude der Downtown zu streicheln scheint. Dieser Flug über die Stadt ist zauberhaft, man hat das Gefühl, Herr über die Dinge dort drunten zu sein. Der Verlauf der Straßen und die einzelnen Viertel sind gut zu erkennen. Dann fliegt man Richtung Norden, wo man die herrlichen Inseln von Tiburon, die Hügel des Mill Valley und den schönen Strand in StinsonBeach erspäht. Einfach unvergeßlich. Die zwanzigminütige Tour begnügt sich mit einem Flug über die Stadt und die nähere Umgegend, der fünfundvierzigminütige führt noch weiter die Küste entlang nach Norden. Damit es sich lohnt, sollte man mindestens zu dritt sein. Die Preise finden wir nicht übertrieben hoch für dieses einmalige Erlebnis. Außerdem sind die Betreiber des ganzen Unternehmens sympathisch.

Schwarzes Brett

Auf der Suche nach Jobs, Mitwohn- und Mitfahrgelegenheiten, Workshops etc., findet man eventuell wertvolle Hinweise an den Aushängen folgender Läden:

Rainbow Grocery Store,
1745 Folsom St.bei 13th Str.
Mo.-Sa. 9-21 und So. 10-21 h.

Café La Bohème,
3318 24th St., bei Mission Street.
Mo. bis Sa. 7 bis 23 h, So. 9 bis 23 h.
Globe Hostel,
10 Hallam Place, bei Folsom und 7th Street.

Jewish Vacational and Career Counseling Service
77 Geary Street, Suite 401, ℂ 391-3600, F. 3617, Außenstelle: 4600 Camino Real, Suite 204, Los Altos 94022 CA, ℂ (415) 941-7922

Center for Educational Exchange (CIEE)
Sutter Street, zw. Stocton Street und Grant Ave.
Gut für Studenten, auch verbilligte Flugscheine.

Ergiebig auch das Schwarze Brett vom

Goethe-Institut,
530 Bush St., San Francisco, CA 94108, ℂ 391-0370, Bibliothek ℂ 391-0428

Sprachliches

Einer der häufigsten und unausrottbarsten Fehler ist seltsamerweise die falsche Betonung von »hotel«, die nämlich genauso wie im Deutschen ist, und das immer wieder auf der ersten Silbe betont wird. Dies vielleicht deshalb, weil es mit Hostel verwechselt wird. »Bitte« als Erwiderung auf »danke« heißt »pleasure«, »welcome« oder auch »you're welcome«. Bei Zeitangaben wird das »past« gerne weggelassen; »half nine« bedeutet also halb zehn!

Übrigens: irgendwann mal im letzten Jahrhundert stimmte der Kongreß darüber ab, ob Deutsch (!) oder Englisch Landessprache werden sollte. Mit einer Stimme Mehrheit fiel die Entscheidung zugunsten des Englischen.

Ein englischer »bloke« oder »chap«, also »Typ« in etwa, ist im Amerikanischen immer »guy« oder »cat«. Das englische »great«, »gorgeous« etc. ist »far out«. Auffällig die verbreiteten Füllwörter wie »you know«, »kind of« (»kinda«) oder »sort of« (»sorta«), die ungefähr im Sinne von »gewissermaßen« gebraucht und bei jeder sich bietenden Gegegenheit in die Sätze gestopft werden.

Noch etwas: bei den Fragen mal ganz genau auf die Satzmelodie achten. Man unterscheidet zwei völlig unterschiedliche Satzmuster. Bei Fragen, auf die ein »yes / no« erwartet wird, bleibt die Satzmelodie am Ende hoch: »Is that the station?« Bei allen anderen fällt sie gegen Ende ab: »Where is the station?« Touristen aus deutschsprachigen Ländern machen das regelmäßig falsch und würden in letzterem Falle oft ein »yes« oder »no« hören, weil der Amerikaner meint, sich verhört zu haben.

Allgemein unterscheidet sich das Amerikanische vom Britischen durch die Aussprache des »r« nach Vokalen und auch am Wortende (church, car), der Verwandlung von langem »a« nach f, n, s, th (die dadurch bezeichneten Laute, nicht unbedingt die Buchstaben) in kurzes, offenes »ä (after, bath, half), der Verwandlung des »t« wie in »water« in ein »d« und eine allgemeine geringere Diphtongisierung. Das »ou« im britischen »boat« klingt also eher wie »o«. Das britische kurze »o«, wie in »hot« z.B., wird im Amerikanischen zu langem »a«. Daher also vom vom Klang her Bildungen wie »lox« (Lachs), »dollar« (Taler) oder »boss« aus dem niederländischen »baas« (Meister). Ferner schwand im Amerikanischen das »j« wie in »new« oder »duty«. Viel Wörter haben eine Nebenbetonung, wie z.B. secondary (brit. »sekndri«, Betonung vorn; am. »sekondäri«, Nebenbetonung auf »d«.

Daneben wird ein Reihe Wörter anders ausgesprochen oder betont als im Britischen. »Either«, im Südenglischen wie »ei« gesprochen, erhält im Amerikanischen stattdessen ein »i«. Dies rührt sicher von den zahlreichen Nordenglischen Auswanderern, die dialektische Färbungen mitexportierten. »Address« hat die Betonung auf der ersten Silbe usw. Ferner variiert auch die Schreibung. So wird »re« am Wortende stets zu »er«, »en...« zu »in...« (to enquire z.B.), »...our« zu »...or« (labour), »...ence« zu »...ense« (defence) und stumme

Buchstaben können wegfallen: night, nite, through, thru, plough, plow, jewellery, jewelry usf.

Abweichungen gelten auch für die fernere Zukunft, die im Amerikanischen ausschließliche mit »will« gebildet wird. »Like« als Konjunktion (I did it like he said) statt »as« verrät im Britischen eher die gesellschaftliche Stellung, im Amerikanischen ist das fast überall geläufig. Auf die soziale Herkunft weisen aber Formen wie »I says«, »them« für »those« oder das »aitch«-dropping am Wortbeginn hin.

Hilfreich mag folgendes sein: wenn jemand im Deutschen etwas erzählt und abbricht, um nach Worten zu suchen oder seine Gedanken zu ordnen, so werden lange »ähs« zu hören sein. Das geht im Englischen nicht. So wird man also langgezogene bestimmte Artikel (the) hören, wobei sie immer wie vor Vokalen mit »i« gesprochen werden.

Gerade in den USA braucht man die Sache mit der »korrekten« Aussprache nicht so eng zu sehen. Setzt sich die Bevölkerung nicht bunt zusammen aus »Hispanics« (z.B. New York 1, 5 Millionen, LA 900.000, Chicago 500.000), Chinesen – die hinterließen Wörter z.B. wie »to have a yen for« oder »to yearn« – und Einwanderern aus aller Herren Länder? Schätzungen zufolge sprechen etwa zwanzig Millionen US-Bürger ihre eigene Staatssprache überhaupt nicht.

Ach, dann gibt's da noch so verrückte Dinge wie: Stix nix hix pix. Ist auch Englisch und heißt: the sticks (Landbewohner) nix (ablehnen, aus dem Jiddischen) hicks (Dorftölpel) pix (pictures, Filme) oder: Das Provinzpublikum möchte keine Filme über ländliche Themen sehen (Quelle: Show-Business Journal »Variety«). Oder: 4 U 2 P (for you to pee, beim Austreten). Übrigens wurden auch eine ganze Reihe deutscher Wörter in letzter Zeit vom Englischen übernommen: »kaputt« und »verboten« kommen im ironischem Zusammenhang gut an, »dachshound« (Dackel), »realpolitik«, »spiel« (langatmige Rede, um jemanden zu bequatschen, aus d. Jiddischen), »smearcase«, noodles, wird jeder erkennen. Ebenso: »strafing the audience with musical napalm« oder »let's have a blitz on the washing-up«. Ferner englischfremde Ausrufe wie »and how« oder »what gives«?

Vokabelhilfen mit der Unterscheidung zwischen amerikanischem (AE) und britischem Englisch (BE):

Deutsch	Am. Englisch	Brit. Englisch
Gepäck	baggage	luggage
Rechnung	check	bill
Garderobe	checkroom	cloakroom
Apotheke	drugstore	chemist's
Fahrstuhl	elevator	lift
Erdgeschoß	first floor	ground floor
Vorname	first name	christian name
reparieren	to fix	to repair
Benzin	gas	petrol
Typ, Mann	guy	fellow, chap
Toiletteny	rest room	lavator
Nachname	last name	surname
Ferngespräch	long distance call	trunk call
Post	mail	post
Kino Einf.	movie (theater)	cinema
Fahrkarte	one way ticket	single ticket
Hin- u. Rückfahrkarte	round trip ticket	returnticket
erster Stock	second floor	first floor
Gehweg	sidewalk	pavement
U-Bahn	subway	underground
Lkw	truck	lorry
Ferien	vacation	holidays
Banknote	bill	banknote
Taschenlampe	flashlight	electric torch
Bankautomat	ATM	cashpoint

Tanken

Einer Gallone entsprechen 3, 75 Liter. Man unterscheidet wie bei uns zwischen Super und Normal. Das Superbenzin nennt sich super, high test oder ethyl und ist das teuerste. Das Normalbenzin heißt normal oder regular. Beide sind noch bleifrei (unleaded; ausgesprochen mit kurzem »e«, nicht »i«) oder verbleit (leaded) zu haben, wobei letzteres immer seltener ausgegeben wird (Lead ist übrigens das deutsche Wort (Blei-)Lot). Den meisten Fahrzeugen genügt Normalbenzin, eine Ausnahme bilden die großen amerikanischen Schlitten, die Super schlucken. An allen gas stations werden Kaffee und Zigaretten sowie diverse Informationsmaterialien, Straßenkarten etc. feilgehalten. Toiletten stehen auch zur Verfügung. Außerdem kann man sehr genaue Ortspläne erwerben, die im allgemeinen auch noch einen Teil der Umgebung mit abdecken und sich so auf der Suche nach einer ganz bestimmten Adresse als nützlich erweisen können. Übrigens: Selbsttanken kommt 10% billiger. Trinkgeld ist an Tankstellen unüblich.

Telefon & Auskunft, Fax

Telefon

Es mangelt in der Stadt nicht an öffentlichen Telefonzellen. Wegen höherer Gebühren vermeide man tunlichst Anrufe von einem Hotel aus. Die Gebühr für ein Gespräch in der Stadt oder innerhalb der Vorstadtgebiete beträgt 20 Cents. Kommt man mit einem Telefonat nicht zurecht, so wähle man den Operator (Auskunft) mit Null an. Geben Sie dem Operator eine Nummer durch, so spreche man für die Zahl Null den Buchstaben »O« und nicht »Zero«. Die Nummer der Fernsprechauskunft, die beim Aufspüren irgendwelcher Nummern behilflich ist, lautet: 411.

Der Operator fragt als erstes nach der Stadt im 415-Bereich, in dem man einen Teilnehmer ausfindig machen möchte. Die Nummer der Auskunft bei inneramerikanischen Verbindungen, die über den 415 Bereich hinausgehen, sogenannte long-distance calls, lautet 555-1212.

Man wähle 00, wenn man Auskunft oder Hilfe für internationale Gespräche braucht.

Die Vorwahlen für für ein Gespräch aus den USA lauten:

Deutschland	01149
Österreich:	01143
Schweiz:	01141

Wer günstig nach Hause telefonieren möchte, findet hier eine günstige Möglichkeit, da direkt nach Deutschland durchgewählt werden kann:

AT&T Global Communications Center, 170 Columbus Avenue, Erdgeschoß San Francisco, CA 94133
(415)693-9520
Geöffnet: Mo-Son 9-18 Uhr

Desweiteren stehen Möglichkeiten zum Faxen und Zugang zum Internet zur Verfügung. Die erste Null der jeweiligen Ortsnetzkennzahl wird nicht gewählt. Telefonate, sowohl werktags als auch am Wochenende sind am billigsten, zwischen 18 und 7 h morgens. Die erste Minute kostet mit knapp zwei Dollar rund dreimal soviel wie alle weiteren. Von 7 h morgens bis 13 h kostet die erste Minute wird's um etwa Cent teurer, um von 13 h bis 18 h nochmals um 40 Cents zu steigen. Wer von einer öffentlichen Telefonzelle nach Hause anruft,

wird nach Eingabe der Nummer den Operator angeben hören, wieviel Geld einzuwerfen ist.

Auskunft

Allgemeine Auskünfte:
0 (Operator)

Wetter in der Bay Area:
936-1212

Zeitansage: 767-8900

Veranstaltungskalender der Woche:
englisch: 391-2001 oder 391-2002
deutsch: 391-2004

Auskünfte für die (415) »area«:
411 (von öffentlichen Telefonzellen aus gebührenfrei). Der Operator fragt nach dem Ort, über den Auskunft gewünscht wird.

Internationale Auskunft: 00; Operator informiert und hilft dabei Nummern ins Ausland zu vervollständigen. Gespräche nach Europa sind am billigsten werktags ab 17 h und am Wochenende nach 23 h. Der Operator ist auch unter 1-800-874-4000 erreichbar.

Auskunft für Telefonate in andere Staaten der USA: 555-1212
Aufgepaßt: seit Ende 1991 hat die Bay Area zwei Vorwahlnummern. Während San Francisco und die nördlich bzw. südlich gelegenen Gegenden die 415 behalten, bekommen die östlich gelegenen die 510, also Berkeley, Oakland usw..

Die Deutsche Telekom hat eine besondere Nummer für Urlauber eingerichtet, die nach Hause telefonieren wollen. Wählt man die 1-800-292-0049 (At u. T) bzw. 1-800-766-0049 (MCI), so erreicht man eine Vermittlungstelle in Frankfurt, welche die gewünschte Verbindung zum Teilnehmer herstellt und diesen fragt, ob er die Gebühren übernimmt. Bis Frankfurt ist das Gespräch also kostenlos.

Hier einige nützliche Wörter und Wendungen:

to dial wählen
to pick up the receiver den Hörer abnehmen
to answer the phone ans Telefon gehen
I don't get you ich verstehe nicht
I can't understand, hear you ich höre nicht deutlich
could you speak up, please? können Sie lauter reden?
local call Ortsgespräch
long distance call Ferngespräch
collect call R-Gespräch
area code Gebiets-/Ortsvorwahl

Toiletten

Öffentliche Toiletten sind mittlerweile an allen touristischen Brennpunkten – und nicht nur dort – zu finden. Ihre Benutzung ist ...
Die Benutzung öffentlicher Toiletten ist nur in Ausnahmefällen kostenlos. Leider sind sie oft in einem beklagenswerten Zustand. Anlaufstellen für Leute mit dringenden Bedürfnissen finden sich auch in Busbahnhöfen, Cafeterias oder Bürogebäuden. Wer sich der amerikanischen Prüderie anpassen will, fragt schamhaft nach dem restroom, etwas vornehmer nach dem powder room oder neckisch nach dem little girls' room.

Trinkgeld

Was für Amerikaner eine Selbstverständlichkeit ruft bei uns immer noch ein zögerndes Kopfnicken hervor – das Trinkgeld. In Anbetracht der Tatsache, daß man hier Service der Superlative geboten bekommt, sollte man bedenken, daß auch der seinen Preis hat und nicht am Tip sparen. Nur wer unzufrieden ist, gebe kein Trinkgeld. Hier einige Vorschläge:

Mantelabgabe: 50c-$1

Türsteher: $1 (für das Rufen eines Taxis)

Essenslieferung: $2

Gepäckträger: $2-$5, $1 pro Koffer

Friseure, Kellner, Barkeeper: 15% von der Rechnung (Steuer nicht eingeschlossen) für normalen Service, 20% für herausragenden Service

Restaurants: 15% in normalen, 20% in Nobelrestaurants.

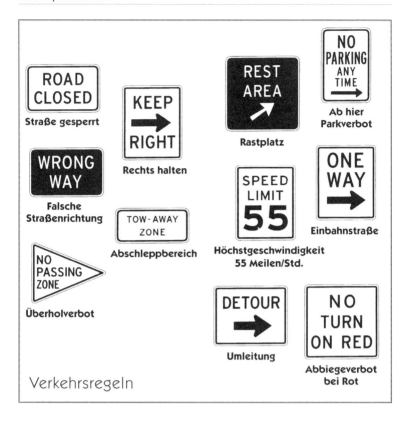

ROAD CLOSED
Straße gesperrt

WRONG WAY
Falsche Straßenrichtung

NO PASSING ZONE
Überholverbot

KEEP RIGHT
Rechts halten

TOW-AWAY ZONE
Abschleppbereich

REST AREA
Rastplatz

SPEED LIMIT 55
Höchstgeschwindigkeit 55 Meilen/Std.

DETOUR
Umleitung

NO PARKING ANY TIME
Ab hier Parkverbot

ONE WAY
Einbahnstraße

NO TURN ON RED
Abbiegeverbot bei Rot

Verkehrsregeln

Schuhputzer: 50c-$1

Taxi: 15% ($2 für eine kurze Strecke)

Zimmerservice: 20% von der Rechnung

Zimmermädchen: 50c pro Nacht, $1 bei Doppelzimmern

Kein Trinkgeld erhalten: Tankwarte, Kartenabreißer im Kino, Cable-Car Fahrer.

Unsichere Viertel

Gegenden, in denen man tagsüber besser nicht aufkreuzt oder gar ratlos und verloren dreinschauen sollte, und um die man beim nächtlichen Spaziergang besser einen Bogen schlagen sollte: die 6th Street im SoMa District, die Tenderloin Gegend, die sich zwischen Union Square und Civic Center nördlich der Market Street erstreckt und vom weißen Bodensatz bewohnt wird, sowie die Umgegend der McAllister Street zwischen Van Ness Avenue und der Fillmore Street.

Das einzige, was einen Aufenthalt dort lohnt, sind die Gottesdienste des berühmten Reverend Cecil Williams in der Glide Memorial Church, Ecke Ellis/Taylor Street, Nähe Hilton Hotel, normalerweise um 9 und 11 h sonntags. Eine wahre Show à l'américaine! Ende der Haight Street bei Stanyan am Anfang des Golden Gate Parks. Hier erhielt der Autor plötzlich unerwarteterweise einen Faustschlag – ihm geht es den Umständen entsprechend.

Verbraucherschutz

Consumer Fraud Unit of the San Francisco Department. Attorney's Office, 732 Brannan St.,
℡ 553-1814.
Mo.-Fr. 8.30-16 h.

Verkehrsregeln

Vorfahrt von rechts gilt nur dann, wenn zwei Fahrzeuge zur gleichen Zeit eine Kreuzung erreichen. Sonst lautet die Devise: wer zuerst kommt, mahlt zuerst. Wer zuerst an eine Kreuzung kommt, darf als erster weiterfahren.

Natürlich biegt man in Amerika auch amerikanisch ab. Das bedeu-

tet, daß man beim Linksabbiegen den kürzesten Weg nimmt. Zwei Fahrzeuge, die links abbiegen wollen, fahren also voreinander vorbei und nicht umeinander herum. Wie z.B. noch in Frankreich.

In manchen Staaten, u.a. in Kalifornien, dürfen Rechtsabbieger an einer Kreuzung auch dann fahren, wenn die Ampel auf Rot steht. Voraussetzung ist, daß man sich auf der rechten Spur befindet und wirklich gründlich schaut, ob der Weg frei ist. Prangt an der Ampel das Schild »No Red Turn«, haben auch die Abbieger zu warten.

Auf die Autobahn sollte man so zügig wie möglich auffahren und vor allem niemals auf der Einfädelungsspur anhalten. Bei einer Panne fährt man rechts ran, öffnet die Kühlerhaube und wartet ab. Schon bald wird sich die Autobahnpolizei des Havaristen annehmen. An einigen Highways stehen auch Notrufsäulen, mittels derer man Hilfe herbeiholen kann. Zahllose Parkplätze laden zum Pausieren ein. Auf Interstates und Autobahnen haben Zufahrten von rechts entweder ein Halteschild oder ein Yield (eigentlich »nachgeben«, also Vorfahrt achten).

Allgemein gilt in den Staaten eine Geschwindigkeitsbegrenzung. Auf den meisten Straßen liegt die Obergrenze bei 55 mph bzw. 88 km/h, auf den Interstates immerhin bei 65 mph. An diese Be-

schränkungen sollte man sich auch durchaus halten. Die Polizei ist nämlich ganz versessen darauf, ihre Sirenen aufheulen zu lassen, um einen armen Verkehrssünder zur Strecke zu bringen. Angehalten wird man übrigens immer von hinten. Stets darauf achten, wo man das Gefährt abstellt. »No Parking« bedeutet Parkverbot, also niemals vor einer Bushaltestelle und vor Feuerwehrhydranten (fire hydrant) parken. Da man ordentlich zur Kasse gebeten wird, ist es ratsam, das Park and Ride System zu benutzen. Große Parkplätze befinden sich an den Endhaltestellen von Bus und U-Bahn.

Sollte ein Schulbus anhalten und Blinklicht einschalten, so hat der nachfolgende Verkehr unbedingt anzuhalten. In diesem Fall einfach weiterzufahren, gilt als eine der schwersten Verkehrssünden in den USA.

Währung

Dollars unbedingt vor Reiseantritt besorgen, denn nur wenige US-Banken tauschen ausländisches Geld. Eine Ausnahme bildet die Bank of America. Selbst mit kanadischen Dollars tut man sich beim Wechseln schwer.

Die Banknoten unterscheiden sich weder in der Größe noch in der Farbe, sondern nur durch die aufgedruckten Zahlen. Also aufpassen, nicht einen 1000 $-Schein zu erwischen, wenn man eigentlich nur 1 $ rausrücken wollte. Auf ihre Echtheit prüft man die Scheine, indem man die grüne Seite ein wenig anfeuchtet und sie kurz auf weißes Papier reibt. Das Grün müßte dann leicht abfärben.

Weiterreise

(s. auch Kapitel »Fortbewegung«)

Greyhound, im Transbay-Busterminal,
Mission Street, Ecke 1st Street, zweite Etage. ℂ 433-1500.
Wer mit dem Greyhound weiter nach Los Angeles möchte, sollte sein Ticket drei Tage im voraus kaufen, um derart fast die Hälfte zu sparen. Keine Schließfächer mehr!

Amtrak,
Transbay Terminal; 1st Street und Mission Street. ℂ 872-7245.
Tägliche Verbindungen nach LA, San Diego, Portland und auch Seattle, auch nach Merced (Yosemite), Fresno u.a.

Green Tortoise, 1st Street, Ecke Natoma Street; ℂ 821-0803.
Außerhalb Kaliforniens: 1-800-227-4766.
Alternatives Busunternehmen. Bejahrte Busse, aber verläßliche Fahrer. Verbindungen vor allem nach LA, Seattle (zweimal wöchentlich), Yosemite (jedes Wochenende), New York und Boston. Unter anderem auch nach Nordkalifornien, Grand Canyon, Alaska, in die Nationalparks und zusätzlich im Winter nach Baja California. Eröffnet ausgezeichnete Möglichkeiten, Bekanntschaften zu schließen. Geschlafen wird im Bus. Musik und sympathische Atmosphäre. Gepäckaufbewahrung an der Busstation.

Zeitungen

Englischsprachige Presse

⬤ **The San Francisco Examiner:** freitags mit Veranstaltungskalender der kommenden Woche für San Francisco und Umgebung.
⬤ **The San Francisco Chronicle:** sonntags findet man hier das *datebook:* alle Filme, Theaterstücke, Konzerte etc. der Woche.
⬤ **Visitors' News:** gratis.
Erscheint monatlich und informiert über Ausstellungen, Theater, Kino, Sport. Mit Stadtplan von San Francisco.

Zeitungsboxen (ein Tag nach dem O. J. Simpson Urteil)   (A)

● **The Advocate:** Wochenzeit-
schrift für Homosexuelle; massen-
weise Kleinanzeigen.
● **The Bay Area Reporter und
San Francisco Sentinel:** zwei weitere Schwulenblätter, wöchentlich
erscheinend. Umsonst in
bestimmten Läden, insbesondere
auf der Haight Street, erhältlich.
● **Visitor's Guide:** kostenlose Zeitung, die über alles informiert, was
in San Francisco so läuft: erhältlich an der Abfahrt der Cable Car,
California Street, oder am Ghirardelli Square, in Fisherman's
Wharf.
● **The Bay Guardian:** kostenlose
Zeitung der linken Szene. In Zeitungskästen oder im Handel bzw.

am Eingang bestimmter Bars und
Restaurants erhältlich. Sie enthält
u.a. Kommentare zu Restaurants,
Geschäften sowie Ermäßigungs-
gutscheine.
● **The Spectator:** vor allem wegen
seiner verrückten Kleinanzeigen
lesenswert.

Deutschsprachige Presse

**Borders Books and Music,
(Union Square)**
Ecke Powell/Post Street,
✆ 399-1633.
Mon.-Mi. 9-23 h, Do.-Sat 9-24 h,
So. 10-21 h
Wohl größter Zeitungsstand für
internationale Presse.

Harold's, 524 Geary Street,
© 441-2665
Tägl. 7-23 h
Große Auswahl an deutschsprachiger Presse.

Zeit

Ganz Kalifornien hat die Pacific Standard Time, zur MEZ also minus neun Stunden. Zwischen Ende April und November wird die Uhr ähnlich wie bei uns auf Sommerzeit, DST (daylight saving time) vorgestellt.

Zigaretten

In den USA kommen Raucher erheblich billiger weg, wenn sie ihren Nikotinproviant nicht packungssondern gleich stangenweise kaufen. Im Automaten kosten Zigaretten mehr als in Geschäften. Die Preise schwanken überhaupt stark von Staat zu Staat und von Laden zu Laden.

In rund dreißig Staaten ist das Rauchen an bestimmten Örtlichkeiten verboten, so in Geschäften, Bussen, im Kino und im Theater, in Museen usw. In allen Restaurants in San Francisco ist das Rauchen nur an der Bar gestattet. Da wird auch kein Auge zugedrückt. Die Skala der Bußgelder reicht von 10 bis 100 $.

Zoll

Keinesfall eingeführt werden dürfen sämtliche tierische und pflanzliche Frischprodukte wie Obst, Gemüse oder Wurst sowie Pflanzen, Erde, lebendige Tiere, Drogen- und Betäubungsmittel, Pornographie sowie gefährliche Stoffe aller Art.

Einführen darf man, abgesehen von Gegenständen des persönlichen Bedarfs:

● 200 Zigaretten oder 50 Zigarren oder 1350g Tabak,
● 1 lt Alkohol mit über 22 Vol. - %, Geschenke im Wert von bis zu $ 100.

Einfuhrbestimmungen der Bundesrepublik

Zollfrei eingeführt werden dürfen:

200 Zigaretten oder 100 Zigarillos oder 50 Zigarren oder 250 g Tabak, 1 Liter Spirituosen mit über 22 Vol.% oder 2 Liter unter 22 Vol.% oder 2 Liter Schaumwein, 50 g Parfum, 0,25 Eau de toilet, 100 g Tee oder Kaffee, sowie sonstige Waren im Gegenwert von 350 DM.

Ergänzende Literatur

🕮 Straße der Ölsardinen (Cannery Row), John Steinbeck, 1966, Ullstein, Berlin

🕮 Jenseits v. Eden, John Steinbeck, Diana-Verlag, Zürich

🖾 Das Geheul und andere Gedichte, Allen Ginsberg, Limes-Verlag, Wiesbaden

🖾 Der Malterser Falke, Dashiell Hammett, Diogenes, Zürich

🖾 Unterwegs, J. Kerouac, Rowohlt 1968

🖾 Warten auf Kerouac, Joyce Johnson, Verlag Antje Kunstmann, DM 29,98

🖾 The Birth of a Beat Generation, Steve Watson, Pantheon Books, New York 1995, 388 S., 27,50 $.

🖾 Der Kaiser v. Kalifornien, Luis Trenker, Verlag der Freizeitbibliothek

🖾 Der Berühmte Springende Frosch von Calaveras County, Mark Twain, div. Ausgaben

🖾 Das Tollste Jahrzehnt, Rosa Hutzinger, (Goldrausch in Kalifornien), St. Gabriel Verlag, Mödling

🖾 Erdbeben, Gordon Thomas, Max Morgan-Witts, Bericht über die Zerstörung v. SF, Econ

🖾 Byciclist's Guide to Bay Area History, Carol O'Hare. Zwölf Fahrradtouren zu geschichtlich bedeutsamen Punkten in der Umgebung San Franciscos. Dieser Titel liegt in der öffentlichen Bücherei im History & Social Science Room aus.

🖾 Coastal Access - Californian Guide, University of California Beschreibt den Zugang zu vielen bekannten und unbekannten Stränden Kaliforniens: Lage, Anfahrt, Merkmale, Tips.

🖾 Stairway Walks in San Francisco, Adah Bakalinsky. Fast dreißig Spaziergänge mit herrlichen Aussichtspunkten und jeder Menge Treppenstufen! Ebenfalls in der öffentlichen Bücherei im History & Social Science Room ausliegend.

🖾 The Literary World of San Francisco, Don Herron San Francisco, City Ligth Books, Ausflüge per pedes zu rund hundert Orten von literarischer Bedeutung.

🖾 Roads to Ride, Grant Peterson, Berkeley, Heyday Books 1990. Vorschläge für Radtouren rund um die Bucht.

🖾 San Francisco, Chronicle Books Gut bebilderter Band zu den umliegenden Küstenstrichen.

🖾 The New San Francisco at Your Feet, Margot Patterson Doss, Grove Weidenfeld. Gibt zahlreiche Hinweise auf unbekannte Winkel.

🖾 Die USA – Westküste und Rocky Mountains interconnections, ISBN 3-86040-012-6, DM 34, 80

Hochhausreflexionen (A)

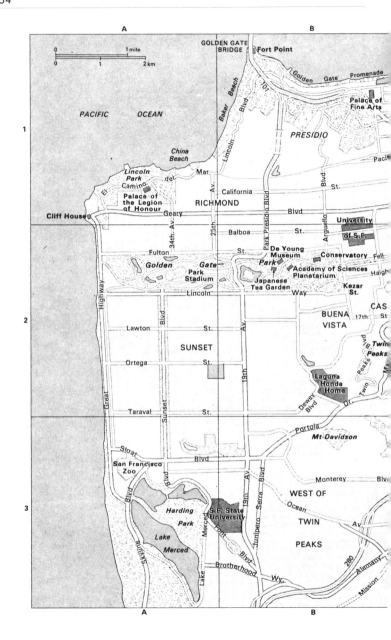

0 1 mile
0 1 2 km

GOLDEN GATE BRIDGE / Fort Point

Golden Gate Promenade

PACIFIC OCEAN

Palace of Fine Arts

PRESIDIO

Paci

China Beach

Mar

Lincoln Park

del

Blvd

St.

Camino

El

California

Palace of the Legion of Honour

RICHMOND

Blvd

Cliff House

Geary

Blvd

25th

Arguello

University of S.F.

Balboa

St.

Park Presidio Blvd

St.

34th Av.

Fulton

St.

De Young Museum

Conservatory

Fell

Golden

Gate

Park

Academy of Sciences

Haigh

Stadium

Planetarium

Japanese Tea Garden

Kezar St.

Lincoln

Way

Highway

BUENA VISTA

CAS

Lawton

St.

17th St.

Blvd

Twin Peaks

19th Av.

SUNSET

Peaks

Ortega

St.

Laguna Honda Home

Dewey Blvd

Dr. Twin

Great

Taraval

Sunset St.

Portola

Mt-Davidson

Stoat

Blvd

San Francisco Zoo

Monterey

Blv

Blvd

WEST OF

Harding Park

S.F. State University

19th Av.

Junipero Serra Blvd

Ocean

TWIN

Av

280

Lake Merced

Mercer

Font Blvd

PEAKS

Alamany

Blvd

Brotherhood

Wy.

Mission

Lake

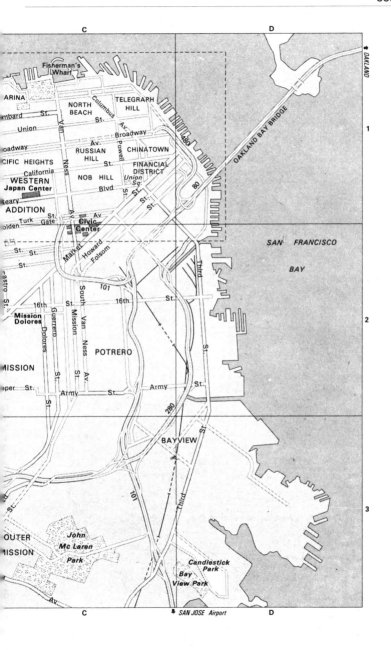

Register

Personen

Verlagsprogramm
http://interconnections.de

Starspangled Banner (A)

interconnections

Reihe "Jobs und Praktika"

Ferienjobs u. Praktika Frankreich
Kibbuz, Moschaw & Freiwilligendienste - Israel
Ferienjobs u. Praktika - Europa u,. Übersee
Das Au-Pair-Handbuch
Abenteuer Au-Pair - USA u. Europa
Ferienjobs u. Praktika - Großbritannien
Jobs und Praktika, Studium u. Sprachschulen - Italien
Abenteuer Kreuzfahrt - Jobs u. Feste Stellen auf See
Jobben Weltweit
Ferienjobs u. Praktika - USA
Jobben für Natur u. Umwelt
Als Schüler in den Vereinigten Staaten
Study Abroad - UNESCO-Hochschul- u. Stipendien-
führer

Reihe: "Preiswert"

Madrid Preiswert
Rom Preiswert
Preiswert durch Venezuela
Preiswert durch Südafrika
Preiswert durch Neuseeland
Dublin Preiswert
Paris Preiswert
London Preiswert
Die Mongolei
San Francisco Preiswert
Amsterdam Preiswert
Abenteuer USA - New Mexiko, West Texas, Colorado
Abenteuer USA - Arizona, Südutah

Preiswert durch Europa (Interrail)

Mitte, Nordwesten u. Norden
Mitte, Südwesten u. Marokko
Mitte, Südosten u. Türkei